从"教育蓝图"到"精准施策"

给教师的幼儿健康教育实施建议

周骏蔚 ◆ 编著

华东师范大学出版社
上海

图书在版编目(CIP)数据

从"教育蓝图"到"精准施策":给教师的幼儿健康教育实施建议/周骏蔚编著.—上海:华东师范大学出版社,2024
ISBN 978-7-5760-4898-8

Ⅰ.①从… Ⅱ.①周… Ⅲ.①健康教育-教学研究-学前教育 Ⅳ.①G613.3

中国国家版本馆 CIP 数据核字(2024)第 079734 号

从"教育蓝图"到"精准施策"

给教师的幼儿健康教育实施建议

编　　著　周骏蔚
责任编辑　胡瑞颖
责任校对　时东明　王　彤
装帧设计　冯逸珺

出版发行　华东师范大学出版社
社　　址　上海市中山北路3663号　邮编 200062
网　　址　www.ecnupress.com.cn
电　　话　021-60821666　行政传真 021-62572105
客服电话　021-62865537　门市(邮购)电话 021-62869887
地　　址　上海市中山北路3663号华东师范大学校内先锋路口
网　　店　http://hdsdcbs.tmall.com

印　刷　者　上海华顿书刊印刷有限公司
开　　本　787毫米×1092毫米　1/16
印　　张　21.5
字　　数　343千字
版　　次　2024年11月第1版
印　　次　2024年11月第1次
书　　号　ISBN 978-7-5760-4898-8
定　　价　68.00元

出 版 人　王　焰

(如发现本版图书有印订质量问题,请寄回本社客服中心调换或电话021-62865537联系)

序
将健康蓝图化为幼儿人生的基础

对健康的关注,是全人类审视自身发展的一大重点。在我国,自《黄帝内经》问世以来,健康也一直在国民心中占据重要地位。

早在1917年,毛泽东发表的《体育之研究》中就指出:"近人有言曰:文明其精神,野蛮其体魄。此言是也。欲文明其精神,先自野蛮其体魄。苟野蛮其体魄矣,则文明之精神随之。"

2016年8月26日,习近平总书记主持召开中共中央政治局会议,审议通过"健康中国2030"规划纲要。会议指出,编制和实施"健康中国2030"规划纲要是贯彻落实党的十八届五中全会精神、保障人民健康的重大举措,对全面建成小康社会、加快推进社会主义现代化具有重大意义。同时,这也是我国积极参与全球健康治理、履行我国对联合国"2030可持续发展议程"承诺的重要举措。

健康的重要性自不待言,幼儿期为"系好人生第一颗扣子"阶段,健康教育实乃夯实他们终身发展之基,因此需要与幼儿教育有关人士都殚精竭虑,来研究这一极其重要的课题。上海市普陀区教育学院学前教研室主任周骏蔚带领其团队,为这一课题提交了他们的出色研究成果,《从"教育蓝图"到"精准施策"——给教师的幼儿健康教育实施建议》正是该研究成果的结晶呈现。

该书具有"现实性""科学性"和"衔接性"三大特点。

其一,"现实性"体现在有效锁定课题的逻辑起点。

该课题的逻辑起点就是连贯性地解决幼儿健康教育的真问题。成为该书基础的研究课题《健康教育理念下区域幼儿健康教育活动的优化研究》乃建立在上海市普陀区教育局于2011年启动的"区域性推进幼儿园健康教育的行动研究"基础之上,但又不是简单重复。研究团队将"优化"作为关键词,从研究视角上看,优化为幼儿发展优先;从目标意识上看,优化为重过程性评估;从研究规律上看,优化为实施整合性教育。

其二,"科学性"体现在有力诠释了课题的核心概念。

世界卫生组织将健康定义为"健康乃是一种在身体上、精神上的完美状态,以及良好的适应力,而不仅仅是没有疾病和衰弱的状态"。该书呈现的课题研究,根据世界卫生组织对健康的定义,并依据我国教育部、上海市教委颁布的相关文件精神,从"安全意识与自我保护""营养与饮食行为""习惯与自理""自我与适应性"以及"健康与体能"五个层面全面地诠释了"身体・心理・社会适应"的核心概念。

其三,"衔接性"体现在有机整合了课题的三个层面。

此处所言三个层面乃指"知・情・行"。该书的亮点之一就是为"灰色的理论"涂抹了"绿色的勃勃生机",将幼儿健康教育的"宏伟蓝图"化成切实可行的"精准施策"。

在"知"的层面上,着力梳理了健康、健康教育以及幼儿健康教育活动等概念,与此同时,厘清了儿童观、教育观和发展观。

在"情"的层面上,通过大量的课程案例分析,进一步激发幼儿教师对实施幼儿健康教育活动的热爱之情和迫切之心。

在"行"的层面上,为让教师在组织与实施健康教育活动过程中能真正看懂、读懂幼儿,让教师逐渐掌握构建健康教育的园本以及班本课程的有力工具,让评估指标能成为教师开展科研工作的有力参考,研究团队不仅花大力气,研制出了《上海市普陀区幼儿健康教育总目标、分年段目标》,还举全团队之力,经过数轮鏖战,编制了《上海市普陀区幼儿健康发展教师观察评估使用手册》,这为一线教师提供了可视、可学、可用的评估工具。

与此同时,该书还以5个幼儿健康教育的案例评析和8个详尽的关联活动案例,为一线教师提供了形象生动、易于理解、便于掌握的精准施策之参考。

综上所述,阅之,深以为然,欣喜提笔为序。

华东师范大学　周念丽

2024年2月8日于瀛丽小居

前　言

普陀区教育局于 2011 年启动"区域性推进幼儿园健康教育的行动研究"，2012 年市级课题立项。此轮研究取得了一批高质量的研究成果，主要包括：

1. 明确了区域学前健康教育的定位，初步形成幼儿园健康教育框架
2. 理清了区域推进幼儿园健康教育的四条路径
3. 形成了若干经历教育实践检验的、具有一定操作性的实践活动方案
4. 架构了幼儿园健康教育"幼儿—课程—服务—环境"四位一体评价框架

在第一轮研究基础上，我们对研究成果、区域教师健康教育实施现状作调查与反思，发现存在三大问题。

1. 需转变研究视角，重幼儿发展优先

"教师立场"的健康教育活动，缺乏对幼儿行为的识别与需求分析，脱离幼儿实际；"说教式"集体教育，导致幼儿"知行不合一"。

2. 需增强目标意识，重过程评估调整

缺失"健康教育总目标""健康教育发展评估指标"的指引，教师的教育过程欠针对性、逻辑性、连续性；欠根据幼儿实际水平调整教育内容和方法的行为，不能确保教育的适宜性和有效性。

3. 需顺应发展规律，实施整合教育

缺乏"整合意识"，教师设计与实施的健康教育活动不能为幼儿全面发展服务，不能使各

领域间产生有机联系,难以协调一致地发挥幼儿园、家庭、社区资源的有效影响。

根据已有经验和存在问题,经过文献查阅与调查,在前一课题的研究基础上,普陀区教育学院学前教研室立项新一轮市级课题《健康教育理念下区域幼儿健康教育活动的优化研究》,形成开展研究的基本思路。

1. 幼儿健康教育的实施需要教师转变教育观念,确立"幼儿发展为本"的教育宗旨,把"教师为本"切实转轨到"幼儿为本"的立场上来。

2. 在观念转变的基础上,以"健康教育总目标""健康教育发展评估指标"为指引,教师根据幼儿实际水平调整教育内容和方法,重新设计活动方案并付诸课堂教学实践,用教育调查搜集教学成效的证据,并且能够阐述清楚"方案设计—方案实施—教学成效"之间的相关性。

3. 为了发挥园内教育与园外教育的叠加效应,根据"整合"教育的思路,开展相应的教育活动,力求产生"1+1大于2"的整体效应。

以问题为导向,课题组从区域健康课程本身、实施方式以及教师素养方面,同时在理念和具体实践操作上对幼儿健康教育活动提出并实施优化策略,使教师实施的幼儿健康教育取得更好成效。

在基地园豪园幼儿园、满天星幼儿园、童星幼儿园、汇丽幼儿园、绿地世纪城幼儿园的通力合作下,课题组聚焦"健康教育的价值定位、健康教育活动的关联性与适宜性、健康教育的教育合力"三大问题进行实践探索,其间经历了"重塑理念,探寻幼儿健康教育价值""课程研究,架构区本化幼儿健康教育课程""机制保障,构建多维交互的共育场域"等不同阶段、不同专题的实践研究,在幼儿健康教育价值确立、幼儿健康教育课程架构、幼儿健康教育资源运用等方面积累了丰富的经验,这些为本书理论对接实践提供了有力支持。

本书共分为三章,其中,第一章和第二章由课题组领衔人普陀区教育学院周骏蔚执笔,第三章在课题组前期学前教研员与基地园协同研究的成果基础上,由周骏蔚梳理、提炼、编撰。本书关注"每一个"幼儿,"每一位"教师,摒弃枯燥的理论灌输,用诸多丰富生动的健康教育活动设计和实录反思给教师支招,以期破解教师实施健康教育中围绕"幼儿、课程、资源"的瓶颈问题,精准指向"每一个"!

  作为课题领衔人,感谢普陀区教育局、普陀区教育学院领导对课题研究给予的行政支持;感谢基地园园长、教师的全情投入,为课题研究付出的辛苦努力;感谢全程陪伴的华东师范大学周念丽教授的支持与给出的很多具有针对性和前瞻性的建议。

  本书借鉴了很多普陀区幼儿园的经验,参阅了大量专业书刊和网络资源,在此一并表示感谢。书中存在的问题和遗漏,敬请读者指正。

上海市普陀区教育学院 周骏蔚
2024 年 2 月

目录

001 第一章 描绘"蓝图"——为孩子提供怎样的健康教育
- **003** 一、什么是"幼儿健康教育"
- **003** 二、什么是"幼儿健康教育活动"
- **004** 三、什么是"健康教育理念"
- **004** （一）以幼儿发展为本的健康教育理念
- **004** （二）以活动的有效整合为特点的健康教育理念
- **004** 四、"幼儿健康教育"的价值
- **004** （一）塑造健康习惯，提升自理能力
- **004** （二）树立安全意识，提升自护能力
- **004** （三）学习情绪管理，提升适应能力
- **005** 五、"幼儿健康教育"的特点
- **005** （一）生活化
- **005** （二）游戏化
- **005** （三）活动性
- **005** （四）回应性

007 第二章 精准施策——给教师实施健康教育的建议
- **009** 一、如何确立科学、适宜的健康教育价值观
- **009** （一）学习理论，探寻幼儿健康教育价值
- **010** （二）践行践悟，让理念显现于教育行为
- **013** 二、如何提升健康教育活动的关联性与适宜性

014 （一）确立教育目标，保障内容结构与价值相符
014 （二）运用课程统整，厘清经验与活动链
014 （三）从方案到活动，破解设计与实施瓶颈
024 （四）借助过程评价，循证改进保障教育有效适宜
025 三、如何发挥健康教育合力
025 （一）构建多维交互的共育场域
026 （二）建立多方协商的共育机制

029 第三章 活动范例——给教师的健康教育活动参考
031 一、"安全意识与自我保护"篇
031 （一）消防安全主题
067 （二）保护身体主题
110 二、"营养与饮食行为"篇
110 （一）"节气美食"主题
144 （二）"身边食物"主题
175 三、"习惯与自理"篇
175 （一）"我爱劳动"主题
203 （二）"健康的便便"主题
219 四、"自我与适应性"篇
219 "护蛋行动"主题
233 五、"健康与体能"篇
233 "我健康 我运动"主题

263 附录一 上海市普陀区幼儿健康教育总目标、分年段目标
269 附录二 上海市普陀区幼儿健康发展教师观察评估使用手册

第一章

描绘"蓝图"

为孩子提供怎样的健康教育

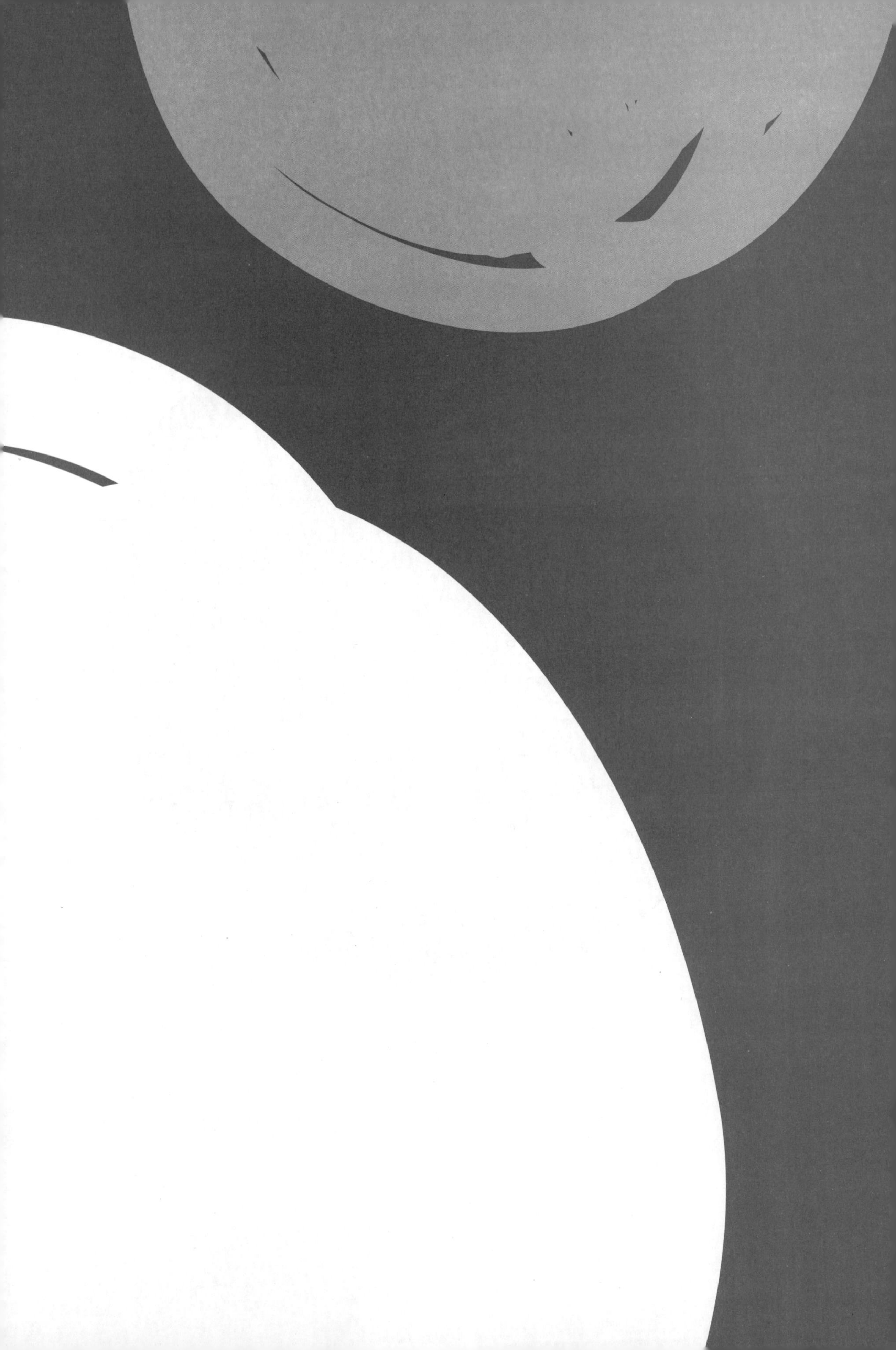

一、什么是"幼儿健康教育"

世界卫生组织对"健康"的定义是：健康是指人在身体、心理和社会适应方面的良好状态(well-being)。[1] 除此之外，世界卫生组织还将健康教育(health education)定义为有意识创设包括沟通形式在内的各种学习机会以提升个体及社会健康素养的活动。[2] 健康其实是一个多维的概念，健康作为基本人权之一，呈现的是人身心和社会的总体完满状态。[3] 为此"幼儿健康教育"是由幼儿园全体教职员工、幼儿、家长、社会共同参与的，围绕着3—6岁幼儿的一日生活，关注各类影响幼儿身心健康的基本要素，为满足幼儿健康、快乐发展需求，融合健康保障、健康服务、健康教育课程和健康评价为一体的合作行动。

二、什么是"幼儿健康教育活动"

根据世界卫生组织对"健康"的定义，幼儿健康教育的内容应由身体、心理和社会适应三方面组成。幼儿健康教育活动是旨在培养或提升幼儿的身体素质与运动能力、生活习惯与自理能力、营养状况与饮食行为、安全意识与自我保护、情绪管理与适应能力的幼儿园教育活动。

---

[1] World Health Organization Interim Commission. Constitution of the World Health Organization: proceedings of the International Health Conference [C], New York: World Health Organization Geneva, 1948.
[2] ORGANIZATION. Health education: theoretical concepts, effective strategies and core competencies [M]. Cairo: WHO Regional Office for the Eastern Mediterranean, 2012.
[3] 欧新明.幼儿健康教育基本理论要素的探讨[J].学前教育研究,2001,03:18—20.

三、什么是"健康教育理念"

结合《3—6岁儿童学习与发展指南》《上海市学前教育纲要》,健康教育理念主要体现在以下方面。

(一) 以幼儿发展为本的健康教育理念

尊重幼儿发展的差异性,理解幼儿的学习方式和特点,促进每个幼儿身心健康全面、和谐、持续地发展,满足每个幼儿的终身发展需要。

(二) 以活动的有效整合为特点的健康教育理念

活动的设计应从培养幼儿健康素养出发,既考虑到健康教育活动的特质,又要关注活动与活动之间的联系和有机渗透,关注各种教育资源的有效运用,体现综合教育作用。

四、"幼儿健康教育"的价值

幼儿健康教育旨在根据幼儿身心发展特点和需求,提供系统性的教育活动,以促进幼儿的健康发展和全面成长。其价值具体体现为以下几个方面。

(一) 塑造健康习惯,提升自理能力

幼儿健康教育有助于幼儿建立良好的生活习惯,在提升自理能力的同时养成健康的生活方式,如均衡饮食、作息规律、适量运动、正确洗手刷牙等,以及增强对个人卫生、公共卫生的认识。这些教育对幼儿保持身体健康,预防各种疾病起到积极作用。

(二) 树立安全意识,提升自护能力

幼儿健康教育可使幼儿了解并认识潜在的危险因素,以及如何保护自己免受危险和伤害。如,遇到陌生人时的适当反应、如何安全过马路等,这些教育能让幼儿意识到自己对自己的安全负有责任,培养正确的安全观念和态度。

(三) 学习情绪管理,提升适应能力

幼儿健康教育有助于幼儿了解自己的情绪和身体感受,学习正确表达自己的情感,控制

自己的情绪。这些教育对于建立积极健康的心态，提高自信心、抗挫力，建立良好的人际关系至关重要。

五、"幼儿健康教育"的特点

融合教育于一日生活中是幼儿教育的一个显著特点，与基础教育阶段的健康教育相比较，幼儿健康教育具备四个特点，即：强调生活化、凸显游戏化、坚持活动性和注重回应性。

（一）生活化

基于幼儿年龄特点和身心发展需要，幼儿健康教育的内容应与幼儿的生活相结合，使之变得生动、有趣。教师需让幼儿亲身体验生活中的各种场景，帮助其直观理解生活中的问题，并学习如何处理与解决；教师需具备教育敏锐性，认识到健康教育不仅仅要通过正式的健康集体活动进行，还应更多渗透于一日生活的方方面面，适时适宜地捕捉来自真实生活的教育契机。

（二）游戏化

幼儿的学习方式与成人不同，主要是游戏和亲身体验。游戏化的教育能够激发幼儿的参与兴趣，让幼儿享受成功带来的愉悦和成就感，以及自主探索的获得感。幼儿健康教育强调以儿童为中心，通过创设游戏环境、角色体验等方式，让幼儿在玩中习得经验、养成习惯。

（三）活动性

幼儿对于新鲜事物充满好奇心，他们希望通过互动来了解和探索世界。幼儿健康教育需创设一个互动性强的教育环境，帮助幼儿参与其中，积极主动地体验感知、探索与表达，通过自主学习发展发现问题、解决问题的能力，提高学习的效果。

（四）回应性

幼儿的能力、经验、兴趣等均具有差异，幼儿健康教育既要面向全体，还要关注个体。如《幼儿园教育指导纲要（试行）》中强调的"关注幼儿在活动中的表现和反应，敏感地察觉他们的需要，及时以适当的方式应答，形成合作探究式的师生互动"。幼儿健康教育强调回应幼儿的重要性，基于观察真正了解幼儿的需求、兴趣和发展水平，为其提供更有针对性的教育和支持。

第二章

精准施策

给教师实施健康教育的建议

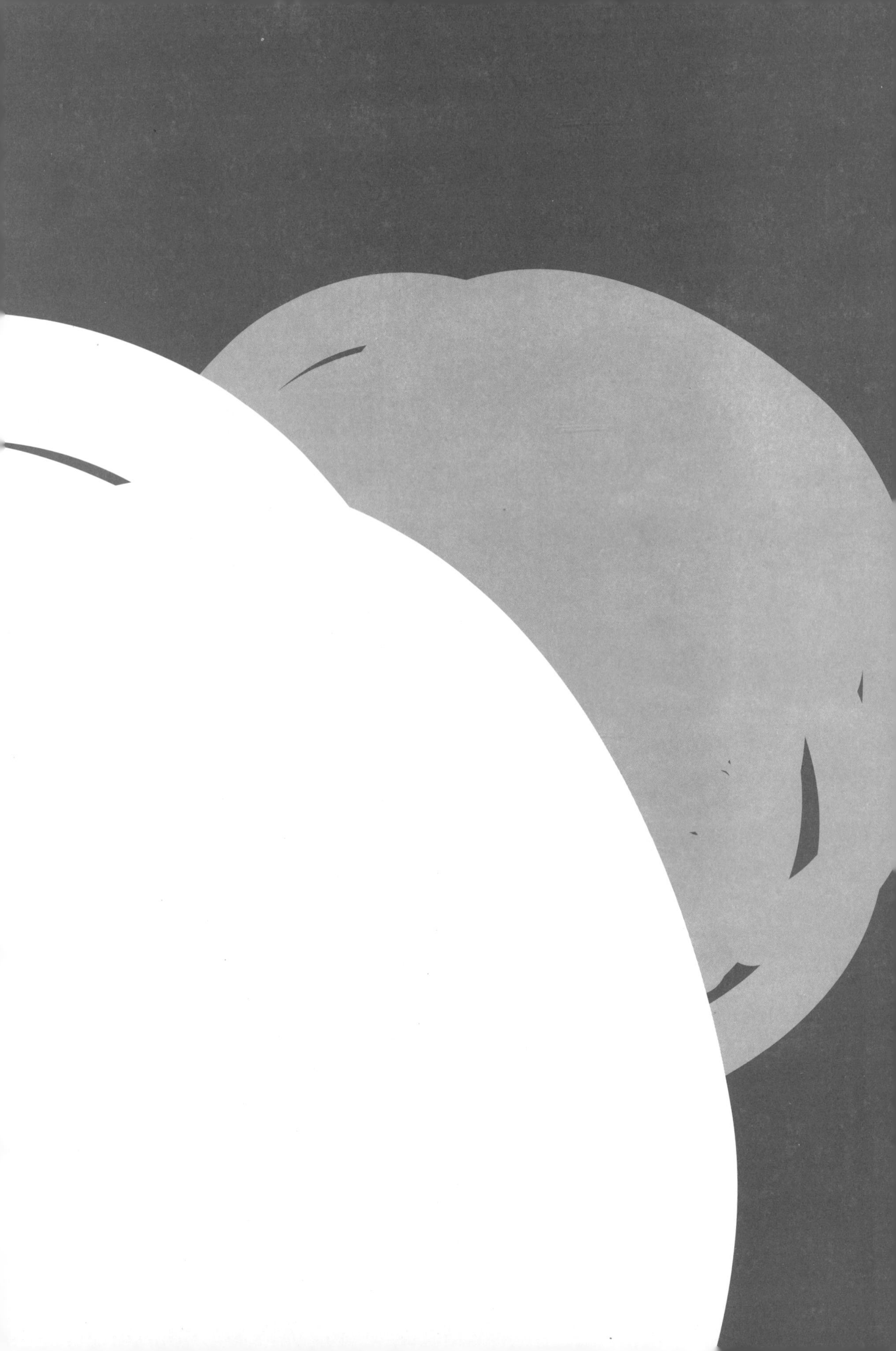

一、如何确立科学、适宜的健康教育价值观

教育理念是教育教学活动的理论基础,是教育行为的准则和指导,它直接影响教师的教育行为和教育成效。为此,教师实施有效教育前先要解决健康教育的价值定位问题。在此,给教师两点实施建议。

(一) 学习理论,探寻幼儿健康教育价值

建议教师加强两方面的学习,帮助自己与时俱进地重塑科学的健康教育价值观。

首先,加强教育政策的学习。教育政策是一个国家为实现一定历史时期的教育发展目标和任务,依据党和国家在一定历史时期的基本任务、基本方针而制定的关于教育的行为准则。因此,教师可通过相关政策的学习帮助自己树立科学的健康教育价值观。

党的十九大报告中提出"实施健康中国战略",并指出"人民健康是民族昌盛和国家强盛的重要标志"。[1] 党的二十大报告中提出,"把保障人民健康放在优先发展的战略位置""深入开展健康中国行动和爱国卫生运动,倡导文明健康生活方式""培养德智体美劳全面发展的社会主义建设者和接班人"。在国家战略和政策的引导下,各级政府也先后针对不同人群出台了多项相关指导性文件和规划,如《中小学心理健康教育特色学校标准(试行)》《上海市健康促进规划(2011—2020 年)》[2]等。《幼儿园教育指导纲要(试行)》(以下简称《纲要》)和《3—6 岁儿童学习与发展指南》(以下简称《指南》)中分别指出,"幼儿园必须把保护幼儿的

---

[1] 中华人民共和国教育部. 教育部召开"十四五"国家基础教育重大项目计划实施部署工作会议[EB/OL]. (2022 - 02 - 18)[2023 - 07 - 11] http://www.moe.gov.cn/jyb_xwfb/gzdt_gzdt/moe_1485/202202/t20220218_600455.html

[2] 上海市人民政府. 上海市健康促进规划(2011—2020 年)[EB/OL]. (2011 - 03 - 28)[2023 - 07 - 11]. https://www.shanghai.gov.cn/nw25604/20200820/0001-25604_25492.html

生命和促进幼儿的健康放在工作的首位","幼儿阶段是儿童身体发育和机能发展极为迅速的时期,也是形成安全感和乐观态度的重要阶段。发育良好的身体、愉快的情绪、强健的体质、协调的动作、良好的生活习惯和基本生活能力是幼儿身心健康的重要标志,也是其他领域学习与发展的基础"。这两份学前教育事业相关的指导性文件无一例外地深刻揭示了幼儿健康教育的重要性。因此,实施幼儿健康教育是对中央和地方政策的呼应,也是促进学前教育改革发展的重要抓手。

其次,加强教育理论的学习。学习、掌握基本理论,可以加深教师对教育现象的认识,认清教育与社会、教师与学生、知识教育与能力培养等各种基本关系,避免因认识不足带来实际行动的偏差,正确的认识是成功教育的前提;学习、掌握基本理论,可以指导教师的教育实践,具备哲学高度的教育理论能提高教师的思维能力,使其既认识到教育的普遍性又能预测教育的发展方向。

我国幼儿教育的先驱陈鹤琴先生曾明确提出"幼稚园第一要注意的是儿童的健康",认为良好习惯和健全人格的培养是与个体的终生幸福紧密关联的。[1] 可见,切实优化当前的幼儿健康教育实践,对促进广大幼儿的健康成长尤为必要,具有较强的现实意义。

基于学习,教师们实施幼儿健康教育要发生"两个转变"。

一是从单纯关注身体健康,向全面关注身体、心理、社会、情感各层面转变;二是从仅着眼眼前的幼儿健康,向认识到健康教育能对幼儿个人、家庭健康产生积极作用,对社会健康和未来健康产业发展产生重大影响转变。幼儿健康教育承载着可持续发展的时代意义!

(二) 践行践悟,让理念显现于教育行为

"行是知之始,知是行之成。"如果说教育政策、教育理论学习给教师的实践提供了指导和视角,那么,要让理念显现于教育行为,我们则需要回归教育现场,在实践研究与实践创新中将所学理论引申、转化、落地,达到真正的转变理念的目的。

---

[1] 北京市教育科学研究所.陈鹤琴全集:第一卷[M].南京:江苏教育出版社,1987:117.

建议教师从两处着手。

首先，寻找教育契机，凸显健康教育源于生活与幼儿发展需要。

杜威的儿童中心论提出："儿童是起点，是中心，而且是目的。儿童的发展、儿童的生长，就是理想所在。以儿童为中心体现在教育过程，要求教师应考虑儿童的个体特征，使每个学生都能发展其特长，尊重儿童在教育活动中的主体地位。"

从儿童中心理论出发，幼儿健康教育强调尊重儿童的权利，基于观察搜集幼儿经历的"寻常小事"，判断"小事"背后的教育契机，从中不断思考幼儿生活、兴趣需要与健康教育的关系。

其次，借助教育"复盘"，使健康教育理念显现于教育行为。

皮亚杰认为，发展是一种在个体与环境相互作用的过程中实现的意义建构。他把个体出生到成熟分为四个阶段。即感知运动阶段（0—2岁），前运算阶段（2—7岁），具体运算阶段（7—11岁），形式运算阶段（11—15岁）。

从认知发展理论、建构主义理论出发，教师在实施健康教育时需要借助大量"复盘"，主动、持续辨析正在发生的幼儿学习，努力"看见"幼儿的思维过程。教师需要携手家长，在共同搜集"证据"的过程中倒逼自身站在儿童立场，体会问题、思考、转变观念，使得被赋予现代意义的健康教育理念，逐步为教师、家长共同理解、认同并显现于教育行为。

儿童观：幼儿是健康教育的主体。

需尊重幼儿的个体差异、想法与认识，因人而异地提供支持建议；与幼儿一同探索、积累健康生活经验，提升自我效能感。

教育观：以学定教，知情行合一。

应考虑幼儿的认知能力和发展阶段；倡导让幼儿自主探索和发现，通过问题解决和探究来获得健康的"终身习惯"。

课程观：互动体验，资源整合。

需要强调的是，教师们应充分认识到健康教育是幼儿园课程的一部分，应关注其与基础性课程的有机链接,处理好预设与生成;考虑家庭、社区等环境因素对健康的影响,通过与家长合作,营造有利于健康的家庭和社会环境。

案例评析:真的是"调皮"吗?

盥洗时幼儿们"玩水"是教师们时常遇到的"小事"。虽然教师屡屡开展谈话教育,但效果甚微。幼儿们的洗手常常与戏水相伴。

仅仅是因为年龄小,幼儿还未形成节水意识吗?从"对幼儿生活细节的关注",从"对幼儿真实想法的了解"出发,教师与幼儿开展对话。

教师:"在玩什么呀?"

幼儿1:"老师你看,干干的肥皂没泡泡吧。加水,再加水,你看泡泡越来越多耶!"

幼儿2:"我们在和水比赛,是它流得快还是我们堵得快。你看,我让水池里的水漫上来了!"

幼儿3:"这个水一开始可以看到底,不过洗手的小朋友越来越多后水就看不见底了。"

……

教师发现平时根据"教师本位"得出的判断,忽视了幼儿天性,更忽视了幼儿在与生俱来的好奇心驱动下,正在发生的"学习"。

于是,真实的生活场景中"水精灵不见了""去沙水池玩水""节水小达人"活动应运而生。幼儿对比盥洗室与户外水池玩水的体验,自己想一想去哪玩水更尽兴;幼儿感受到盥洗室停水时,小手脏脏的给自己带来不舒服。

教师们感叹:"节约用水"与"戏水游戏"并不矛盾,幼儿只有通过亲身体验才能树立节水意识;教师应选择合适的时间、场地,满足幼儿玩水的兴趣与需要。

▶评析:

《纲要》提出:"幼儿园课程内容的选择与开发,应以观察幼儿为基础,源于幼儿的现实生活。"因此,教师要基于幼儿在健康行为习惯养成过程中出现的现象,及时判断这些现象的成因以及对幼儿良好健康习惯、行为、能力养成的影响,筛选出有价值的内容,作为幼儿健康教育的活动内容。

教师要以平等、接纳的心态与幼儿展开平等对话,鼓励幼儿用自己喜欢、擅长的方式表达他们的真实态度、看法,多通道、多感官参与,充分发挥幼儿的主体性,增强其主体意识。

教师要突破成人视角的桎梏,在对话中立足儿童视角审视幼儿在各类活动中的行为表现,倾听、解读幼儿关于活动、活动环境创设的态度、想法,通过分析归纳使实践工作更具针对性、实效性,使活动更符合幼儿的兴趣、需要,最大限度地实现健康教育对幼儿全面发展的促进价值。

撰写者:普陀区教育学院　周骏蔚

案例评析:从应对夏日中看见幼儿

盛夏的阳光炙热而刺眼,于是"议事厅"里幼儿们围绕"如何让自己在户外玩得更久些、更舒服些?"展开讨论。

幼儿1:"我妈妈夏天出门都撑伞,我们也可以啊。让园长妈妈准备伞,那种很大很大可以自己立在那的伞。"

幼儿2:"我们可以戴帽子、太阳镜。"

幼儿3:"找阴凉的地方呀,哪里没太阳就搬到哪里玩。我们的滑梯下面就没太阳。"

幼儿4:"我觉得水池里不热,大家天热就去玩水。"

幼儿5:"帐篷里没太阳,可是天热时里面吹不到风好热。"

幼儿6:"找个四面'开窗'的帐篷。"

幼儿7:"那就是一块布呀,我们拉一块大大的布躲下面玩。"

……

"议事厅"讨论结束后,幼儿们纷纷行动。有的找园长妈妈,提议装遮阳帘;有的拉上父母,去超市准备寻找户外装备;有的观察天气,标记"阴凉角落";有的着手改造"帐篷"。在园内和园外,教师和家长一起记录幼儿的行为。

"复盘"让教师和家长看见了幼儿在大自然"撒野"的欢愉,更看见了幼儿从自身体验出发,主动参与决策,成为了活动真正的主导者和有能力的学习者。

▶评析:

教师需要树立过程评估、自我评估的意识,养成基于证据判断、反思、持续优化的习惯。教师的过程观察有助于激发共情、发现问题。教师定期复盘(数据分析),能"发现孩子",更能"看见自己",促使自己在寻找教育的"因"上更努力。

撰写者:普陀区教育学院　周骏蔚

二、如何提升健康教育活动的关联性与适宜性

教育的目标、课程、实施和评价之间有着密切的关系,它们共同构成一个完整的教育体系,相互影响、相互支持。教师需要对健康课程架构、活动设计、实施成效进行实践验证,明

确目标序度、活动序列,将零散经验化为幼儿持续的健康生活能力。

(一) 确立教育目标,保障内容结构与价值相符

目标是教育体系的核心,决定教育要达成的愿景和理想。倘若缺乏健康教育目标的指引,教师在实施幼儿健康教育时容易出现"三大问题"。即,不能为"全面发展"服务,不符合年龄特点,过度强调知识技能。

为此,教师在实施健康教育时需以《3—6岁幼儿学习与发展指南》《上海市学前教育纲要》《上海市幼儿园办园质量评价指南(试行稿)》等国家、市级文件为依据,确立幼儿健康教育总目标、各年龄段目标。

同时,关注目标预设"四要点"。即,"知、情、行发展目标统一""各健康特质活动间有机融合""一日生活自然渗透""各类资源充分利用"。以适切的目标指导课程设计,确保课程内容、结构与所希望培养的能力、价值观相符。

(二) 运用课程统整,厘清经验与活动链

课程是实现目标的具体载体,通过在课程中安排各种知识、技能和体验,逐步达到预期目标。为此,教师需要增强对课程实施的整体认知,以学期为周期,将零散的健康特色活动与基础性课程相融,统整三个年龄段的健康教育目标,组成各年龄段的健康教育活动链,形成兼具科学、均衡、适应性的课程内容。

(三) 从方案到活动,破解设计与实施瓶颈

教育的实施是将课程内容落实到实际教学中,通过教师引导、幼儿参与,使幼儿获得经验、培养能力。幼儿健康教育的目标是通过多个活动逐步达成的,如果要避免教育活动欠缺"针对性、逻辑性、连续性",就要加强顶层设计,完善各个活动的体系建构。

方法一:运用方案框架,厘清教育思路

"主题方案框架"的制订可以帮助教师在设计、实施具体的教育活动前确定整体的结构蓝图。随后,以目标为指引,从教育方案到教育活动,在精心设计与实施中提高目标达成度。

案例："绿豆芽大探秘"——幼儿园主题下的健康教育活动方案（节选）

1. 设计背景

（1）设计意图

本主题活动的设计基于以下几方面的思考：幼儿园学习主题、日常生活、兴趣需求、园本特色。

源于生活，捕捉需求：绿豆芽在幼儿园午餐中并不少见，它也是家庭餐桌上常见的食物。但在一次餐前谈话中，教师发现大部分孩子并不认识绿豆芽，甚至说不出它的名字，对它的生长了解更是知之甚少。教师问大家："喜欢吃这种蔬菜吗？"居然近一半的孩子回答："不喜欢。"

……

（2）方案特质

健康与体能：★★

习惯与自理：★★★

营养与饮食行为：★★★★★

安全意识与自我保护：★

自我与适应性：★★★

（3）方案框架

表 2-2-1 "绿豆芽大探秘"活动

名称	年龄	活动目标	活动内容	健康元素	整合领域
绿豆芽大探秘	中班	认知：通过各种感官体验，认识常见的食物绿豆芽，有进一步探究的愿望 情感：喜欢观察成人购买、烹饪绿豆芽的过程，能愉悦进餐	活动一：能干的小手（亲子活动）	● 营养与饮食行为 ● 习惯与自理 ● 健康与体能 ● 安全意识与自我保护	语言： ● 较清晰地描述绿豆芽的特征 ● 喜欢谈论关于绿豆芽的话题 社会： ● 愿意和同伴一起劳作 ● 知道接受了任务要努力完成 科学： ● 乐意通过看一看、摸一摸、闻一闻、尝一尝等方式探索认识绿豆芽 ● 能通过简单调查，收集自己需要的相关信息；能用符号进行记录 艺术： ● 用绘画、捏泥等多种方式表达自己的想法
			活动二：好吃的绿豆芽（集体活动）	● 营养与饮食行为 ● 自我与适应性	

续表

名称	年龄	活动目标	活动内容	健康元素	整合领域
		行为：能完成简单的帮厨小任务，提高自理能力，能独立进餐	活动三：炒豆芽（特色活动：大厨来了）	• 营养与饮食行为 • 习惯与自理 • 安全意识与自我保护 • 健康与体能	提示： **环境创设** 植物角：结伴种植绿豆芽，观察记录"绿豆芽成长记" 图书角：投放绘本《绿豆姑娘》，小视频"绿豆芽" 与中班学习教参"好吃的食物"主题相结合

2. 方案总目标

中班

（1）观察绿豆芽生长的过程，知道吃绿豆芽对身体有好处。

（2）了解制作绿豆芽美食的过程，与大厨、同伴一起制作豆芽美食，感受制作的快乐。

（3）愿意与同伴、教师、家长讲述自己的感受和想法。

3. 方案设计

中班

活动（1）：能干的小手

① 活动目标

• 乐意和成人一起购买绿豆芽，能完成简单的帮厨小任务。

• 喜欢看成人烹饪，乐意品尝绿豆芽制作的菜。

② 活动形态

亲子活动。

③ 活动材料

采购与烹饪的准备。

④ 活动过程

……

说明：

"主题方案框架"为教师设计活动提供思考路径与关注要点。

先从"设计意图"出发，结合对三个点（"尊重幼儿健康成长的发展需要""源于新时代对学前教育发展的要求""与上海市基础性课程形成有机链接"）的思考，确立活动的价值意义。

如，根据上海市中班学习教参"好吃的食物"主题目标，区健康教育中班年段目标，以本班幼儿关于"豆芽"的实际经验为依据，确立"绿豆芽大探秘"主题活动总目标。

随后确定"方案特质"，本着"有机互融"原则，通盘思考显性与隐性价值。如，用 ★ 标注表示活动的侧重点，"绿豆芽大探秘"主特质偏向"营养与饮食行为"，同时与"健康与体能""习惯与自理""安全意识与自我保护""自我与适应性"有机融合。

接着按照"方案框架"以主题目标为指引，作整体规划。如，从各年段特点出发确定分年段目标；根据年段目标选择阶段小活动，提升活动针对性，注意活动与活动间的逻辑性；整体规划三个年段活动，保障教育的连续性。

"方案框架"的"整合领域"部分引导教师思考并关注教育"全面性"。从语言、社会、科学、艺术领域入手让教育价值尽可能最大化。如，语言（喜欢谈论绿豆芽的话题）、社会（愿意和同伴一起劳作，体会劳作的成功喜悦）、科学（乐意多感官探索认识绿豆芽，用简单符号进行记录。）

方法二：架构活动路径，运用教师支持策略

借助"主题方案"的制定，教师可为即将开展的健康教育建立起总体的立体架构，随后再逐一设计单个的健康教育活动。

设计单个活动时需要对"活动内容""活动设计""组织实施"等作精心计划。

（1）活动内容选择的要点

① 尊重幼儿健康成长的发展需要

《纲要》提出："幼儿园课程内容的选择与开发，应以观察幼儿为基础，源于幼儿的现实生活。"因此，教师要基于幼儿在健康行为习惯养成过程中出现的现象，及时判断这些现象对幼儿良好健康习惯、行为、能力养成的影响，筛选出有价值的内容，作为幼儿健康教育的活动内容。

例如：普陀区豪园幼儿园在设计健康生活特质的活动时，教师们发现幼儿缺乏节水意识。具体表现为洗手抹肥皂时不关水龙头，漱口时接大量水却只用一点点，剩下的全部倒掉等。对此，教师们优化了原有的健康生活活动方案"节约用水"。根据"我和水宝宝做朋友""护水小能手"，设计了"水精灵不见了""和水宝宝做朋友""节水小达人""节水办法多""新闻发布会——记参观梦清园"等一系列活动，以此增强幼儿节约用水、保护水资源的意识，并在行动中有体现。

又如：普陀区绿地世纪城幼儿园在设计健康运动特质的活动时，发现教师缺乏对上午区域运动与下午运动游戏之间关系的思考，以至于幼儿在运动中或是身体动作得不到均衡锻炼，或是光有兴趣却不能推进运动能力的持续发展等。因此，从两类活动的关系出发，思考两者在内容、发展目标上的互补性，优化设计。如，上午的区域运动较少出现翻滚类活动，导致幼儿相关能力薄弱，下午的运动游戏就有针对性地设计、增加体育游戏"翻滚的轮子"。从而保障上、下午两类运动在活动内容与功能上互为补充，保障幼儿运动能力的均衡发展、持续发展。

此外，除关注一日上、下午运动协同促发展外，也可从课程观视角出发关注一周运动安排的科学性。通过一周运动的合理安排、互促互补，保障幼儿运动核心经验、健康情感、态度、认知能力等各方面的发展，让幼儿的运动更自主、更健康。

――――――― 案例：普陀区绿地世纪城幼儿园大班周运动安排表 ―――――――

表 2-2-2 周运动安排表

时间	区域运动投放材料	核心经验	观察要点	下午集体活动/运动游戏
周一	垫子、飞盘、轮胎、梯子、平衡凳、长凳、废旧空油桶、树屋（3号场地）	● 身体的控制和平衡 ● 身体的移动	● 观察幼儿运动中的抗挫能力 ● 观察幼儿在快速移动时对身体的控制能力 ● 观察幼儿倾听、接纳同伴建议的情况 ● 观察幼儿在运动中的安全意识，比如安全躲避	集体活动：解放军过独木桥
周二	曲棍球、篮球、足球、绳梯、爬网、软球（2号场地）	器械（具）操控	● 观察幼儿和同伴合作玩球的方法 ● 观察幼儿在运动中如何不给他人造成危险	集体游戏：你说我走
周三	平衡木、转椅、竹梯、轮胎、独轮车、跳跳球、跨栏、蹦床、跳箱（4号场地）	● 身体的控制和平衡 ● 身体的移动	● 观察幼儿在平衡活动中对自己身体的控制能力 ● 观察幼儿有哪些快速移动的方法 ● 观察幼儿在运动中如何保护好自己	集体游戏：看谁滚得快

续表

时间	区域运动投放材料	核心经验	观察要点	下午集体活动/运动游戏
周四	攀爬网、秋千、攀岩设施、吊环、摇摇车、平衡车、三轮车、垫子、龟壳玩具(1号场地)	● 身体的控制和平衡 ● 身体的移动	● 观察幼儿运动中的抗挫性 ● 观察幼儿玩车类器械时对自己身体的控制能力 ● 观察幼儿和同伴合作玩车类器械的方法	集体游戏： 大力士
周五	（自主安排日） 幼儿自主选择最想玩的场地与活动内容	● 身体的移动 ● 身体的控制和平衡 ● 器械(具)操控	● 观察幼儿如何和同伴商量解决问题 ● 观察幼儿与材料互动的情况 ● 观察幼儿在运动中的规则意识和安全意识	自主游戏日： 幼儿自主选择自己想玩的游戏

"周运动安排表"说明：

关注幼儿发展的全面与均衡

设计一周区域运动时，教师需关注幼儿动作发展的全面性和均衡性。通过投放多样的、可灵活组合的材料，满足幼儿的运动需求与想法。

设计下午集体运动游戏时，教师需关注上、下午运动内容的内在联系。即，教师依据区域运动时发现的幼儿运动发展薄弱点，设计组织有针对性的集体运动活动或运动游戏，从而使区域运动、集体运动、运动游戏三者相互作用，相互启承。

如，当教师观察发现周一的区域运动"方式单一""玩法单一"时，则从大班幼儿的年龄特点出发，基于现场运动的观察识别，设计集体运动"解放军过独木桥"。通过集体活动，引导幼儿在窄道游戏中调整身体动作通过障碍，尝试同伴合作，两人一起安全通过窄道。幼儿在集体活动中积累了运用"长凳"游戏的经验，为后续区域运动时创造性使用"长凳"提供支持。

如，教师观察发现周三的区域运动由于场地限制，幼儿缺少翻滚类活动。于是，下午的运动游戏则安排"看谁滚得快"，使幼儿的运动能够调动身体的各种动作。

关注幼儿运动强度、运动量的适宜性

教师不仅要关注单次运动的强度、运动量，还要关注一天的运动量。

如，当教师观察发现周二区域运动幼儿玩曲棍球、足球、篮球时的运动量较大，于是，周二下午的运动游戏则安排运动量相对小的活动。

关注幼儿自身想法与自主发展的需求

周五"自主安排日"给幼儿充分的自主规划与安排的空间。幼儿可以自主选择"在哪玩，玩什么，怎么玩，和谁玩"，教师随后可通过班中"运动日记"环境的创设，支持幼儿用"画语"

方式记录自己喜欢的运动内容和运动感受,教师通过"画语"解读、了解幼儿的想法与经历,进一步优化活动设计。

再如:普陀区宜川一村幼儿园在日常观察中发现,本园幼儿保护身体隐私的意识非常薄弱,甚至当熟人或较亲近的亲属有不恰当行为时不知如何应对。随即,幼儿园对全园各班一学年的月、周计划作汇总统计,发现关于"身体隐私安全"的教育活动仅占所有活动的6%。为此,幼儿园设计了"不是每个抱抱都是美好的""男生女生不一样""绝对不能保守的秘密"等健康安全活动,增强幼儿自我保护的意识与能力。

② 源于新时代对学前教育发展的要求

新时代课改要求教师重视幼儿的主体地位,丰富幼儿的成长经历,实现幼儿的个性化发展。为此,立足新时代学前教育的发展要求,强调健康教育内容的选择一定要从"成人视角"走向"幼儿视角"。

例如:普陀区宜川一村幼儿园在设计健康安全特质的活动时发现原有的"消防安全——应急疏散演练"为全园参与、预先通知、师生有准备的固定模式。开展"防拐防骗安全活动"时,地点熟悉(幼儿园内)、拐骗人员扮演者熟悉(保安叔叔)、拐骗套路熟悉(给好吃的糖、好玩的玩具等)。针对上述弊端,教师将视角转向幼儿,真正从幼儿的经验出发,确立安全教育内容。幼儿园组织了无通知、无准备下的"随机性消防安全演练",组织了还原幼儿外出真实情景的"应急性防走失演练"。优化后的活动,将观察了解幼儿自然嵌入课程实施各环节,关注并分析幼儿在真实生活情境中的表现和实际发展水平,以此作为健康教育活动内容选择与设计的重要依据。

③ 与上海市基础性课程形成有机链接

幼儿健康教育是幼儿园课程的一部分,在选择内容时要关注其与基础性课程的有机链接。可以采用两种方式:一种是"渗透",即挖掘基础性课程学习主题中的健康教育元素,将健康教育自然渗透于主题活动之中。如,普陀区童星幼儿园在选择健康营养教育内容时,从学习活动教参中挖掘与"食物营养"相关的素材。小班"苹果和橘子"、中班"好吃的食物"、大班"有用的植物"主题中均含有大量与营养相关的内容。另一种是"重整",即在实施健康教育活动时为避免一些内容散落在基础性课程的不同学习主题中,造成幼儿的健康经验无法持续、深度累积,教师可以将某一特质的健康教育活动的核心经验和主题活动的核心经验进行拆分重组。以健康教育的核心经验为导向,融合主题核心经验,形成新的活动内容结构。

如,将安全教育的核心经验与基础性课程的核心经验进行重组,设计跨主题的活动内容,使健康教育与上海市基础性课程有机链接。

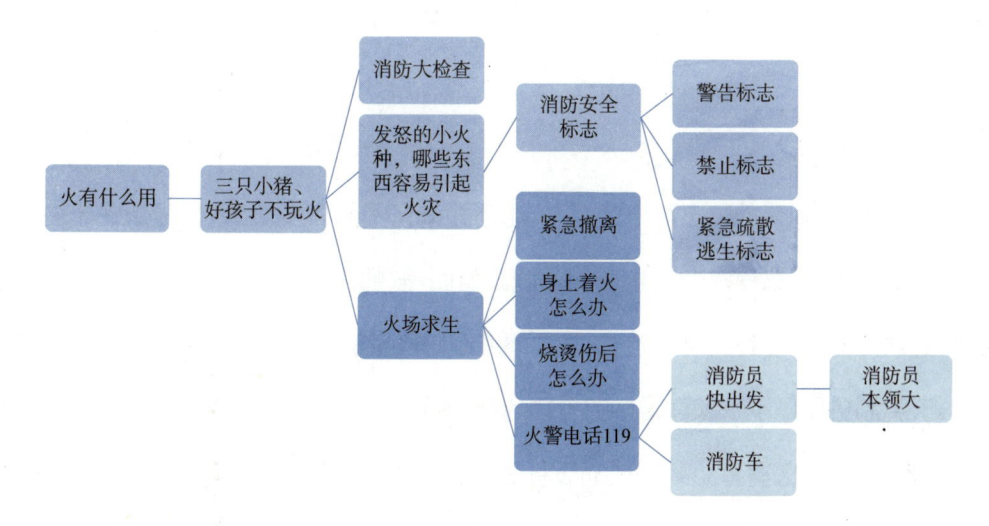

图 2-2-1 普陀区宜川一村幼儿园健康教育活动"火有什么用"主题活动思维导图

(2) 活动设计的要点

① 凸显目标意识

目标是导向,设计活动时应遵循"幼儿发展目标在心,活动随行"。如,围绕中班健康营养活动"绿豆芽大探秘"主题方案的总目标(通过各种感官体验,认识常见的食物——绿豆芽,知道绿豆芽很有营养,有进一步探究的愿望;乐意观察成人购买、烹饪绿豆芽的过程,能完成简单的帮厨小任务,愉悦进餐),分别设计"好吃的绿豆芽""绿豆姑娘""绿豆观察日记"等小活动,每个小活动为总目标服务,逐步帮助幼儿了解绿豆芽的营养,感知其与我们健康的关系,养成愿意吃绿豆芽的好习惯。

② 体现回应性

幼儿是健康教育的主体,需尊重来自幼儿的想法、问题,从幼儿发展需要角度处理好预设与生成的关系。

例如:一次偶然的聊天中,普陀区汇丽幼儿园的孩子们知道了"园长妈妈和老师即将走进贵州大山,与山里孩子一起游戏",孩子们纷纷议论"贵州远不远""我们也想和那里的小朋友玩""大山里的小朋友认识我们吗"。面对幼儿生成的问题,教师们捕捉契机,设计了主题活动"来自远方的关怀",将其及时补充到"关爱周边人"的健康情绪特质活动中。通过"两地朋友连连线""两地风俗聊一聊""送上我们的祝福"等活动,让幼儿在感受祖国之大、家乡之美的同时,真正体验关怀他人、收获愉悦。

③ 重真实情境

生活与教育之间有着密不可分的联系,生活为教育提供必要资源,教育服务于生活,生活进入教育能让幼儿感受教育与生活的深度。为此,教师需关注幼儿在活动中的真实体验和感受,让幼儿的学习内容、学习方式、学习情境回归真实的生活世界。

例如:腌制食品是不少家庭爱好的食物,但是这类食品的营养价值比较低。为了让幼儿了解此类食品,普陀区童星幼儿园教师设计健康教育活动"冬季腌制菜"。幼儿动手腌制腊八蒜、腌制黄瓜等,通过亲自动手,一方面了解冬天腌制蔬菜的传统,另一方面发现腌制时看不到的盐分经过太阳暴晒后会重新显现出来。历经直观感知,孩子们纷纷表示,"不能多吃腌制食物,盐太多啦""回家要告诉爷爷奶奶,常吃腌制菜不利于健康"。

④ 重主动探究

皮亚杰建构主义理论的基本观点是:儿童在与周围环境相互作用的过程中,逐步建构起关于外部世界的知识,从而使自身认知结构得到发展。因此,从幼儿的学习特点、学习规律出发,建议采用"问题导入—幼儿探究发现—建构认知体验—内化自身行为"的活动路径。

案例：健康教育主题活动"防范细菌"之"细菌在哪里？"（大班）

	第一次活动（集体）	第二次优化活动（个别化）	第三次优化活动（集体）
活动实施	活动目标： ● 初步了解细菌会传播疾病，知道预防细菌传染的办法。 ● 能比较清楚地回答有关故事的问题。 活动过程： ● 猜谜引发兴趣。 提问：什么东西非常小，小到你看不见，但又能让你生病？ ● 完整讲述故事。 提问： ● 听完故事你认识细菌了吗？ ● 细菌生活在哪？ ● 细菌是怎样传播的？ ● 哪些地方可能有细菌？ ● 我们要怎样预防细菌？ 情境表演： ● 幼儿自由分组，分别扮演细菌和小朋友。	活动目标： ● 结伴寻找细菌，发现生活中到处都有细菌，乐意探究、表达自己的发现和问题。 观察要点： ● 创设问题墙，搜集来自幼儿的问题，了解幼儿对哪些问题好奇及表征的方法，参与幼儿的问题讨论与汇总。 ● 倾听幼儿对于寻找细菌需要的工具及地点的想法。 ● 观察幼儿自由结伴准备工具、尝试使用工具的情况，了解幼儿通过哪些途径获得使用工具的方法。 ● 观察幼儿自由结伴寻找细菌的过程，了解幼儿记录发现的表征方式。 ● 倾听幼儿的体验与发现。	活动目标： ● 初步了解细菌会传播疾病，讨论预防细菌传染的办法。 ● 乐意表达自己的感受、想法。 活动准备： ● 幼儿分组预先采集洗手前、后的细菌，放入培养皿。由医生带去实验室。 ● 准备线上会议，幼儿与家长在线互动。 活动过程： ● 连线观看医生在实验室操作。感知、比较洗手带来的变化。 ● 幼儿与家长互动。 ● 讨论：消灭细菌的好方法。 ● 幼儿自由结伴，布置班级宣传栏。
对话幼儿	教师：你知道细菌长什么样？ 幼儿：扭来扭去像虫子。 幼儿：故事图片那样的。 教师：细菌在哪？你手上有吗？ 幼儿：不知道，看不见，那些都是故事图片。细菌在哪啊？	教师：你知道细菌长什么样？ 幼儿纷纷拿出自己的记录纸，大家发现记录的"细菌"并不相同。 教师：细菌在哪？你手上有吗？ 幼儿：你别以为手干净，其实有很多细菌，只是太小你没工具看不见。细菌到处都有。 教师：那如何消灭细菌？ 幼儿：洗手。不过，不知道有用吗？	教师：洗手真的有用吗？ 幼儿：真的，我们从显微镜里看见的。 幼儿：不能偷懒，如果不抹肥皂，随便冲一下，细菌还在的。 幼儿：我们要去告诉弟弟妹妹一定要好好洗手。我们可以给他们看我们记录的细菌。
问题思考	● 绘本尽管生动有趣，但并未解决幼儿对于"细菌"的好奇，处于直观形象思维阶段的幼儿渴望看见"细菌"。这个科学问题不适合采用绘本教学，忽视了幼儿的亲身体验。	● **要凸显回应性**，从幼儿的问题出发激发参与兴趣；要重**真实情境**，科学认知应与现实生活相联系，不只是绘本；要重**主动探究**，幼儿操作体验才能认识"细菌"的真实存在。 ● **幼儿主动参与活动，会产生问题链，可引发其持续探究。**	● 在"**问题导入—幼儿探究发现—建构认知体验—内化自身行为**"的过程中，幼儿建构、拓展了认知，从被动洗手转化为主动洗手。 ● **多方资源的运用**，让幼儿的主动探究从园内向园外延展，家长、保健教师多方参与，成为共同的学习者、教育者。

供稿者：普陀区宜川一村幼儿园　　编撰者：普陀区教育学院　周骏蔚

（四）借助过程评价，循证改进保障教育有效适宜

教育的目标、课程、实施和评价之间形成了一个紧密关联的循环，目标指导课程设计，课程实施促进目标达成，评价反馈于调整实施和课程。

1. 开发嵌入一日生活的评价工具

教师可以遵循《深化新时代教育评价改革总体方案》精神，参考借鉴《3—6岁儿童学习与发展指南》《上海市学前教育纲要》《上海市幼儿园办园质量评价指南（试行稿）》等相关要求，立足幼儿健康教育目标，形成嵌入一日生活的幼儿健康发展评估指标，使其成为自身有效开展过程性评估的"指引"和"拐杖"。

2. 运行多主体共同参与的循证改进机制

为保障评价的科学、合理，评价主体应从单一转向多元，构建"幼儿—教师—家长—园方"多主体评价方式，真正让幼儿的发展"看得见"。

案例评析：真假"演练"

11:15消防警报如约而至，孩子们有序地离开座位，"拿毛巾、捂嘴巴、弯腰排队走出教室"……一切都井然有序，太有序了！看着神情自然，甚至有几个嘻嘻哈哈的孩子，我皱起眉头。这是真演练还是假演练？！

中午教研时，我表达了自己的质疑。顿时，一片沸腾。传统的消防演练，全园参与、有组织、有准备。这样的消防演练给孩子的体验是游戏、是好玩的，根本无法反馈孩子应急反应的真实能力。这就是"假演练"！

一周后，"不预告"随时拉响警报的"真演练"开始了……

晓峰：这么多年未觉得"演练"有什么问题。那天读到《普陀区幼儿健康发展教师观察评估使用手册》中的使用理念"更好地了解幼儿健康发展情况，真正读懂幼儿；不要根据指标内容给幼儿贴标签"时，我忽然被触动，评估不是拿着"指标"打钩打叉，应该是教师用眼睛看、用耳朵听、用心去发现与思考。

供稿者：上海市实验幼儿园　陈冠峰　普陀区教育学院　周骏蔚

▶ 评析：

《幼儿园保育教育质量评估指南》强调教育评价的本质是为促进关系的改变。教师需要聚焦班级观察，将健康教育评价融于一日生活，从简单的量化指标走向鲜活有温度的教育细

节,从"被动接受评价"到"主动循证改进"。

评析者:普陀区教育学院　周骏蔚

三、如何发挥健康教育合力

在教育发生和发展的过程中,由于幼儿自身因素及外界因素的复合影响,以及教育内部各要素之间和各要素与其生存的外部环境之间环环相扣的关系,教师在实施幼儿健康教育时有必要立足于教育生态学视角,考察当下幼儿健康教育中幼儿生态位的现状与区域教育生态系统中各生态因子对幼儿的影响作用,探寻以幼儿为生态主体、基于不同生态群落特征的幼儿健康教育生态发展的路径与策略,从而提升每一位教育者的教育生态意识,打造适合幼儿健康成长的教育生态。

(一) 构建多维交互的共育场域

教师在日常教育实施中需逐步转变单线条的"教师—幼儿"模式,在"人员""空间"方面拓展,构建起多维交互的共育场域,即"幼儿—教师—'三大员'—家长—社会群体""幼儿园—家庭—社区"。

多维交互的共育场域能让幼儿的生活时间、生活空间、生活实践真正打通,确保各教育要素、教育关系和教育实践活动产生联系、发挥影响力。

案例评析:"听爸爸妈妈讲故事"之"视频连线"

每年5、6月是衔接教育的关键期。如何缓解幼儿入学担忧,为幼儿营造轻松愉快、积极向上的成长环境,是我园健康教育的重要内容之一。

幼儿园的西西妈妈给大伙讲了"视频连线"的故事。

西西对于未来的小学生活有三个小担忧,"东西找不到了怎么办""上课时想上厕所怎么办""有同学影响我上课怎么办"。

针对西西的担忧,班主任宋老师和妈妈一起帮助西西寻找解决的办法。可是,真实的小学生活究竟是怎样的? 西西想的办法可行吗? 如果可以问一问小学老师或是小学的哥哥姐姐们就好了。妈妈把西西的想法告诉了宋老师。在宋老师的帮助下,一场"视频连线"开始啦!

小学老师、已毕业的小"校友"、西西、西西妈妈,还有宋老师开始"在线对话"。西西的担忧得到了小学老师的解答,关于西西想到的办法,哥哥姐姐们也说了自己的想法。在充分了解小学生的想法、了解真实的小学生活后,西西高高兴兴地开始调整自己的计划。

事后,西西妈妈感慨道:要想帮助孩子充分做好进入小学的思想准备和行动准备,就得了解他的内心想法,化解他的担忧。现代通讯方式让沟通更便捷,当家长不知道如何应对孩子的问题时,完全可以借助网络快捷地得到老师面对面的指导。

▶评析:

西西妈妈的故事说明幼儿健康教育中不同人群间平等对话的重要性。每一位幼儿的成长需求不同,每一位家长对教育的理解、困惑和教育的方式也不相同。所以,多维交互的共育场域能让幼儿的生活时间、生活空间、生活实践真正打通,确保各教育要素、教育关系和教育实践活动产生联系、发挥影响力。本课题的研究使得区域内越来越多的家庭与幼儿园开展步调一致的教育,幼儿、教师和家长间的沟通合作,三者之间的平等对话,让区域健康教育落到实处。

供稿者:上海市实验幼儿园

(二) 建立多方协商的共育机制

教师需要构建多方协商育人机制,形成合力,力求"1+1 大于 2"的叠加效应。

"多方协商"机制。如,开展健康营养活动前,多方人员(园长、教师、保健教师、大厨、家长)共同分析幼儿进餐的问题与成因,讨论解决方法,设计特色活动;活动中,保健教师制订菜谱,营养员现场烹饪,与幼儿互动交流,教师引导幼儿观察、操作、表达;活动后,多方人员协同反思,家长反馈家庭同步教育效果。

"资源盘活"机制。如,教师协同家长开展"亲子行走寻美食"活动。幼儿走进社区,寻找特色美食,感受本土文化,萌发爱社区、爱家乡的情感。

幼儿的健康成长是自身因素及外界因素复合影响的综合状态的反映。幼儿园、家庭、社区是幼儿最早接触,影响最直接的生活环境。可联结三方资源,探索建立保障机制的有效路径,在目标同向、观念一致、方法共通中提升健康教育的有效性。

案例评析:"小萝卜"的作息计划

缘起

进入大班,妈妈给小萝卜制订了一张家庭作息表。小萝卜认为不合理:"我一点玩的时间也没!"坚决不肯执行。于是,老师和小萝卜、小萝卜妈妈开始了三方协商。

过程

第一阶段的协商		
关键问题	如何合理安排在家一天的时间?	
各自的观点	妈妈:"进入大班,要安排好每天的学习任务。" 小萝卜:"大班孩子也要玩。" 教师:"从大班孩子年龄特点和衔接教育目标出发,需将重心转移到自我规划、时间管理的能力培养上。"	
落实行动		
	认识上	行动上
家长方面	帮助妈妈认识:作息表的制订旨在增强孩子合理安排时间的能力。有价值的作息表必须是孩子接受并自觉执行的。如何安排得让小萝卜自己来。	从"妈妈单方面制订,要求小萝卜执行"转变为"小萝卜自己定,妈妈提出建议"。
幼儿方面	结合幼儿园主题活动让小萝卜认识时钟,会看时间;感受时间的流逝,珍惜时间。	小萝卜先自己制订作息表,随后听一听爸爸妈妈的建议。
教师方面	持续关注家长与孩子的想法。	协助孩子与家长制订作息表,关注制订过程中出现哪些问题,给出指导建议。

从幼儿、家长、教师不同的观点和需求出发,经过三方协商,在认识与行动上达成共识,形成第一张三方认可的作息表。

因为这是小萝卜自己制订的作息表,所以孩子能主动按作息表实施。伴随实施过程,小萝卜、妈妈、教师又有了不同的感受与想法。从不断完善的目的出发,三方开始第二次协商。

第二阶段的协商		
关键问题	实施中有什么感受?需要做哪些调整?为什么?	
各自的观点	妈妈:"需要再增加一些学习任务。" 小萝卜:"幼儿园有自由活动时间,家里也应该有。" 教师:"一日生活中运动很重要,需要补充。"	
落实行动		
	认识上	行动上
家长方面	小萝卜两次提到要由自己安排活动时间,帮助妈妈认识到:孩子的要求体现出其自主意识的增强。"合理安排时间"不仅能让孩子锻炼思维,增强做事的计划性,而且在执行计划、调整计划的过程中能提升反思能力。这些能力将直接影响小学学习生活的效率与质量。	尊重接纳小萝卜的想法,让作息表有留白时段,给予孩子自主安排的空间。

续表

幼儿方面	自由活动时间也需要预先思考,做好规划。	记录自己执行作息表的过程和感受,结合自己的感受及爸爸妈妈和老师的建议,增加运动时间,在自由活动时间中标注重点要做的事。在不断调整中感受合理安排的重要性,努力遵守作息表。
教师	和小萝卜、妈妈一起回顾幼儿园作息,认识到运动的重要。	与小萝卜和家长一起调整作息,增加运动时间和"留白"空间。

供稿者:上海市实验幼儿园

▶ 评析:

基于协商,小萝卜的作息表(生活计划)日渐科学、合理。家庭健康教育中的这份计划,是幼儿、家长、教师三方协商的产物,是通过对问题的思考、分析,推动幼儿自己制订的行动方案。

幼儿是计划的主体,是整个计划的思想者、规划者、实践者。家长是计划的辅助者,在与教师沟通中日渐理解、支持幼儿,助推幼儿制订、实施、完善计划。教师在对幼儿与家长间关系的思考与协调中,指导家长科学育儿,助力幼儿个性化成长。

"协商",体现了"幼儿健康教育"中教师课程意识不断增强,有利于"幼小衔接"与"幼儿健康"的自然链接;体现了教师"儿童立场"的意识增强,在倾听和对话中去发现幼儿感兴趣和发展需要的活动内容,并转变教育教学方式;体现了教师"资源整合"的意识增强,主动积极地整合各类人员、资源,为实施幼儿健康教育活动提供支持和保障。

评析者:普陀区教育学院　周骏蔚

第三章

活动范例

给教师的健康教育活动参考

一、"安全意识与自我保护"篇

（一）消防安全主题

"火儿火儿你是谁"活动方案

1. 设计背景

■ **设计意图**

《幼儿园教育指导纲要(试行)》明确指出：幼儿园必须把保护幼儿的生命和促进幼儿的健康放在工作的首位。对于火，幼儿非常感兴趣，但又缺乏相应的认知经验以及防火知识和能力。因此，我们设计、实施"火儿火儿你是谁"活动，通过看一看、说一说、做一做、玩一玩，让幼儿了解认识火的用途和危害，同时懂得一些简单预防火灾的方法，帮助幼儿培养一定的防火意识，提升自我保护能力。

■ **方案特质**

健康与体能：★

习惯与自理：★

营养与饮食行为：

安全意识与自我保护：★★★★★

自我与适应性：★★★

■ 方案框架

表3-1-1 "火儿火儿你是谁"活动方案框架

名称	年龄	活动目标	活动内容	健康元素	整合领域
火儿火儿你是谁	中班	**认知：** ● 知道什么时候需要火 ● 了解引起火灾的原因 **情感：** ● 感受火一旦失去控制的可怕 **行为：** ● 不玩火	**活动一：** 火儿火儿你是谁 **活动二：** 三只小猪 **活动三：** 发怒的小火种	● 习惯与自理 ● 安全意识与自我保护	**语言：**根据连续画面提供的信息，大致说出故事情节 **科学：**根据观察结果提出问题，并大胆猜测答案 **提示：**可与"水真有用""我爱我家""周围的人"等主题相结合
	大班	**认知：** ● 知道火的用途 ● 知道火灾诱发原因和危害，知道一些预防火灾的方法 **情感：** ● 能感受火灾带给人们的不幸，激发预防火灾的安全意识 **行为：** ● 寻找并发现生活中用火、用电的安全隐患	**活动一：** 好孩子不玩火 **活动二：** 安全用电、用火大调查 **活动三：** 安全用电、用火大讨论 **活动四：** 艾力小舞台 **活动五：** 谁的速度快	● 健康与体能 ● 习惯与自理 ● 自我与适应性 ● 安全意识与自我保护	**健康：**能沿轮廓线剪出由曲线构成的简单图形，边线吻合且平滑 **语言：**能有序、连贯、清楚讲述一件事情 **社会：**爱护身边的环境，注意节约资源 **科学：**初步了解人们的生活与自然环境的密切关系，知道尊重和珍惜生命，保护环境

2. 方案总目标

中班：了解火的作用，知道一些引起火灾的原因，能发现一些简单的火灾隐患，具有一定的防火意识。

大班：了解火的用途以及安全用火的方法，知道火灾诱发原因和危害；寻找生活中用火、用电时可能存在的安全隐患并说出正确的处理方法，有一定的用火、用电安全意识。

3. 方案设计

【中班】

活动（1）：火儿火儿你是谁

■ 活动形态

学习活动（集体）。

■ 活动目标
- 了解火的用处以及可能给人们带来的危害。
- 懂得不能因自己好奇和贪玩去玩火,提高自我保护能力。

■ 活动准备

课件、图片。

■ 活动过程

① 激发幼儿的活动兴趣

提问:你身边哪些地方会用到火?想一想,它有什么用?(生日蜡烛、炒菜烹饪、篝火晚会、取暖、烧烤食物等)

小结:我们的生活离不开火,每天做饭炒菜、烧水需要火,过生日点蜡烛需要火,火给我们带来了光明、温暖和快乐。

② 了解火灾发生的原因

A. 观看课件《可怕的火灾》

提问:看一看、比一比火灾前后有什么不一样?(幼儿借助课件了解并说一说火灾的危害)

小结:火不仅能烧毁房子,烧伤人,还会烧毁森林,污染空气。

B. 说说唱唱《好孩子不玩火》

提问:那我们可以怎样来保护自己不受伤害呢?(幼儿自由交流)

幼儿欣赏儿歌。

提问:你们听到儿歌里说了什么?哪些东西容易引起火灾?(幼儿交流)

教师根据儿歌进行小结:使用打火机、煤气开关时,遇到火苗烟雾等,这些情况下都可能引起火灾。小火种本领大,但是一旦发怒引发的火灾危害也很大,好孩子可不能贪玩哦!

③ 幼儿操作,进一步巩固对火的认识

提问:还有哪些东西也容易引起火灾呢?让我们一起来看一看、找一找,从图中的一些物品中找出不能玩或容易引起火灾的物品,在它旁边贴上小火种贴纸,并告诉你的朋友哦!

幼儿分组操作,自由交流。

小结:你们找到了很多不能玩和易燃烧的物品,真厉害。火虽然有很多用处,可是,如果因为好奇和贪玩去玩火,容易使小火酿成火灾,那么火也就给我们带来伤害和灾难。

活动(2):三只小猪

■ 活动形态

学习活动(集体)。

■ 活动目标
- 根据画面线索大胆猜测故事情节,知道引起火灾的原因。
- 愿意帮助小猪找到灭火的方法。

■ 活动准备

故事图片。

■ 活动过程

① 活动导入,引发兴趣

提问:大家一起来看看图片里有谁?它们可能在做什么?

小结:一天夜晚,三只小猪围站在桌子边,看着一支点燃的蜡烛。

追问:接着,可能发生什么事情呢?(幼儿自由猜测故事情节)

② 了解故事内容,帮助小猪

提问:发生了一件怎样的事情?

小结:发生了一件不幸、可怕的事情,着火了。

提问:着火以后可能会怎样?(幼儿根据已有认知经验自由交流)

小结:火会烧毁一切,房屋、桌子甚至还有生命。

讨论:我们可以怎么帮助这三只小猪?

小结:我们可以请消防员来灭火,解决问题。

提问:我们如何通知消防员来救三只小猪?

(幼儿尝试模拟拨打119报警)

小结:遇到火灾,先拨打119火警电话,告诉消防员发生火灾的地址。

③ 故事表演《三只小猪》

引导语:《三只小猪》的故事告诉我们,小孩子不能玩火,我们一起把这个故事表演给其他小伙伴看,让他们也知道这个道理。

故事表演可以延续到活动后个别化学习活动中继续开展,教师也可以提供一些角色装扮物或者手偶让幼儿进行语言游戏。

本次活动也可结合"消防员本领大"以及"发生火灾怎么办"两个单元内容一起开展。

活动(3):发怒的小火种

■ 活动形态

个别化学习。

■ 活动准备

剪刀、胶水、透明胶、双面胶、水彩笔、材料包等。

■ 活动内容

① 制作"发怒的小火种"指偶和标志

幼儿根据制作提示,自制"发怒的小火种"指偶和标志。

② 寻找哪些东西容易引起火灾

在图片中寻找容易引起火灾的物品,并贴上"发怒的小火种"标志。

③ 尝试寻找图片中的消防安全隐患

幼儿可以根据已有的消防知识与经验,寻找图片中的消防安全隐患,贴上"发怒的小火种"标志,并与同伴和老师说一说消防安全隐患是什么。

■ 观察重点

① 观察幼儿理解、制作步骤图的情况,以及在制作过程中安全使用剪刀的方法。

② 观察幼儿观察图片、寻找发现消防隐患的情况。

③ 鼓励并引导幼儿较清楚地介绍自己的发现。

■ 活动提示

① 制作"小火种"标志后,幼儿可利用"发怒的小火种"指偶开展语言游戏和表演游戏。

② 可以结合"消防标志我知道"活动,将"发怒的小火种"标志贴于生活中常见的容易引发火灾的位置,让幼儿在探索中不断积累相关经验。

【大班】

活动(1):好孩子不玩火

■ 活动形态

学习活动(集体)。

■ 活动目标

● 了解火灾的成因和对人类造成的灾害,知道小朋友不能玩火等安全知识。

● 了解一些发生火灾后自救的方法,增强安全自护的能力。

■ 活动准备

● 实验操作材料:酒精灯、火柴或打火机。

● 课件:火灾的相关图片和视频,家庭中用电、用火场景的图片和视频。

■ 活动过程

① 感知火的特性

提问:在一个黑暗的地方点燃这盏灯会怎么样?为什么?请小朋友用小手轻轻地靠近这盏灯,说一说有什么感觉?为什么?

小结：火燃烧时会发光、发热。小火种本领大，我们的生活离不开它。

② 了解火的危害

提问：小火种一旦发怒，会引发火灾，然后会怎么样？

幼儿观看图片、视频后交流讨论。

小结：森林大火无情燃烧让动物们受伤、无家可归，破坏自然生态环境。人类生活中的火灾烧毁了房屋甚至让许多人失去生命。

③ 了解安全用电、用火的知识

提问：火一旦失去控制会变得很可怕，但是我们的生活又离不开火，对我们小朋友来说如何安全用火呢？

小结：对我们小朋友来说安全用火最重要的就是不玩火！家里的打火机、煤气开关不能玩，危险的事情不能做，防火防灾最重要。

讨论：家用电器使用不当也会引起火灾，我们在使用电器的时候要注意什么呢？

小结：还要注意家中电器的安全使用。检查电器是否漏电、电器插座是否合理使用、与取暖设备保持安全距离、及时关闭电源等。

④ 着火了怎么办

提问：如果着火了，我们应该怎么办？

教师总结几种着火以后的自救方法：拨打火警119电话，快速报警，告知起火地址；在未起火的房间打开窗户大声呼救或用东西大力击打窗框发出响声，引起别人注意；如果起火点在你所处位置的楼上，且还未影响到楼下，用湿毛巾捂住口鼻、俯身快速逃离现场；如果身上衣物着火，立即停止奔跑，趴在地上打滚……

⑤ 活动提示

教师在选择火灾视频和图片时，要考虑幼儿心理承受能力，不要选择过于惨烈的火灾视频和图片。

后续园内可以定期开展消防演练，不断提高师生遇到火灾的应变能力。

活动（2）：安全用电、用火大调查

■ **活动形态**

个别化学习。

■ **活动准备**

调查记录表每组一张、笔、画板、小火种标记。

■ **活动内容**

① 开展幼儿园中安全用电的大调查

幼儿自由结伴,组成3—4人的小组。在幼儿园中寻找用电、用火的隐患和问题,做好标记并记录在调查表中。

② 开展家庭中安全用电、用火的大调查

幼儿在家中寻找用电和用火的隐患和问题,并记录在调查表中。

■ **观察重点**

① 观察并了解幼儿在自由结伴、分组中的商量和分工情况。

② 观察并了解幼儿对于安全用电、用火知识的了解情况。

③ 观察并提醒幼儿在园内开展调查时注意安全,如上下楼梯时注意安全等。

④ 观察幼儿在园内调查时,与其他人员的交流沟通情况。

⑤ 了解幼儿在园内和家庭中调查发现的问题、记录表中记录的内容,为后续集体交流活动作好准备。

活动(3):安全用电、用火大讨论

■ **活动形态**

集体交流分享活动。

■ **活动目标**

● 找出安全隐患并说出正确的处理方法,了解正确用火、用电的知识。

● 主动和同伴交流自己收集的信息,有一定的安全用电和用火的意识。

■ **活动准备**

PPT、黑板、图片、调查记录表人手一张、操作材料人手一份、相关视频。

■ **活动提示**

① 小组结合调查表介绍在园内发现的用电、用火的安全问题

教师可与幼儿讨论:你们发现了安全用电上存在哪些相同的问题? 有什么解决安全问题的好方法吗?

② 幼儿结合调查表介绍在家里发现的用电、用火的安全问题

教师可与幼儿讨论:在家里你们发现了哪些与幼儿园不一样的安全用电和用火的问题呢? 怎么解决这些安全问题?

■ **延伸活动**

幼儿自由结伴尝试解决这些安全问题,如制作安全宣传海报、利用园内每周幼儿广播或幼儿园公众号宣传安全用电和用火的知识,提高幼儿和家长的安全意识;制作并张贴安全标志,提示大家注意这些地方的用电、用火安全;与后勤老师沟通,共同解决园内用电和用火的

安全隐患,如给插座安装保护盖等。

活动(4):艾力小舞台

■ **活动形态**

游戏活动。

■ **活动准备**

儿歌音频《好孩子不玩火》,故事《三只小猪》相关图片、头饰、道具等。

■ **观察要点**

① 观察幼儿对安全用火、用电知识的了解情况。

② 观察幼儿在活动中与同伴协商、分工合作、制定规则的情况。

③ 发现幼儿在活动中遇到的困难和问题,必要时给予适当的支持和帮助。

活动(5):谁的速度快

■ **活动形态**

亲子活动。

■ **活动准备**

纸牌(上面贴有或印有容易引起火灾的物品以及常规物品的图片)、铃铛。

■ **玩法与规则**

① 将图片打乱之后,孩子和家长平均分牌。

② 两人同时翻牌,如果两张图片中有一张或两张都为"容易引起火灾的物品",则立即按铃,并说出原因,速度快并且说得正确的,两张牌归其所有。

③ 如果翻出来的物品不易引起火灾,则继续翻牌,直到翻到"容易引起火灾的物品"纸牌时再进行抢答。

■ **活动提示**

提醒幼儿遵守游戏规则,鼓励幼儿不因失败而气馁。

撰写者:宜川一村幼儿园　吴莹　普陀区教育学院　陈瑞廷

"消防员本领大"活动方案

1. 设计背景

■ **设计意图**

"消防员本领大"系列活动,让幼儿在参观、体验等活动中,认识勇敢的消防员,熟悉他们的日常灭火救援工作,知道消防员为了顺利完成救援任务,十分勤奋努力,不怕困难,感受消防员的伟大,激发幼儿尊敬、喜欢消防员的情感。同时,在参观、学习过程中,引导幼儿认识一些常见的消防用具,了解消防车的特殊用途,进一步了解消防安全的重要性。

■ **方案特质**

健康与体能:★★★

习惯与自理:★★★

营养与饮食行为:

安全意识与自我保护:★★★★★

自我与适应性:★★★

■ **方案框架**

表3-1-2 "消防员本领大"活动方案框架

名称	年龄	活动目标	活动内容	健康元素	整合领域
消防员本领大	小班	认知: ● 了解消防车的特征和用途 ● 了解消防员的工作 情感: ● 尊敬消防员 行为: ● 归类整理	活动: 认识消防车	● 安全意识与自我保护 ● 自我与适应性	语言:愿意用语言表达自己想法 科学:能仔细观察自己感兴趣的事物,发现其明显特征(与"小司机"主题相结合)
	中大班	认知: ● 了解消防员的工作,知道他们是保护我们的人 ● 知道不同消防设备的种类和用途 情感: ● 对消防员建立敬佩和喜爱之情 行为: ● 时间观念 ● 快速反应的消防安全自护能力	活动一: 参观消防站 活动二: 小小消防员 活动三: 消防员训练营 活动四: 消防员快出发 活动五: 消防装备我知道	● 习惯与自理 ● 健康与体能 ● 自我与适应性 ● 安全意识与自我保护	健康:具有一定的平衡能力,动作协调、灵敏 社会:能爱护他人的劳动成果,在接受他人服务与帮助时会表示感谢 科学:能在探究中与同伴合作,并交流自己的发现、问题、观点和结果等 提示: 可与"我是中国人""我们的城市"等主题相结合

2. 方案总目标

小班：观察、认识消防车的主要特征，了解消防车的特殊用途；知道消防员是保护我们的人，激发对消防员的尊敬。

中、大班：认识并了解消防设备及其用途；了解消防员的应急救援工作内容，体验消防员工作的了不起；激发对消防员的敬佩和喜爱之情。

3. 方案设计

【小班】

活动：认识消防车

■ 活动形态

学习活动（集体）。

■ 活动目标

- 观察、认识消防车的主要特征，了解消防车的特殊用途。
- 知道消防员是保护我们的人，尊敬消防员。

■ 活动准备

消防车图片、消防员介绍消防车的视频课件。

■ 活动过程

① 出示消防车图片，激发幼儿活动兴趣

教师采用从局部到整体的方式出示消防车图片，幼儿根据颜色、形状、主要部件猜测这是什么。

② 认识、了解消防车和消防车上的设备及其用途

提问：消防车有什么用？它是谁的专用特殊车辆？

小结：消防车是消防员用来消灭火灾的特殊用途车辆。

提问：消防车为什么是红色的？消防车上有些什么设备，它们有什么用？（幼儿互动交流各自的经验）

师生观看消防员介绍消防车的视频，进一步了解消防车上的设备及其用途。

③ 了解消防员如何使用消防车消灭火灾

提问：你们知道消防员是如何使用消防车消灭火灾的吗？

师生观看消防员灭火录像。

结合幼儿观看内容互动讨论：消防员是如何利用消防车上的设备进行灭火的。

小结：消防车醒目的红色和报警声提醒大家它正在执行灭火任务，请注意避让。消防车

上的水带接口能连接路边的消防栓,一卷一卷的水带能互相连接,长长的水带和水枪能消灭远处火场的大火。消防车上高高的云梯,能帮助消防员消灭火场高处的大火。火场很热很危险,但我们的消防员还是勇敢地冲进火场,消灭大火,救出大火里的人。

■ **活动延伸**

在游戏中投放消防员的角色装扮物和其他游戏材料,观察幼儿游戏时能否借助材料自主生成与消防员相关的游戏情节。

【中、大班】

活动(1):参观消防站

■ **活动形态**

社会实践。

■ **活动目标**

- 知道消防站是消防员和消防车的所在地,了解消防员的工作任务,体验消防员工作的了不起。
- 认识、了解消防车、消防器材及消防员的特殊着装。

■ **活动准备**

- 教师在活动前与消防站联系、沟通参观的时间和内容。
- 幼儿在活动前制作送给消防员的小手工或自制小礼物。

■ **活动过程**

① 教师交代参观内容,提出参观要求

引导语:大家知道消防站吗?今天我们要去参观消防站,看一看消防员平时做些什么。消防员还会带大家参观消防车,认识各种灭火的器械。如果你们有什么问题也可以问一问消防员叔叔阿姨!

② 师生参观消防站,参观过程中教师注意引发幼儿与消防员之间的互动交流

参观、了解消防车。(如果允许,可以让幼儿到消防车上参观)

消防员讲解消防车的结构及各个部件的主要功能,幼儿了解消防车上各种装备与消防员工作之间的关系。

幼儿认识各种消防器材,请消防员示范其功能,了解不同器材、装备在灭火中的不同作用。

幼儿认识消防员的防护装备(消防服、手套、头盔、面罩、靴子),知道这些防护装备能保护消防员。

小结:消防车上的每件装备、消防员身上的每样工具都是有用的,消防员救火时需要使

用这些工具救助别人、保护自己。

③ 互动游戏：和消防员比赛穿衣服

观摩消防员接到报警后迅速穿衣、登车的过程，以及消防员日常训练的项目。

④ 幼儿给消防员赠送礼物，与消防员一起合影，拉近与消防员的距离，激发对消防员的敬佩与喜爱之情。

活动（2）：小小消防员

■ **活动形态**

学习活动（集体）。

■ **活动目标**

- 了解消防员的工作内容，知道应急救援的重要性。
- 激发幼儿对消防员的敬佩之情。

■ **活动准备**

- 物品准备：PPT、自制消防帽、自制水管、消防车模型等。
- 幼儿经验准备：参与消防演习，并对消防员的工作有初步的了解。

■ **活动过程**

① 激发兴趣：消防员训练

提出训练要求：小小消防员们，你们准备好了吗？体能训练现在开始！（通过幼儿熟悉的运动活动，激发幼儿锻炼的兴趣，体验作为消防员的荣誉感）

提问：为什么消防员每天都要进行体能训练呢？

小结：消防员拥有强健的身体才能迅速穿戴沉重的消防设备，奔赴危险的火场去营救被困人员、消灭火灾。所以对消防员来说拥有强健的身体和灵活的身手非常重要！

② 在模拟消防员执行任务的过程中进一步了解消防员工作的内容

模拟执行灭火任务：

小小消防员听到警报响起，明确出警任务是消灭火灾。快速穿戴消防员装备。

借助多媒体课件的声音和影像效果，小小消防员模拟完成灭火任务。

小小消防员交流灭火时用到的设备和灭火时的感受。

模拟救援被困小猫：

接到报警电话，明确出警任务是救援被困小动物。

讨论：救援被困小动物需要用到哪些工具和设备？

小小消防员模拟运用云梯进行救援。

教师小结：消防员本领真大，他们不仅能不怕危险进入火场营救人员、扑灭大火，也能拯救被困的小动物。因为有了勇敢的消防员，我们的生活既安全又幸福。

③ 了解消防员承担的其他救援任务

提问：你们知道真正的消防员除了灭火和救援被困的人或动物之外，还有哪些救援工作吗？

观看消防员实施救援过程的视频，了解消防员承担的具体救援任务。

幼儿互动交流，教师通过图片帮助幼儿梳理消防员承担的救援任务有哪些（防洪、营救被困人员、清除马蜂窝等）。

小结：消防员真厉害，只要有紧急救援任务，他们就会第一时间出现，营救并帮助我们。

活动（3）：消防员训练营

■ 活动形态

运动活动。

■ 活动目标

● 模拟消防员训练，通过玩竹梯练习各种走、跑能力，探索、提高身体的控制力与平衡性。

● 克服畏高情绪，掌握手脚协调攀爬竹梯的能力和自我保护技能。

■ 活动准备

火警音乐、火焰和水的装饰图片、缓冲垫、竹梯。（竹梯的数量和长度可根据幼儿人数及能力进行调整）

■ 活动过程

① 消防小队员热身

提问：今天我们都来学做消防员，练习消防员的本领。你们还记得消防员是怎么训练的吗？（幼儿回忆参观消防站时看到的消防员训练内容）

出示竹梯，请幼儿们想一想竹梯像消防员灭火救援时用到的什么设备。

教师带领幼儿绕竹梯走，一边走一边发出指令，让幼儿做单脚站立于竹梯内、蹲下、蹲着走、小跑等动作。幼儿听教师指令做相应动作。

图 3-1-1

图 3-1-2

教师站到一旁发出指令,幼儿继续做上述动作。

② 幼儿听教师指令花式走竹梯

教师发出指令:双脚在竹梯内,小跑通过竹梯。

教师发出指令:一脚在竹梯内,一脚在竹梯外,小跑通过竹梯。

图3-1-3 　　图3-1-4

观察与指导要点:幼儿在走、跑过竹梯时,教师可强调"双脚在竹梯内"和"一脚在竹梯内,一脚在竹梯外"的不同玩法;如果幼儿跑动时容易踩到竹梯,教师可加以纠正,动作要领是"脚尖踮起来,小手甩起来"。

③ 消防小队员闯关

A. 速度关卡

教师:发生火灾时,消防员会用最快的速度跑向火场灭火救援,学做消防员首先我们就要一起来闯"速度关"。

幼儿分成两排踩在竹梯内的部分通过。

幼儿根据老师拍手节奏快慢踩在竹梯内的部分通过。

观察与指导要点:教师根据幼儿的具体表现,通过调整拍手节奏调节幼儿速度,从慢速开始,幼儿熟练以后慢慢增加速度,速度不宜过快。同时,教师时刻提醒幼儿踮脚尖通过竹梯,两脚交替进行。引导幼儿注意手、脚、眼协调,身体可微微前倾以便保持身体平衡。

图3-1-5

幼儿简单交流快速通过竹梯的方法和经验。

提问:你用了什么好办法控制身体快速通过竹梯?

小结:在快速通过竹梯时,我们的身体要微微前倾,双手贴近身体两侧前后摆臂,眼睛看准竹梯,踮脚尖快速通过。

幼儿再次进行游戏,巩固练习通过竹梯的方法。

观察与指导要点:观察幼儿是否能运用正确的方式,教师也可通过与幼儿一起玩的方法,为幼儿示范正确的动作。

B. 合作关卡

教师:消防员工作需要大家一起合作,接下来需要你们大家一起完成这项任务。

不倒的一排竹梯。

要求:全体幼儿双腿分别站在竖立的竹梯两侧,跑步绕圈,防止竹梯倒下。

图 3-1-6

图 3-1-7

不倒的两排竹梯。

要求:全体幼儿双腿分别站在竹梯(竖立)两侧,跑步绕圈,防止两排竹梯倒下。

观察与指导要点:指导幼儿站在竹梯两侧时,双腿不能分得太开,也不能夹得太紧,跑的时候要和前面的幼儿保持距离,并且保证竹梯上必须要有同伴在,否则竹梯会倒下。

C. 云梯关卡

教师:当高处发生火灾时,消防员就要爬上云梯进行灭火救援。我们训练的最后一关,就是爬上竹梯灭火,然后爬下竹梯,看看大家能不能完成最后的训练任务。

幼儿拿上水的图片,爬上竹梯,将"水"覆盖在墙上的"小火苗"处。

观察与指导要点:观察幼儿攀爬竹梯时的手脚协调性,根据"火苗"的位置确定自己攀爬竹梯的高度。一手持物攀爬竹梯时提醒幼儿另一手要抓紧竹梯,双脚踩稳。教师鼓励胆小的幼儿,并给予适当帮助和保护。

再次练习,巩固运动方法和经验。

④ 消防员小队员归队

放松身心。教师先引导幼儿用鼻子慢慢吸气,再用嘴巴慢慢吐气。接着,教师播放音乐,带领幼儿在双手打开、手掌向上慢慢举起

图 3-1-8

时吸气,在双手慢慢放下时吐气。

观察与指导要点:教师要引导幼儿用正确的呼吸方式调整运动后的状态。

师生共同整理物品。

活动(4):消防员快出发

■ **活动形态**

个别化学习。

■ **活动准备**

平板电脑、纸、笔、剪刀、消防员的装扮服饰和用具、计时器等。

■ **玩法与规则**

● 幼儿与同伴一起,通过搜索了解消防员从接到报警到出警这段时间里要做的事及其顺序,并尝试用图画、剪贴等方式记录下来。

● 教师提供消防员装扮服饰和用具,幼儿尝试计时并迅速穿戴所有消防员服饰和用具,同伴间比较谁的动作最迅速、所用时间最少。

■ **观察重点**

● 观察、了解幼儿借助信息技术搜索信息的情况和能力。

● 观察幼儿在活动中与同伴商量、制定规则的情况。

● 观察并指导幼儿迅速穿戴消防员服饰和用具。

活动(5):消防装备我知道

■ **活动形态**

亲子活动。

■ **活动准备**

各种低结构废旧材料(纸盒、纸筒等)、各种制作工具(剪刀、胶水、玻璃胶等)。

■ **活动目标**

● 利用废材制作消防员灭火救援的器材和消防车。

● 进一步巩固对消防救援器材和消防车的认识。

■ **活动设计**

① 参观消防站后,教师将参观的照片通过家园互动平台展示,幼儿可以结合照片内容向家长介绍自己认识、了解的消防员的工作和任务,以及各种消防装备的不同作用。

② 家长和幼儿一起利用废旧材料制作幼儿喜欢的消防车或消防员灭火救援的工具设备,进一步巩固对不同灭火救援器材作用的认识。

③ 班级开展"消防装备展览会",幼儿介绍自己制作的消防装备及其作用。

撰写者:宜川一村幼儿园　吴莹　普陀区教育学院　陈瑞廷

"消防安全标志我认识"活动方案

1. 设计背景

■ 设计意图

生活中随处可见各种消防设备和消防标志,利用这些消防设施能对初期火灾进行及时有效的应对,同时各种消防标志对人们进行提示、警告,引导人们在事故时采取合理正确的行动。所以消防设备及消防标志是减少火灾事故、保证建筑物消防安全和人员疏散安全的重要设施。

幼儿们因为缺少生活经验,往往会被消防设施上鲜艳的颜色吸引,却并不了解它们的用途。教师可以带领幼儿寻找周围的消防设施,引导幼儿认识这些常见的消防设备和消防标志,了解它们的正确含义及作用,增强安全防护意识。

■ 方案特质

健康与体能:★

习惯与自理:★★★

营养与饮食行为:

安全意识与自我保护:★★★★★

自我与适应性:★★★★★

■ 方案框架

表 3-1-3 "消防安全标志我认识"活动方案框架

名称	年龄	活动目标	活动内容	健康元素	整合领域
消防安全标志我认识	中班	认知: ● 认识生活中常见的消防安全设施和标志 ● 知道根据逃生标志进行逃生 情感: ● 感受标志对于我们安全生活的重要性 行为: ● 能在提醒下,遵守标志提示的安全规则和要求,不破坏消防设施	活动一: 消防救援好帮手 活动二: 幼儿园里的消防安全标志 活动三: 对对碰	● 习惯与自理 ● 自我与适应性 ● 安全意识与自我保护	语言:对生活中常见的标识、符号感兴趣,知道它们表示一定的意义 社会:感受规则的意义,并能基本遵守规则 科学:能通过简单的调查收集信息;能用图画或其他符号进行记录 提示: 可与"我在马路边"主题相结合等

续表

名称	年龄	活动目标	活动内容	健康元素	整合领域
大班		**认知：** ● 认识生活中各种安全标志，了解它们代表的含义 ● 能根据颜色、形状等辨别不同的安全标志 **情感：** ● 进一步感受标志对于我们安全生活的重要性 **行为：** ● 主动遵守标志提示的安全规则和要求	活动一： 生活中的消防安全标志和设施 活动二： 会说话的消防安全标志 活动三： 各种各样的标志 活动四： 消防安全棋 活动五： 模拟使用灭火器	● 习惯与自理 ● 健康与体能 ● 自我与适应性 ● 安全意识与自我保护	**健康：** 能自觉遵守基本的安全规则和交通规则 **语言：** 对图书和生活情境中的文字符号感兴趣，知道文字表示一定的意义 **社会：** 能想办法结伴共同游戏，活动中能与同伴分工、合作、协商，一起克服困难、解决矛盾 **科学：** 能在探究中与同伴合作，并交流自己的发现、问题、观点和结果等 **提示：** 可与"我们的城市"主题相结合

2. 方案总目标

中班：寻找并认识生活中常见的消防安全标志和设施并了解其作用；能在提醒下，遵守标志提示的安全规则和要求，不破坏消防设施。

大班：认识各种安全标志、消防设施及其不同的含义和作用，了解灭火器的正确使用方法；主动遵守标志提示的安全规则和要求。

3. 方案设计

【中班】

活动（1）：消防救援好帮手

■ **活动形态**

学习活动（集体）。

■ **活动目标**

● 认识常见的消防设备及其作用，清楚表达自己的发现和想法。
● 了解消防设备的重要性，知道不能随意玩耍和破坏消防设施。

■ **活动准备**

● 幼儿经验准备：幼儿在幼儿园和居住的小区等寻找过消防设备。
● 课件：灭火器、消防水带、消防栓、烟雾报警器、水喷淋灭火系统等消防设备相关的图片、动画视频。

- 灭火器一个。

■ **活动过程**

① 互动交流常见的消防设备

播放PPT逐步出示红色色块——红色长方形——灭火器开关，幼儿根据线索猜测是什么消防设施，它有什么用，并回忆在哪里看到过它。

教师出示灭火器，小结：幼儿园、商店、超市、电影院等公共场所都有灭火器，发生火灾的时候用灭火器能扑灭火苗。

幼儿互动交流：在哪里看到过消防设备，它们有什么用途。（幼儿交流之前与家长一起收集的资料）

消防栓：消防栓是重要的消防设施，用于灭火供水。

消防水带：连接消防栓，将水输送到发生火灾的地方，消防员进行灭火。

小结：灭火器、消防栓、消防水带都是用于灭火的消防设备。

② 了解烟雾报警器和水喷淋灭火系统的作用

教师播放PPT出示防火设备图片，主要有：烟雾报警器和水喷淋灭火系统。

提问：这些是什么设备？它们安装在哪里？有什么用？

教师结合图片和视频向幼儿介绍防火设备的用途。

烟雾报警器：当它感应到室内烟雾达到一定浓度时，会自动报警，提醒人们这里可能发生火灾。

水喷淋灭火系统：当烟雾报警器感应到烟雾发出警报的同时，水喷淋灭火系统就会自动喷水灭火。

③ 爱护消防设施设备

教师出示几张图片，幼儿判断、交流图片中人们的行为是否正确，说一说自己的理由。

小结：一旦发生火灾，这些消防设备都是灭火的好帮手，所以我们要爱护消防设施，特别是不能随意玩耍和损坏这些消防设施。

活动(2)：幼儿园里的消防安全标志

■ **活动形态**

个别化学习。

■ **活动目标**

- 寻找并发现幼儿园里消防安全标志，知道它们的意义。
- 记录自己的发现并愿意与同伴分享。

■ **活动准备**

教学楼的平面图、记录表、纸笔、PPT。

■ **活动内容**

① 解读教学楼平面图,明确任务。

在幼儿园教学楼里找一找,哪里有消防安全标志,并记录在教学楼平面图上。

② 幼儿自由结伴在教学楼中寻找消防安全标志,并做好相应记录(发现标志的位置和标志的图样)。

③ 回班级后讨论:这些标志代表什么意思?提醒我们什么?遇到不认识的标志时可以借助图书或自己搜索信息解决。

④ 在集体交流分享中,请幼儿介绍自己的发现。

■ **观察重点**

- 观察幼儿在活动中的行为安全。
- 关注幼儿记录的方法,了解记录的内容。
- 观察幼儿在寻找安全标志过程中与同伴的商量、合作行为,以及遇到问题时如何解决。
- 观察幼儿搜索信息的能力,必要时给予适当的支持与帮助。

■ **活动提示**

- 活动开展前幼儿对于消防安全标志应当有一定的前期经验。
- 幼儿对于简单的记录也应有一定的前期经验。
- 活动开展过程中需要密切的保教联动以确保幼儿安全。

活动(3):对对碰

■ **活动形态**

个别化学习。

■ **活动目的**

在游戏中进一步增强对安全标志的认识与理解;提高观察力和记忆力。

■ **活动准备**

幼儿自制的安全标志卡片、对对碰底板(9格、12格、16格)、纸杯、记录纸、笔等。

■ **玩法与规则**

- 幼儿根据自己能力和需要选择底板,将安全标志卡片随意放在底板格子内,并用纸杯盖住标志。

- 幼儿两两自由结伴,每次一位幼儿翻开两个纸杯,如标志能配对并能说出该标志的含义则将该标志收入囊中,如标志不能配对或不能正确说出该标志的含义则重新盖上纸杯。
- 两人轮流游戏直至取走所有标志,标志多的人即获胜,幼儿记录比赛结果。

■ 观察重点

- 观察幼儿两两合作游戏中的合作、竞争意识和规则意识。
- 观察幼儿在游戏中表现出的观察能力和记忆能力,提高配对成功率。
- 观察幼儿对安全标志的认识和理解情况。

■ 活动提示

幼儿制作或提供的安全标志卡片可以按两两相同或互为关联的方式配对。

【大班】

活动(1):生活中的消防安全标志和设施

■ 活动形态

亲子活动。

■ 活动目标

在与父母外出的活动中,寻找并记录日常生活中的安全标志和消防设施,了解它们的含义和作用。

■ 活动设计

在幼儿园开展认识消防设施和消防安全标志活动之前,家长可以与幼儿在居住的小区或商场、电影院等公共场所,共同寻找生活中常见的消防安全标志和消防设施,并利用拍照、画画等形式进行简单记录。家长可以向幼儿介绍这些消防设施和消防标志的作用。

活动(2):会说话的消防安全标志

■ 活动形态

学习活动(集体)。

■ 活动目标

- 认识生活中常见的消防安全标志,了解这些标志的含义和作用。
- 了解消防安全标志与我们安全生活的关系,知道消防安全标志的重要性。

■ 活动准备

- 幼儿前期经验:幼儿已在幼儿园或家所在的小区内寻找和记录过消防安全标志。
- 课件:常见的消防安全标志和消防安全短片。
- 消防安全标志小卡片。

■ 活动过程

① 幼儿互动交流自己找到的消防安全标志

引导幼儿介绍时讲清楚在哪里找到了什么标志,这个标志告诉我们要注意什么。

在交流中引导幼儿分辨收集的标志是不是消防安全标志。

② 认识和了解不同消防安全标志的含义和作用

消防栓和灭火器标志。

提问:这是什么标志?它们有什么用?这两个标志有哪些相同之处?

小结:这些都是消防设施标志,它们都是红色的、方形的,非常显眼,告诉人们此处有哪些消防设施,发生火灾时人们能够第一时间找到消防设施,快速灭火。

禁止明火和禁止吸烟标志。

提问:这是什么标志?告诉我们什么?这两个标志有哪些相同之处?

小结:这是禁止吸烟和禁止明火的标志,提醒人们注意这个地方有易燃物品,容易引发火灾,禁止点火。它们是圆形的、白色底、红色框、中间有一条斜线,告知人们这是禁止做的事。

安全出口和安全通道标志。

提问:这些是什么标志?它表示什么?看看这两个标志有哪些相同之处?你们还在哪里看到过这些标志?

播放电影院中快速撤离的相关宣传公益片,引导幼儿进一步了解标志的作用。

小结:安全出口和安全通道的标志都是绿色的,都有明确的方向指示,可以在发生火灾等意外时指引人们从安全路线快速逃离危险地带。

总结:在我们居住、生活的幼儿园、小区和商店、电影院等公共场所都有消防安全标志,有的标志告诉我们这里有消防设施,有的提醒我们预防火灾,有的给我们指出了发生火灾等意外时快速安全疏散的通道和出口。消防安全标志的作用真大!

③ 幼儿根据不同场所的需要贴消防安全标记

引导幼儿先看一看这些是什么场所,然后想一想在这里需要哪些消防安全标志,最后寻找相应的标志贴在合适的地方。

幼儿操作,教师观察。

重点关注幼儿对不同消防安全标志及其含义的认识和理解情况。

幼儿集中分享交流。

④ 活动延伸

教师带领幼儿观察、了解幼儿园园所设施和场地需要,根据园内不同场所的需要制作相应的消防安全标志,并张贴在园内相应位置。

活动(3):各种各样的标志

■ **活动形态**

个别化学习。

■ **活动目标**

观察比较各种标志的异同,进一步认识不同的标志,了解其含义。

■ **活动准备**

各种标志(安全标志、禁止标志、警告标志等)、介绍各种标志的图书、纸、笔。

■ **玩法与规则**

- 幼儿观察比较各种标志的不同,如颜色、形状、图案等。
- 幼儿根据自己的想法给不同标志分类,如颜色、形状、含义等。
- 幼儿自制各种标志,并向同伴介绍标志的含义和使用场所。

■ **观察重点**

- 观察幼儿对各种标志的认识和理解情况,了解幼儿分类的依据和维度。
- 引导幼儿向同伴介绍标志的含义和使用的场所。
- 引导幼儿能通过搜索资料和信息,认识新的标志。
- 鼓励幼儿想象、生成新的玩法。

活动(4):消防安全棋

■ **活动形态**

个别化学习。

■ **活动目标**

在棋类游戏中进一步巩固幼儿对各类消防安全标志和设备的认识,提高幼儿规则意识。

■ **活动准备**

泡沫板、安全标志和消防设备的图片、笔、画纸、记录纸、骰子等。

■ **玩法与规则**

- 幼儿自由结伴,根据自己的想法拼搭棋盘路线。
- 幼儿自己商量游戏规则。
- 幼儿自主游戏。

■ **观察重点**

- 观察幼儿合作协商游戏的情况和游戏中遵守规则情况。

- 观察、了解幼儿是否生成新的游戏玩法。
- 观察幼儿在游戏中表现出的对各种安全标志和消防设备的认识情况。

活动(5)：模拟使用灭火器

■ 活动形态

社会实践(安全体验馆)。

■ 活动目的

借助多媒体真实体验灭火器的作用,学习正确使用灭火器,进一步提高幼儿消防安全自护的能力。

■ 观察重点

- 观察了解幼儿是否看懂使用灭火器的视频介绍,了解正确的使用方法。
- 观察幼儿在模拟操作的过程中使用灭火器的方法步骤是否正确,灭火时是否对准火焰根部进行灭火。
- 引导和帮助"灭火失败"的幼儿寻找原因,鼓励幼儿再次尝试。
- 肯定和表扬幼儿"成功扑灭火灾"。

■ 活动提示

普陀区幼儿安全体验馆位于上海市实验幼儿园,活动计划时要提前与实验幼儿园沟通,确定时间和具体要求。

撰写者:宜川一村幼儿园　吴莹　普陀区教育学院　陈瑞廷

"遇到火灾怎么办"活动方案

1. 设计背景

■ 设计意图

火灾在生活中是有可能会遇到的,让幼儿了解火灾中的正确自救方法是非常有必要也是很有价值的。许多自救逃生技能说起来简单、背下来也容易,但说和做很多时候往往并不一致,记住了并不代表实际遇到问题时会正确使用这些方法。因此,学习火灾自救逃生知识和实际演练缺一不可。教师们可以通过创设各种游戏场景和模拟消防演习,让幼儿在游戏和演练中亲身学习正确拨打 119 火警电话的方法以及数种火场逃生的方法和技能,不断积累自救的知识,提高逃生的能力。

■ 方案特质

健康与体能：★★★★★

习惯与自理：★★★

营养与饮食行为：

安全意识与自我保护：★★★★

自我与适应性：★★★

■ 方案框架

表 3-1-4 "遇到火灾怎么办"活动方案框架

名称	年龄	活动目标	活动内容	健康元素	整合领域
遇到火灾怎么办	小班	**认知：** ● 知道发生火灾时要拨打火警电话119 ● 知道不能随便拨打报警电话 **情感：** ● 面对危险不害怕 **行为：** ● 能较清楚地讲出自己的家庭住址	活动一： 火警电话119	● 习惯与自理 ● 安全意识与自我保护	**健康：**能告诉警察或相关人员自己家长的姓名、电话号码等简单信息
	中班	**认知：** ● 了解一些火灾发生时自救保护和安全逃生方法 **情感：** ● 勇于面对困难 **行为：** ● 较熟练掌握119火警报警方法 ● 了解火场逃生的安全方法	活动一： 消防律动操 活动二： 紧急撤离 活动三： 119火警电话	● 自我与适应性 ● 习惯与自理 ● 安全意识与自我保护	**语言：**能结合情境感受到不同语气、语调所表达的不同意思；能根据场合调节自己说话声音的大小 **社会：**敢于尝试有一定难度的活动和任务 **艺术：**经常唱唱跳跳，愿意参加歌唱、律动、舞蹈、表演等活动 **提示：** 可以与"周围的人"等学习主题相结合
	大班	**认知：** ● 掌握一定的火场自救方法，如身上着火的灭火方法等 ● 知道安全逃生路线图的作用 **情感：** ● 敢于面对危险 **行为：** ● 能根据安全通道标志，寻找安全逃生路线 ● 初步掌握火场安全逃生的方法	活动一： 逃生路线 活动二： 身上着火怎么办 活动三： 安全撤离 活动四： 遇到火灾怎么办	● 健康与体能 ● 习惯与自理 ● 自我与适应性 ● 安全意识与自我保护	**健康：**情绪过激时，能在提醒下逐渐缓和；知道一些基本的防灾知识；能躲避朝自己滚来的球或扔来的沙包等移动物体 **语言：**能有序、连贯、清楚地讲述一件事情 **提示：** 可以与"我们的城市"等学习主题相结合

2. 方案总目标

小班：知道发生火灾时要拨打火警电话119，能较清楚地讲出自己的家庭住址，知道不能随便拨打报警电话。

中班：了解一些火灾发生时自救保护和安全逃生的方法，提高安全自护能力。

大班：了解和掌握火场自救的简单方法，能根据安全标识寻找安全通道，知道遇到火灾要从安全通道快速撤离。

3. 方案设计

【小班】

活动：火警电话119

■ **活动形态**

个别化学习。

■ **活动目的**

在操作中学习模拟拨打119消防报警电话，并尝试说清家庭地址，知道不能随便拨打报警电话。

■ **活动准备**

玩具电话、自制纸杯电话（半成品）、数字、胶水。

■ **玩法与规则**

● 教师陪伴幼儿一起玩打电话游戏，幼儿模拟拨打119火警电话，教师扮演接警员，引导幼儿讲清楚自己的家庭住址。

● 幼儿在数字中找到火警电话119的三个数字，将其贴在半成品纸杯电话上，与教师或同伴一起模拟拨打火警电话。

■ **观察重点**

● 观察幼儿对活动的兴趣。

● 观察幼儿是否知道火警电话是119，并能在数字中正确找出这三个数字。

● 鼓励并引导幼儿较清楚地说出家庭地址。

● 告诉幼儿不能随便拨打119等报警电话。

■ **活动提示**

● 家长要将家庭住址告诉幼儿，并在日常生活中不断帮助幼儿记忆。

● 家长在家中也可以与孩子一起玩拨打电话的游戏。

【中班】

活动（1）：消防律动操

■ **活动形态**

运动活动。

■ **活动目的**

在操节、律动中了解一些预防火灾、安全逃生的方法，提高安全自护能力。

■ **活动准备**

律动音乐、操节录像。

■ **观察与指导**

- 观察幼儿对操节、律动的理解、掌握情况。
- 提醒幼儿做操时精神饱满、动作有力。
- 引导幼儿可以一边做操一边轻声朗诵关于消防安全的儿歌，在潜移默化中牢记消防安全自护的方法。

活动（2）：紧急撤离

■ **活动形态**

运动活动。

■ **活动目标**

- 练习"弯腰前进"和"匍匐前进"，提高肢体的灵活性和协调性。
- 遵守游戏规则，逃生撤离有序不推挤，增强逃生自救的能力。

■ **活动准备**

- 火警信号的录音。
- 训练营：垫子若干、高度不同的组合架子若干。

■ **活动过程**

① 热身运动——消防律动操

② 幼儿自由探索身体贴近地面前进的方法

提问：你们知道在火灾中怎样的逃生动作是安全的吗？

小结：发生火灾时会有大量的有毒烟雾，所以我们在逃离火场的时候要将身体尽量贴近地面，这样能尽量避免吸入烟雾。

幼儿探索身体贴近地面前进的方法。

教师关注幼儿的不同动作和方法。

集中交流幼儿的方法。

③ 训练营：重点练习"弯腰前进"和"匍匐前进"

教师出示高低不同的架子：这个架子就像是火灾时候的烟雾，我们要从烟雾下面快速通过。

幼儿根据架子的高度，调整前进的方式，进行练习。

集中示范、练习。

图 3-1-9 膝盖弯曲、弯下腰，双臂自然弯曲，眼看前方快速前进

图 3-1-10 身体紧贴地面，眼看前方，双手肘和双腿配合，依次交替向前爬行

观察重点：前进时身体尽量不触碰架子；提醒幼儿匍匐前进时身体紧贴地面，注意四肢协调配合前进。

④ 运动游戏：紧急撤离

师生共同布置场地：三条安全通道，每一条安全通道都有一个高架和一个矮架，矮架下铺有垫子。

教师交代游戏要求：听到火警铃声，就要从安全通道快速逃离到插旗子的安全地带，在撤离的时候要注意避开烟雾。

幼儿游戏，教师观察指导。

观察重点：幼儿听到火警警报的反应灵敏度；幼儿快速撤离的动作；幼儿在撤离中是否就近选择安全通道；撤离时是否有推挤情况。

⑤ 运动结束，放松整理

活动（3）：119 报警电话

■ **活动形态**

个别化学习。

■ **活动目标**

在操作中熟练掌握模拟拨打 119 火警电话报警的方法，能迅速正确地说出家庭住址，进一步提高消防安全自护能力。

■ **活动准备**

纸杯、棉线、水笔、剪刀、纸杯电话制作步骤图等。

■ **玩法与规则**

- 幼儿根据制作步骤图提示,自己动手制作"纸杯电话"。
- 幼儿自由结伴模拟拨打119火警电话,清楚说出自己的家庭住址。

■ **观察重点**

- 观察幼儿对制作步骤图的理解情况。
- 观察幼儿制作"纸杯电话"的方法和安全使用工具的情况。
- 观察幼儿是否能迅速且清楚地说出自己的家庭住址。
- 提醒幼儿生活中不能随便拨打报警电话。

【大班】

活动(1):逃生路线

■ **活动形态**

学习活动(集体)。

■ **活动目标**

- 寻找安全逃生路线,了解遇到火灾时要选择离自己最近的安全通道逃离火场。
- 能清楚表达自己的意见和想法,提高安全自救能力。

■ **活动准备**

PPT课件、幼儿人手一张班级所在楼层布局图、幼儿园各活动室楼层布局图、彩色水笔若干。

■ **活动过程**

① 幼儿观看消防安全公益短片,讨论快速逃离火场的方法

提问:这部短片提醒我们什么?

小结:这是一部消防安全的短片,提醒我们在公共场所遇到火灾时要从安全通道及时逃离火场。

互动讨论:怎样才能快速找到安全通道并安全逃离火场呢?

小结:在每一个安全出口和安全通道附近都会有一个绿色、会发亮的标志,找到这些标志,根据标志提示的方向我们就能快速撤离、逃到安全的地方。短片还告诉我们从火场逃生时要捂住口鼻、弯下腰、身体贴近地面快速前进,这样能尽量避免吸入呛人的烟雾。

② 寻找幼儿园的安全逃生路线

A. 寻找本班安全逃生路线

教师出示本班所在楼层布局图,提问:这是我们班级这层楼的布局图,你能找到我们班在哪里吗?(重点引导幼儿看懂楼层布局图)

提问:如果发生火灾,走哪条路能让我们尽快离开班级、下楼逃到操场上呢?

幼儿人手一张楼层布局图,用红笔画出逃生路线,教师巡回观察并了解幼儿的想法。

幼儿互动交流介绍找到的逃生路线,并说一说理由。

讨论:幼儿园有前、后两个楼梯,所以大家找到了两条逃生路线,想一想走哪条逃生路线能更快地离开班级、逃到操场?为什么?

重点引导幼儿关注班级所在的位置与楼梯之间的距离。

小结:遇到火灾,我们要选择距离自己近的安全通道,这样能更快地逃到安全的地方。

出示本班所在楼层布局图讨论:如果距离班级近的通道起火了,这次我们走哪条路线好?为什么?

小结:遇到火灾时,我们要走远离火源的安全通道才能安全撤离。

B. 寻找各活动室的安全逃生路线

要求:我们除了会在自己班级,还会去幼儿园的各个活动室进行活动,所以找到每个活动室的安全逃生路线也很重要。请大家三个人一组,一起商量为幼儿园的一个活动室寻找逃生路线,确定路线以后用彩色笔画出你们找到的逃生路线。

幼儿结伴、分组操作,教师巡回指导。

集中展示各小组的逃生路线图,幼儿互相检查、提出意见。

③ 模拟逃生演练

播放火警警报音频,教师组织幼儿迅速从安全通道离开教室,逃到操场上。

观察重点:幼儿听到警报后的反应;幼儿在逃生过程中的表现,如是否能快速按逃生路线逃离"火场"、逃生过程中是否采用了正确的动作等。

④ 教师根据幼儿逃生演练的表现进行评价

活动(2):身上着火怎么办

■ 活动形态

运动活动。

■ 活动目的

● 在运动中不断练习身上着火后"停止、趴下、翻滚"的自救动作,熟练掌握自救动作要领。

- 进一步提高投掷能力和躲闪、避让等能力,提高身体灵活性。

■ **活动准备**

垫子、投掷物。

■ **玩法与规则**

- 幼儿自由分为人数均等的两组,一组幼儿围圈,一组幼儿站在圈内。
- 圈外幼儿向圈内幼儿投掷模拟火种的物体,被投中的幼儿迅速停下、趴在垫子上来回翻滚,直至身上的"火"被压灭。
- 两组幼儿互换角色继续游戏。

■ **观察与指导**

- 观察幼儿瞄准目标肩上挥臂投掷的能力和避让、躲闪等能力。
- 重点观察幼儿被击中后的即时反应,能否迅速停下、趴在垫子上来回翻滚。
- 提醒幼儿注意游戏规则和游戏中的安全。

活动(3):安全撤离

■ **活动形态**

社会实践(安全体验馆)。

■ **活动目标**

在模拟火灾的场景中,幼儿练习和掌握快速逃生撤离的方法,提高应对火灾的迅速反应和安全自护能力。

■ **观察与指导**

- 观察幼儿在模拟火灾场景中的情绪和反应,如幼儿出现恐惧、害怕等过激情绪时,教师可及时介入予以安抚。
- 观察并指导幼儿逃生撤离的方法。

■ **活动提示**

普陀区幼儿安全体验馆位于上海市实验幼儿园,活动计划时要提前与实验幼儿园沟通,确定时间和具体要求。

活动(4):遇到火灾怎么办

■ **活动形态**

亲子活动。

■ 活动目标

- 熟悉家庭居住地周边环境，寻找自己家的安全逃生路线，亲子练习安全逃生。
- 记住家庭地址信息，模拟拨打火警电话119、寻求帮助。

■ 活动设计

① 请家长告诉幼儿如果家中发生火灾不要惊慌，与幼儿共同练习如何从各个房间逃生。

② 家长带领孩子一起走一走、看一看居住地各个楼层的设施和布局，如每段楼梯一共有几级阶梯、楼道里有哪些设施等，帮助孩子熟悉从自己家到楼下户外的安全逃生路线。

③ 如果家在高层，请告诉孩子发生火灾时不要搭乘电梯，要走楼梯撤离，带孩子找到楼梯并试着沿楼梯走到楼下。

④ 家长与孩子共同模拟拨打"119"报警电话寻求帮助。

家长和孩子可变换不同角色，建议先由家长模拟报警者，起到示范作用。之后家长让孩子模拟报警者，鼓励孩子报警时不慌张、吐字清楚地说出家庭具体地址。幼儿模拟报警时家长可进行录音，结束后播放录音和幼儿一起讨论，找出问题后再次进行模拟。

撰写者：宜川一村幼儿园　吴莹　普陀区教育学院　陈瑞廷

【成效与感悟】

火场逃生

——幼儿园有效开展应急疏散演练的实践与思考

应急疏散演练作为消防安全教育的重要组成部分，也是提升幼儿安全教育实效的有效途径。它是幼儿园日常教育教学中一种模拟训练，由教师有计划、有目的、合理地引导幼儿在面对地震、火灾等突发事件时，提高自我保护能力而充分利用各种资源所进行的教育活动，是一种体验式的学习过程。2014年2月教育部印发的《中小学幼儿园应急疏散演练指南》以及2019年2月下发的《上海市人民政府办公厅关于本市加强中小学幼儿园安全风险防控体系建设的实施意见》，其中都明确指出"中小学校每月至少要开展一次应急疏散演练，幼儿园每季度至少要开展一次应急疏散演练"，实现制度化、常态化、规范化。

如何提升应急疏散演练的实效性，真正发挥演练的意义和价值，是我区在开展幼儿安全教育工作时关注和思考的问题之一。

对传统应急疏散演练的思考

以往我们开展的应急疏散演练有三个特性：全园参与、有组织、有准备。演练流程如下：

① 幼儿园设计演练方案,提前告知教职工及幼儿演练活动开始的时间、地点、撤离路线等。

② 教师提前开展应急疏散逃生教育,幼儿明确逃生路线、巩固逃生技能等。

③ 后勤人员则提前准备逃生使用的湿毛巾、消防器材等。

④ 正式演练:拉响消防警报——各班按既定路线逃生——操场集合——观看灭火演示——演练结束。

基于儿童立场,我们反思这样的应急疏散演练的实效性,可以发现幼儿通过演练获得了:了解警报的作用、熟悉从班级出发的逃生路线、掌握一些基本的迅速逃生技能。

但同时我们也发现,这样的应急疏散演练给予幼儿一种无压力的氛围,幼儿认为这是老师们带着大家在玩游戏,甚至觉得还挺好玩的。这与火灾、地震发生时人们产生的危机感、紧张感、恐惧感完全相反,教师和幼儿带着一种轻松的、完成任务的心态参与演练,在过程中不一定能暴露师生在应急疏散中存在的真实问题。

基于以上思考,我区健康安全项目组专门就应急疏散演练的有效性进行了研讨,以宜川一村幼儿园在2020年11月9日"全国消防日"期间开展的一次应急疏散演练为例,谈谈有效开展应急疏散演练我们需关注什么。

不一样的随机性应急疏散演练

根据《中小学幼儿园应急疏散演练指南》的要求"应急疏散演练工作基础较好的学校要加强随机性应急疏散演练",宜川一村幼儿园的这次消防演练秉承"不提前预告"的原则,随时拉响消防警报,以便了解全园教职员和幼儿在面对校园火灾时的真实应急情况。

演练由幼儿园分管安全工作的副园长负责,距消防逃生演练开始仅有5分钟时,副园长才与后勤负责人员沟通,共同拉响警报。

第一次随机性应急疏散演练在总园进行,警报拉响时间为中午11:10,根据幼儿园保教作息安排,此时间段班级里有一名教师及保育员陪同幼儿进餐,另一名教师在餐厅就餐。教师和保育员分散,幼儿受保护的力量较为薄弱,能更好地反应教职工及幼儿的应变情况。

第二次随机性应急疏散演练在分园进行,警报拉响时间为下午14:45,根据幼儿园保教作息安排,此时间段幼儿处于起床、如厕、就餐等生活环节,教师和保育员站位分散,应急疏散的情况比较复杂。

总、分园两次随机性应急疏散演练的结果如表3-1-5所示。

表 3-1-5 随机性应急疏散演练中滞留"火场"人员统计表

总园	分园
幼儿 0 名	小班 0 名 中班 4 名 大班 1 名
教师 2 名	教师 2 名
后勤 2 名	后勤 1 名

通过上述统计我们可以发现，在本次随机性应急疏散演练中，共计 5 名幼儿和 7 名教职工滞留"火场"，未能及时逃离。

事后，通过回看幼儿园监控录像及访谈，我们了解了幼儿和教职工滞留"火场"的原因分别是：总园 2 名教师没有听到消防警报；总园 2 名后勤听到警报声，但认为演练与自己无关。分园 3 名中班幼儿在卧室穿戴衣物，听到警报后产生惊恐情绪，当班教师立即安抚情绪，并未采取应急措施；分园 1 名中班幼儿仍在卧室熟睡，警报响起时当班教师并未发现，撤离至操场清点人数后发现缺少 1 名幼儿，后勤人员当即返回，因此导致 1 名后勤人员滞留"火场"；分园 1 名大班幼儿不愿自己穿戴衣物，产生拖沓现象，直至警报响起依然未能穿戴完毕，由于幼儿超重，教师无法将其抬走，导致师生滞留"火场"。

随机性应急疏散演练后的分析与思考

在随机性应急疏散演练中，大部分教师表现出良好的教师师德素养和应对突发紧急状况时的沉着、冷静。演练中，面对突发警报，大部分教师不论身在何处，都能在第一时间赶回各自的班级，并根据幼儿园应急预案中的要求采取相应的应急疏散措施，积极地组织班级幼儿快速撤离"火场"。安全到达操场集中、清点人数后，有的后勤人员还会返回"火场"寻找未逃离"火场"的幼儿。

演练中大部分幼儿也能在警报响起的第一时间跟随教师快速撤离，个别幼儿虽然会出现呆滞、发愣等不能马上反应过来的情况，但在教师的提醒下也会快速跟随教师撤离。

但我们也发现，演练中教师和幼儿在面对突发情况、应急疏散的过程中存在以下问题：

- 部分教职工对于警报的警觉性不高，在演练中有事不关己的想法；
- 教师在组织幼儿撤离时，忽视了清点人数这一重要环节，导致出现个别幼儿被遗忘在现场的情况；
- 幼儿对于突发情况产生害怕、恐惧的心理情绪，出现哭闹现象，教师在保证生命安全与安抚幼儿情绪之间陷入两难；

- 个别肥胖儿由于体能等原因不能及时疏散。

面对演练中暴露出的教师和幼儿在应对突发情况、应急疏散时存在的问题，我们思考后续要提高的有：

- 针对部分教职工对于应急疏散演练的重视度不够、安全意识较薄弱的问题，要帮助教职工明确演练不是演戏，更不是儿戏，增强教职工对应急疏散演练工作的重视度，增强教职工安全意识。
- 针对演练中出现的幼儿心理情绪问题，进一步增强教职工和幼儿面对突发情况时牢记生命至上原则的意识。面对幼儿出现的情绪问题，教师可在演练后予以安抚，并开展相应教学活动，提高幼儿应对突发情况的心理素质，提高教师应变处置突发事件与安全疏散逃生的能力。
- 针对演练中出现的未清点人数导致幼儿滞留现场的问题，要进一步查找幼儿园现有应急疏散预案中的问题，细化和明确教师在组织幼儿应急疏散时必须做到的工作流程和要点，不断完善预案。
- 加强日常渗透性的练习，让每一位教师和幼儿熟悉从园内各个场地出发的应急疏散路线。

有效开展应急疏散演练活动的建议

① 细化幼儿园突发状况的紧急疏散预案

一份详细、完整的预案以及岗位职责是教师面对突发状况时冷静应对、成功组织应急疏散的必要条件。在预案中既要明确幼儿园教职工在应急疏散演练中的具体职责，更要细化预案中教职工应对突发情况的操作流程和具体操作要点，并通过学习、考核等形式让每位教职工都熟知流程、职责和要点。

② 在日常教育活动中，有效开展应急疏散知识教育

幼儿园内的一日教育活动对幼儿来说十分重要。幼儿园在日常课程的安排上，可以有针对性地开展消防安全和应急疏散的知识教育活动。在开展消防安全教育时，教师可以将消防安全的内容与幼儿园基础性课程相融合。上海学前教育以主题教学为主，在开展幼儿消防安全教育时，教师可以将消防安全内容融入到主题教学中（具体安排见表3-1-6）。

表 3-1-6　消防安全相关主题教学

消防安全	相关的主题教学
生活中的火	小班:娃娃家、过年啦 中班:我爱我家 大班:我是中国人
消防员本领大	小班:好听的声音、小司机 中班:周围的人、交通工具 大班:我们的城市
有用的消防设施	小班:小司机 中班:我在马路边、常见的用具 大班:我们的城市
着火了怎么办	小班:好听的声音、小司机 中班:周围的人、交通工具 大班:我们的城市

同时,教师可以把应急疏散演练知识渗透到幼儿日常活动中,通过创设各种游戏场景和模拟消防演习,让幼儿在游戏和演练中亲身学习拨打119火警电话的正确方法以及数种火场逃生的方法和技能,不断积累火灾自救的知识,提高自救逃生的能力(具体目标和活动要点见表3-1-7)。

表 3-1-7　活动目标及要点

活动	活动目标	活动要点
自救小达人	● 知道发生火灾时的应变办法	● 遇到火灾应立即通知成人,并拨打火警电话119,寻求帮助 ● 遇到火灾要保持冷静,停止所有活动,远离起火源头,有序撤离至空旷处
自救小达人	● 知道火场逃生和身上着火时的自救方法	● 火场逃生时要弯腰、捂口鼻前行,避开浓烟 ● 身上衣服着火时要立即停住、趴下、打滚以滚灭身上的火苗
紧急撤离	● 了解班级的逃生路线,知道遇到火灾要从逃生路线快速撤离	● 结合已经认识的消防安全标志,了解班级应急逃生路线 ● 能在教师的组织下沿着逃生路线快速撤离,在逃生过程中不推不挤,有序撤离
紧急撤离	● 亲子互动制作家庭逃生路线图,进一步提高应对火灾的逃生自救能力	● 了解居住地的应急逃生路线,知道火灾逃生时不搭乘电梯,从疏散楼梯快速撤离

教师通过创设内容丰富、形式多样的消防安全教育环境,提供消防安全相关的材料,引发幼儿与环境、材料互动,组织各种与消防安全相关的活动,如在个别化学习活动中提供"消防用具对对碰""消防员本领大"等材料;在角色游戏中提供消防员的服装和工具,引导幼儿在游戏中了解消防员的工作和消防用具的用途;在运动活动中开展"消防训练营",组织幼儿弯腰快速跑动,增强幼儿的体能和快速跑动能力;在开展户外活动时,引导幼儿练习怎样在最短的时间内站好队伍等。通过反复多次的有效练习,使幼儿熟练掌握、提高相应技能,将认识到的内容转变为实际的行动,并在训练和模拟演练中发现问题,及时纠正,避免更大问题的产生。

幼儿园还可以利用社会资源开展相关的实践活动,如参观消防站,邀请专业消防人员指导、开展消防演习活动,并通过现场教学宣传消防安全知识。

③ 及时开展应急疏散演练后的交流和反思

及时进行反思和评价,可以使演练中出现的问题得到有效解决,避免在长时间的搁置后,出现遗漏和淡忘的情况。幼儿园可以借助园内监控设备,让教师回看自己在演练中的表现,通过教师间的沟通与交流,分析自己班级在此次演练中的优点和存在的问题,聚焦问题,讨论沟通有效改进的措施。

除了教师间的反思和交流,开展幼儿之间的交流互动也是十分有必要的。幼儿是应急疏散演练活动的主体,了解他们在演练中的感受和体验,倾听他们的想法也很重要。因此,教师可以给幼儿提供一定的时间,让他们看看演练中自己的表现,交流自己在演练活动中的感受和想法,并与幼儿共同讨论演练中正确的做法,这样既能满足幼儿想要交流分享的欲望,同时也有助于解决幼儿在演练中出现的问题,提高幼儿应对突发情况的心理素质和能力。

撰写者:普陀区教育学院　陈瑞廷　宜川一村幼儿园　吴莹

（二）保护身体主题

"保护五官"活动方案

1. 设计背景

■ **设计意图**

五官可以让我们更好地感受这个世界的美好,但很多幼儿都没有好好保护五官的意识,经常会有幼儿揉眼睛、抠鼻子和耳朵或是将异物塞入鼻子、耳朵,导致自己受伤。

以每学期幼儿视力检查的数据汇总及比例来看,近几年幼儿的视力有较为明显的下降,视力发育不良的比例也有所提高。因此,让幼儿意识到保护五官的重要性,懂得一些保护的基本方法已成为当务之急。

■ **方案特质**

健康与体能:★

习惯与自理:★★★★★

营养与饮食行为:★★★

安全意识与自我保护:★★★★

自我与适应性:

■ **方案框架**

表3-1-8 "保护五官"活动方案框架

名称	年龄	活动目标	活动内容	健康元素	整合领域
保护五官	小班	认知:在提醒下,不用脏手揉眼睛,不将异物放入口、鼻、耳中 情感:有初步保护五官的意识 行为:连续看电视不超过15分钟	活动一:我的五官 活动二:亮亮小眼睛 活动三:宝宝的脸	● 习惯与自理 ● 健康与体能 ● 营养与饮食行为 ● 安全意识与自我保护	健康:主动保护眼睛及其他五官 语言:尝试用语言讲述自己的所见所闻和经历的事情 科学:能根据观察结果提出问题,并大胆猜测答案 艺术:经常用绘画等多种方式表现自己的所见所想 提示: 可以与小班主题"小宝宝""娃娃家",中班主题"身体的秘密",大班主题"我自己"等学习主题相结合
	中班	认知:知道保护眼睛的简单方法,不将异物放入口、鼻、耳中 情感:有保护五官的意识 行为:连续看电视不超过20分钟	活动一:鼻子里的小东西 活动二:我的耳朵 活动三:贴五官 活动四:买玩具,安全很重要	● 习惯与自理 ● 安全意识与自我保护	
	大班	认知:主动保护眼睛,会运用保护眼睛的方法 情感:能主动保护五官 行为:连续看电视不超过30分钟	活动一:一颗超级顽固的牙 活动二:换牙日记 活动三:五官棋	● 习惯与自理 ● 营养与饮食行为 ● 安全意识与自我保护	

2. 方案总目标

小班:在提醒下,不用脏手揉眼睛,不将异物放入口、鼻、耳中,有初步保护五官的意识。

中班:知道保护五官的简单方法,不将异物放入口、鼻、耳中,有保护五官的意识。

大班:了解保护眼睛和牙齿的好方法,有主动保护五官的意识。

3. 方案设计

【小班】

活动(1):我的五官

■ **活动形态**

学习活动(集体)。

■ **活动目标**

- 认识五官并能指出五官的具体位置。
- 了解五官的主要作用,能掌握简单的保护五官的方法。

■ **活动准备**

PPT、儿歌《五官在哪里》。

■ **活动过程**

① 活动导入,引起兴趣

教师请幼儿照镜子:照一照自己的小脸,你看到了什么?(幼儿自由看一看、说一说)

小结:我们的小脸上有嘴巴、鼻子、耳朵、眉毛和眼睛。

游戏:快说快指。

玩法:教师说五官名称,幼儿快速反应,在自己脸上指出相应五官。

② 讨论、了解五官的本领

A. 认识眼睛

提问:眼睛有什么本领呢?没有眼睛行不行呢?

游戏:蒙眼走。

幼儿戴眼罩,尝试在教室里走一走。

讨论:刚才眼睛看不见,你走路的时候有什么感觉?你觉得眼睛重要吗?

B. 认识鼻子

教师出示分别装有清水和香水的瓶子,请幼儿猜一猜:两个瓶子里装了什么?有什么办法能知道瓶子里装的是什么呢?

游戏:闭上眼睛,用小鼻子闻闻,瓶子里的是什么?(教师通过示范让幼儿了解闻不明物

体的气味时不要凑太近,同时要用手靠近鼻子扇扇风)

讨论:你闻到了什么气味?瓶子里装的是什么?你还闻到过什么气味?鼻子除了闻气味还有什么用?

小结:小鼻子,真灵敏,我们用鼻子呼吸,还能用鼻子闻到香香的、臭臭的好多气味。

C. 认识嘴巴

提问:鼻子的下面是什么?嘴巴能做什么事呢?

小结:嘴巴包括嘴唇、牙齿和舌头。它可以吃、喝、唱歌、咬东西等。

出示图片,提问:看看,图中哪些行为是好的?你愿意做什么呢?

小结:爱护牙齿也是很重要的哦。

D. 认识耳朵

提问:我们的耳朵有什么用?

小结:有了耳朵就能听到很多好听的声音。

幼儿听辨各种声音,如刮风的声音、马路上汽车行驶的声音、动物的叫声等。

③ 结束部分

幼儿之间自由进行游戏:快说快指。

活动(2):亮亮小眼睛

■ 活动形态

学习活动(集体)。

■ 活动目标

● 知道眼睛的重要性,了解保护眼睛的方法。

● 萌发爱护眼睛的意识和行为。

■ 活动准备

PPT课件,眼罩,各种蔬菜水果图片,眼球操示意图。

■ 活动过程

① 游戏:我的朋友在哪里

游戏规则:请一位幼儿说一说自己的朋友是谁,并找到他;然后用眼罩蒙上该幼儿的眼睛,请他再去找自己的朋友,看还能不能轻松地找到自己的朋友。

互动讨论,引发幼儿思考。

提问:当眼睛被蒙上看不见的时候,你还能一下就找到自己的朋友吗?眼睛看不见的时候心里是什么感觉?你还敢像以前一样跑步吗?

② 欣赏故事《眼睛生病了》

幼儿欣赏故事。

提问:可可的眼睛为什么会生病?说说可可哪些地方做得不对?

互动交流:你是怎么保护眼睛的?

③ 保护眼睛

提问:吃哪些食物对眼睛有好处?

小结:多吃蔬菜和水果对我们的眼睛有帮助。

做一做:亮亮眼睛操。

活动(3):宝宝的脸

■ 活动形态

个别化学习。

■ 活动准备

- 空白头像图:画有男孩、女孩脸部轮廓且五官空白,五官表情小贴片。
- 辅助材料:镜子、表情图、固体胶、微湿抹布。

■ 玩法与规则

① 用蜡笔在空白头像上画五官

② 在空白头像上贴五官表情小贴片

③ 幼儿用橡皮泥或轻质彩泥在空白头像上捏出五官

■ 观察重点

① 观察幼儿对五官名称及其位置的了解程度,是否有探索、发现以及摆弄的兴趣

② 观察幼儿对不同材料的使用情况

③ 观察幼儿模仿不同表情的水平,是否有"与众不同"的表情和表现

【中班】

活动(1):鼻子里的小东西

■ 活动形态

学习活动(集体)。

■ 活动目标

- 了解鼻子的功能,知道不把异物塞入鼻孔里。
- 愿意保护自己的五官,提高自我保护意识及应对安全隐患事件的能力。

■ **活动准备**

PPT课件、醋、香水、有臭味的物品。

■ **活动过程**

① 猜谜引出鼻子，了解鼻子的功能

谜语：左边一个洞，右边一个洞，有它能呼吸，有它能闻味。（鼻子）

互动：让幼儿闭上眼睛，老师在空中轻轻喷洒一点香水，让幼儿用鼻子闻气味。

互动：请幼儿用手捏住鼻子，闭紧嘴巴，坚持10秒然后放开，说说有什么感觉。（注意捏住鼻子的时间不能太长）

小结：鼻子的用处很大，可以帮助我们呼吸，让我们辨别气味。可是有时鼻子也会失灵，比如感冒、鼻炎发作、鼻子里有异物及受伤的时候，它就不能发挥本领了。

② 了解异物进入鼻子的处理方法

教师介绍异物进入鼻子的小事故。

提问：小东西怎么会跑到鼻子里去？异物进入鼻子会有什么后果呢？

小结：我们的鼻子有自己的用处，它不喜欢有东西打搅它，因为这样会影响它的工作，鼻子会很难受的，所以说这样做是很危险的，小朋友千万不能将小东西塞入鼻子。

出示PPT，向幼儿介绍异物进入鼻子后的自救方法。

小结：如果有东西在鼻子里，应该赶快告诉大人，让他们按住没有东西的鼻孔，小朋友用另外一个鼻孔用力往外擤，千万不能用手挖或往里吸，不然异物会越来越深，到我们的鼻子里面去。如果擤不出，就要赶快找医生。我们要保护好自己的五官，不要把异物塞到自己的鼻子里！

教师示范，幼儿模仿异物入鼻时的处理方法。

当异物入鼻时首先不要慌张，这时要用嘴巴呼吸，用手压住没有塞进东西的那一个鼻孔用力往外擤，这时小东西可能就会被擤出。

③ 活动延伸

提问：我们的鼻子非常重要，那小动物们有没有自己的鼻子呢？它们的鼻子有什么特点？有什么特殊的本领呢？

幼儿翻阅图书，收集相关资料。

活动(2)：我的耳朵

■ **活动形态**

学习活动(集体)。

■ 活动目标

● 知道耳朵的用处,会用耳朵听辨不同的声音。

● 懂得耳朵的重要性,初步了解保护耳朵的方法。

■ 活动准备

PPT课件、易拉罐、镜子。

■ 活动过程

① 活动导入,激发兴趣

教师出示制作好的装有沙子和弹珠的易拉罐两只,晃动罐子,请幼儿倾听,根据声音的不同,来判断罐子中装的是什么。

② 了解耳朵的构造

引导幼儿用镜子观察耳朵,为后面准确区分各部位做准备。

结合多媒体课件,观看耳朵解剖图,了解耳朵内部结构。

体验、了解耳朵听音的功能,感受耳朵的重要性。

幼儿游戏,了解声音的传递。

请四个幼儿扮演外耳、中耳、内耳和大脑,每人间隔一米站一排,幼儿一边游戏、教师一边讲解声音的传播过程,让幼儿直观形象地了解声音在耳朵内的传播过程。

③ 如何保护耳朵

提问:如果我们游泳的时候耳朵进水了怎么办?

小结:如果我们的左耳朵进水了,单脚侧身向左跳。如果右耳朵进水了,我们就单脚向右跳。(师生共同模拟)

提问:遇到这种强烈的声音时应该怎么做?(汽车鸣喇叭图片、放鞭炮图片、打雷图片)

小结:遇到放鞭炮、汽车鸣喇叭、打雷这种强烈的声音时,我们要张大嘴巴,捂住耳朵,以免伤害到耳朵。

提问:寒冷的冬天,我们应怎样保护耳朵呢?

小结:天冷时,我们要戴帽子、围巾、耳罩,保护我们的耳朵不被冻伤。

④ 延伸活动

师生到户外感受大自然的各种声音。

活动(3):贴五官

■ 活动形态

个别化学习。

■ **活动准备**

缺少五官的宝宝挂图、磁力五官贴、眼罩、小铃。

■ **玩法和规则**

① 一位幼儿戴眼罩,手拿磁吸五官、听辨声音走到挂图前,尝试将五官贴到挂图上的正确位置。

② 另一位幼儿用小铃为同伴指路,帮助同伴走到挂图前。

■ **观察重点**

- 观察幼儿在活动中遵守规则的情况。
- 观察幼儿在活动中与同伴互动的情况。

活动(4):买玩具,安全很重要

■ **活动形态**

家长会案例交流。

■ **活动目标**

通过案例分享,帮助家长了解为孩子购买安全玩具的重要性,帮助家长增强指导孩子安全玩玩具的意识。

■ **活动过程**

① 分享班级中曾发生的真实案例

小班开学后不久,一名幼儿在家中误将磁力贴中的吸铁石塞入了左右两边的鼻腔里,由于幼儿年纪小,没有及时告诉家长。一星期后鼻腔慢慢出现炎症,有疼痛、流黄绿鼻涕等症状,在家吃了一段时间治感冒的药,并无好转,家长带幼儿就医后发现吸铁石卡在了幼儿鼻腔中,辗转两家医院,后经手术取出。

② 家长事后的反思

家长交流这件事对自己的启示是什么,以后在挑选玩具和幼儿玩玩具时要注意什么。

③ 教师结合相关要求,与家长互动交流购买和使用玩具时要注意的事项

A. 家长互动交流自己在挑选玩具时的经验和做法

B. 教师分享经验

为避免孩子往鼻腔塞异物,平时家长看护孩子时应多注意,豆类、小珠子等一些小物品不要放在孩子触手可及的地方。

在挑选玩具时也应该注意,玩具单体要足够大,这样就不会被孩子吞下卡在气管里造成窒息,或塞入鼻子、耳朵里引起炎症。

同时还要检查玩具是否足够牢固,禁得起孩子的啃和玩。很多孩子会有扔玩具的习惯,所以要检查玩具上的按钮、轮子、珠子等部件是否容易脱落,否则孩子很可能会捡起来放进嘴里或者塞入鼻子、耳朵里。

家长应教导孩子不要把小物品塞入嘴巴、鼻腔或耳朵内,家长一旦发现孩子有类似的举动,第一次的时候就应及时制止并予以教育,告诉孩子将异物吞下或者塞入耳、鼻的危害性。

不要给孩子玩会吸水的胶珠(水宝宝)。一旦孩子误吞,胶珠会在体内膨胀数倍,很可能会造成致命的伤害。

安装电池的玩具要确保螺丝都拧紧,在玩的过程中不会因为撞击致使电池掉落。要定期检查,防止电池老化、腐烂造成幼儿接触中毒、化学灼伤,或误吞引起窒息。长期不用的玩具也一定要把电池拿出来,避免电池漏液、腐烂造成中毒或化学灼伤。

孩子由于好奇心重,在探索世界的过程中,很容易将手边的玩具部件、小豆子、小纽扣等小物件塞入鼻孔或者放入嘴巴,这类异物很可能掉入呼吸道引起气道堵塞,导致窒息。所以家长平时一定要多加小心看护好孩子,如果孩子有明显的单侧鼻塞或流脓血、鼻涕且伴有恶臭的情况,很可能为鼻腔异物,应第一时间就医诊治,切不可大意。

【大班】

活动(1):一颗超级顽固的牙

■ 活动形态

学习活动(集体)。

■ 活动目标

- 通过阅读交流,理解故事内容,感受换牙时的心情。
- 乐意交流换牙给自身成长带来的烦恼或喜悦的感受。

■ 活动准备

课件PPT,日常生活中了解孩子换牙的情况与感受。

■ 活动过程

① 谈话导入,引出主题

提问:你掉过牙齿吗?你还记得牙是怎么掉下来的吗?今天老师也带来了一本关于掉牙的图画书,你们想看吗?让我们一起读一读这本图画书吧。

② 阅读绘本,理解内容

阅读后讨论:塔比莎的牙齿怎么啦?为什么她希望自己的牙齿快点掉下来?塔比莎想了哪些主意来把牙齿弄掉?

出示图片：展示塔比莎想出的各种方法（扭、拉、蹦、捕、粘），帮助幼儿梳理故事的情节内容。

提问：塔比莎想了很多办法，她最后把牙齿弄下来了吗？

　　　塔比莎的牙齿掉了吗？是怎么掉的？

　　　塔比莎的牙齿掉了，她的心情怎么样？你从哪里看出来的？

　　　你们掉牙时自己的心情是怎么样的？

③ 完整欣赏，交谈解惑

幼儿观看故事课件，教师复述故事。

小结：要知道，每一个人到了我们这个年龄都要换牙的，这就是我们长大的一个重要标志。不要老是担心牙齿掉下来，只要顺其自然就好了，更不用刻意地去拔掉，这样会影响恒牙生长。

④ 后续活动

保护牙齿大讨论。

幼儿记录：换牙日记。

活动（2）：换牙日记

■ 活动形态

个别化学习。

■ 活动准备

教师在班级创设"换牙日记"的墙面、纸、笔、镜子。

■ 活动内容

① 幼儿记录自己换了哪颗牙以及掉牙的时间。

② 统计班级里已经换牙的人数。

③ 幼儿收集信息，记录保护牙齿的好方法。

■ 观察重点

● 观察、了解幼儿收集信息的途径和收集信息过程中的发现。

● 观察幼儿对不同牙齿的认识（名称和功能），有一定保护牙齿的意识。

● 观察幼儿在日记中的表达形式。

活动（3）：五官棋

■ 活动形态

个别化学习。

■ **活动准备**

自制五官保护棋一套、筛子一个、站立指偶两个。

■ **玩法和规则**

① 幼儿自主选择喜欢的指偶，并通过自己的方法，决定游戏顺序。

② 幼儿轮流掷骰子，根据掷得的数字往前进，并完成所到达格子中的任务，完成任务后则抵达新格子，未完成任务则返回原处。

③ 最先到达终点的一方获得胜利。

■ **观察重点**

● 观察幼儿在活动中与同伴商量玩法、制定规则并执行规则的情况。

● 观察幼儿对五官的基本特征、功能和保护方法的了解情况。

● 观察幼儿在理解、运用规则中遇到的问题及解决的方式。

撰写者：宜川一村幼儿园　吴莹　傅昂　普陀区教育学院　陈瑞廷

【成效与感悟】

为幼儿牙齿撑起一把"安全伞"

——浅谈帮助中班幼儿及家长开展安全护牙活动的方法

结合全国爱牙日，我们联合保健教师曾进行了系列健康宣传教育活动，所以孩子们对爱护牙齿有一定的保护意识。近期，H幼儿患上了牙痛，不仅影响了他自己的进餐食欲和心情，他偶尔的哭闹，还给其他幼儿带来"牙痛很难受"的直观体验。孩子们纷纷表示，要爱护自己的牙齿。

面对这一现象，我开始了思考：爱牙日的活动效果如何？教育活动似乎只带来口头效应，行动没跟上；幼儿刷牙的行为均发生在家中，教师并不能直接观察指导，需要家长协同。如何通过家园共育，从根本上调动幼儿刷好牙、刷对牙的内驱力呢？

场景一：绘本故事，撑起自护的"彩虹伞"

一提牙疼，H记忆犹新，立刻就做起牙疼的动作，还一边"哎哟哎哟"叫唤。孩子们说他牙疼原因主要是：不刷牙，吃糖、巧克力等甜食。

H一听反驳道："不是的，我每天都刷牙的。我现在已经不吃糖果、巧克力了！"

我："我正好有一个关于保护牙齿卫生健康的故事，叫《噼里

啪啦牙菌来啦!》。"

我开始完整讲述故事,孩子们立刻被这些各种各样夸张的细菌形象、细菌在牙齿里面聚会吃吃喝喝、干杯跳舞的场景,还有医生如何帮助豆豆消灭牙菌的故事情节所吸引,全情投入。

讲完后我问:"看完这本书,你们有什么话想对豆豆说?"

P:"豆豆,你每天都刷牙,牙齿才不会痛。"

我模仿豆豆口吻回应:"哦,那我就早上刷牙。"

孩子们反驳:"不对,不对,医生说了每天早晚都要刷牙,中午吃完饭漱口。"

我模仿豆豆口吻自言自语:"哦,那我今天刷过了,明天就不刷了。"

孩子们又很着急地纠正:"不对不对,每天都要刷,不能偷懒的。偷懒牙菌就噼里啪啦都来了。"

我继续模仿豆豆口吻说:"那我刷一会儿就可以去玩玩具啦!"

孩子们更大声地教育我(豆豆):"不行不行,要刷三分钟,每颗牙齿都要刷到!"

我拿起牙刷故意胡乱刷,被孩子们制止,他们积极地教我用正确的方法刷牙。在一边说一边做中孩子们始终保持对保护牙齿健康的积极情感。在自由活动中,孩子们也会三两结对去阅读角看这本书,交流讨论。

我追问:"是不是只有牙菌会损坏牙齿?还可能有其他原因吗?"

孩子们面面相觑,说不知道。

"那你们回家找爸爸妈妈问问,或者从书里找找答案。找到答案后我们和大家一起分享吧!"

● 思考与分析

① H近期刚去看过牙医,对牙疼有较强的生活经验,从其余孩子的表现来看他们或多或少也都见过或知道牙疼,所以对爱护牙齿是有意识的,但也是"肤浅"的,停留在口头、表面上。

② 安全教育与我园园本特色——阅读相结合的效果很不错。借用健康安全题材的绘本故事《噼里啪啦牙菌来啦!》的初衷就是为了避免枯燥单一的说教,化被动接受为主动,这样更符合幼儿年龄特点,进一步激发他们护牙的意识和愿望。从孩子们与老师扮演的"豆豆"互动中可以看出我班孩子们阅读兴趣浓厚,观察和表达能力也比较强。这与孩子们有一定的阅读理解能力是分不开的。

③ 孩子们在爱牙日里收获的健康生活经验对安全护牙是有一定帮助的,他们将其反馈在"教育"豆豆的语言中,仿佛自己是"老师""医生""家长"。在语言的表达中巩固安全护齿的经验,加深对安全护齿的印象。

④ 孩子们对这个故事感兴趣，产生自发阅读的行为。这本书出现在阅读角的醒目位置，激发孩子们自主阅读，加深爱牙印象，护牙的话题也成为当前班级热点。

⑤ 在环境创设方面，我们提供一些刷牙方法图、娃娃家牙刷杯子玩具，供孩子们自由活动刷一刷、玩一玩，他们既满足了刷牙的愿望，又复习巩固了刷牙的正确方法。

⑥ 关于保护牙齿的安全，孩子们的经验主要是好好刷牙。其实造成牙齿缺损还有其他原因，例如食物太硬、牙刷毛太硬、不良的咀嚼习惯、摔跤等多种因素。我认为也要让孩子知晓，填补认知上的空白。

下一步计划

好多家长反馈孩子们回家都说喜欢《噼里啪啦牙菌来啦！》这个故事，很高兴也很希望学校的教育能够提高孩子们对刷牙的重视程度从而更健康安全地生活。抛出问题，鼓励孩子自主探索寻求答案是我采取的活动延续的一种方式，所以下一步我认为要走进家庭，家园形成合力，以达到事半功倍的效果。

场景二：家园合力，撑起安全的"防护伞"

自由活动时，我随口跟身边的孩子们说："你们的牙齿给我看看，我就知道牙菌有没有在嘴巴里开派对。"

C 张开嘴巴自信地说："我每天很认真地刷牙，我才不要变成豆豆呢！"

W 也到我面前给我看她的牙齿："老师你看我的牙齿白不白？"

"哇，白白的，亮晶晶的。"听到老师的表扬，涌过来的孩子更多了。

Z 有点闷闷不乐："我的牙齿很白，可是我爸爸总是抽烟，他的牙齿又黑又臭。"一边说还一边皱眉，小手一边捏着鼻子一边做扇一扇的动作，满脸嫌弃。

Z 的一番话像一颗炸弹引发了孩子们对自己家长的一系列"投诉"，比如：晚上喜欢喝可乐、吃烧烤、喝奶茶，有的家长马马虎虎刷牙、命令孩子刷牙但自己不刷等。

我说："宝宝们，你们认真刷牙，赶走牙菌斑，牙齿才安全！爸爸妈妈不太乖，看来需要你们的帮助！"

"好的好的，我愿意。"Z 马上说，"嗯，老师你说得对。我回家就提醒我爸爸不要抽烟，要认真刷牙，保护牙齿的安全。"

"哈哈，你真像个护牙安全员，爸爸妈妈一定会好好刷牙了。"

"对的，我就是保护牙齿安全员。"

我向 Z 竖起大拇指，其他孩子也纷纷赞同。

"我是健康小卫士"家庭宣传活动，正式启动！

图 3-1-11

● 思考与分析

不经意的一场师生聊天，没想到变成孩子们的"投诉大会"。家长健康安全意识薄弱的情况的确在现实生活中是真实存在的。应该让他们在家里相互提醒、相互监督，共度美好亲子安全护齿时间。

下一步计划

仅靠一次、两次的护牙行动，就能帮孩子、家长养成好习惯吗？就能坚持吗？答案是否定的。下一步我认为可以开展长期的"安全护牙行动"，利用在线打卡或者每月护齿记录表交流，帮助幼儿和家长一起养成安全健康自我保护理念和好习惯。

总结反思

① 教师捕捉个别幼儿牙疼的经验、表现，自然引出"保护牙齿"的话题，起到"抛砖引玉"的作用。不刻意、自然导入。

② 教师开展的安全活动不但要符合孩子年龄特点、本班孩子的总体特点，还要符合当代年轻家长的特点。"有要求、有落实、有反馈、有跟进"才能让教育的力量强化、有效、延续。比如健康安全绘本故事生动形象、浅显易懂；"健康小卫士——爱牙宣传员"活动赋予幼儿主导地位，孩子在监督家长的同时也能够反复提醒自己用正确的方法赶走牙菌，保护牙齿。

③ 健康生活是安全教育的一部分，而"好习惯都是需要坚持的"，坚持是一种重要的非智力因素，很多事情都贵在坚持。这个活动和这个习惯对孩子终身发展有益，这个活动的价值也让这句话在平日的家庭生活中有了实施的阵地。

④ 借助家长爱孩子、希望孩子安全健康的心理，帮助家长加强安全教育责任心。同时，结合孩子喜欢当"小老师"的心理，合二为一形成家园合力，不但共同养成安全卫生的好习惯，而且促进亲子沟通交流。

撰写者：普陀区宜川一村幼儿园　傅昂

"防范细菌与病毒的侵犯"活动方案

1. 设计背景

■ **设计意图**

如果没有老师的提醒和督促,一些孩子冲冲水、沾湿手就算是洗过手了。"洗手"这件简单但重要的事,是预防传染性疾病传播最重要的方法之一。应该让孩子们真正了解我们的手上有许多看不见的细菌,感受把手洗干净的重要性。我们通过"防范细菌与病毒的侵犯"这一主题活动,结合家长资源采用实验操作、实际感受等方法,通过观察细菌培养皿,让幼儿直观地看到细菌的存在,进一步意识到洗手的重要性。

■ **方案特质**

健康与体能:★

习惯与自理:★★★

营养与饮食行为:★★★

安全意识与自我保护:★★★★★

自我与适应性:★

■ **方案框架**

表 3-1-9 "防范细菌与病毒的侵犯"活动方案框架

名称	年龄	活动目标	活动内容	健康元素	整合领域
防范细菌与病毒的侵犯	小班	**认知**:在老师的提醒下,饭前、便后或手弄脏时洗手 **情感**:愿意洗手 **行为**:能用正确的方式洗小手	活动一:洗手歌 活动二:小口罩 活动三:细菌不见了	● 习惯与自理 ● 安全意识与自我保护	**健康**:在提醒下,饭前便后洗手 **语言**:愿意表达自己的需要和想法,必要时能配以手势动作 **社会**:知道和自己一起生活的家庭成员及其与自己的关系 **科学**:喜欢接触大自然,对周围的很多事情和现象感兴趣 **艺术**:愿意涂画、粘贴并乐在其中
	中班	**认知**:饭前、便后或手弄脏时较主动洗手 **情感**:较主动洗手 **行为**:能够按照七步洗手法洗手	活动一:细菌在哪里 活动二:根本就不脏 活动三:可怕的细菌	● 习惯与自理 ● 安全意识与自我保护	

续表

名称	年龄	活动目标	活动内容	健康元素	整合领域
	大班	认知：了解洗手对身体的好处，饭前、便后或手弄脏时主动洗手 情感：主动洗手 行为：能够按照正确的七步洗手法熟练洗手	活动一：细菌不是用来分享的 活动二：细菌研究者 活动三：赶走细菌 活动四：细菌在哪里？ 活动五：击败细菌怪兽 活动六：帮娃娃穿衣服 活动七：猜猜乐	● 习惯与自理 ● 健康与体能 ● 自我与适应性 ● 安全意识与自我保护	提示：可以与小班主题"小宝宝""娃娃家"，中班主题"身体的秘密"，大班主题"我自己"等学习主题相结合

2. 方案总目标

小班：在老师的提醒下，饭前、便后或手弄脏时洗手，并愿意尝试用正确的方式洗手。

中班：饭前、便后或手弄脏时较主动洗手，能较主动按照七步洗手法洗手。

大班：了解洗手的好处，饭前、便后或手弄脏时主动洗手，能主动按照正确的七步洗手法熟练洗手。

3. 方案设计

【小班】

活动（1）：洗手歌

■ 活动形态

学习活动（集体）。

■ 活动目标

● 初步了解正确洗手步骤。

● 愿意跟着歌词，一边模仿洗手的动作，一边念儿歌。

■ 活动准备

肥皂、毛巾。

■ 活动过程

① 教师示范洗手

引导幼儿安静地观看教师示范如何洗手。

互动：洗手时，先要怎么样？然后呢？（幼儿表述不清时鼓励他们用动作表示）

② 教师一边示范洗手，一边念儿歌

小手淋淋湿,按按洗手液;手心搓一搓,手背搓一搓;

手指缝里搓一搓,清清水里冲呀冲,再用毛巾擦擦干。

看!我的小手真干净!

③ 鼓励幼儿跟着教师一起说一说、做一做

教师重点关注和指导幼儿抹肥皂以后洗手的方法。

④ 活动延伸

教师可以把儿歌录音,当幼儿洗手时播放录音,提示幼儿用正确的方法洗手。

活动(2):小口罩

■ **活动形态**

学习活动(集体)。

■ **活动目标**

- 知道出门戴口罩可以防病毒。
- 尝试沿轮廓线剪出挂耳,并组合粘贴;体验制作口罩的乐趣。

■ **活动准备**

- 材料准备:实物口罩、长方形手工纸、剪刀、胶水、公共场所背景图、口罩存放袋。
- 经验准备:会说小口罩儿歌,初步知道口罩的作用。

■ **活动过程**

① 情景导入或再现经验

联系生活,交流戴口罩的作用。

教师出示图片并念儿歌:小口罩,四方方,出门就把它戴上,遮住鼻子和嘴巴,保护身体顶呱呱,预防病毒不生病。

提问:小宝贝们知不知道,去哪些地方需要戴口罩?(幼儿园外面、医院、超市人多的地方)

② 教师示范制作口罩

教师按口罩外形,选择纸张。

出示实物口罩,提问:口罩是什么样子的?(引导幼儿观察口罩外形特征)

追问:这里有两张大小不一样的纸,哪张纸做口罩布最合适?(区分大和小)

小结:大大的纸做口罩布,大大的才能遮住鼻子和嘴巴,不让病毒钻进去。小小的纸做什么?做挂耳朵的绳子。

幼儿根据已有经验,沿线剪出挂耳朵的绳子。

提问：一只口罩有几根挂耳线？

教师示范制作口罩：小小纸"找朋友"，压平对折；沿轮廓线剪，剪出两条挂耳绳子；将口罩布和绳子粘贴组合，左边贴一根，右边贴一根，贴牢。

③ 幼儿尝试创作表现

幼儿制作，教师观察指导。

观察指导要点：幼儿是否能按口罩外形，选择合适大小的纸分别做口罩布和挂耳绳；操作过程中是否能理解对折、尝试按轮廓线剪纸。

④ 分享交流

提问：小口罩做好了，我们要送它回家了，可是口罩的家在哪里？

小结：小口罩随时戴，防病毒真厉害。口罩外病菌多，小小手不要摸，用好记得送回家。

活动（3）：细菌不见了

■ **活动形态**

个别化学习。

■ **活动准备**

玻璃容器、密封袋、细菌的卡通形象图。

■ **玩法与规则**

① 幼儿在图画纸上自由绘画与细菌有关的图，并进行涂色。

② 在与纸张匹配的密封袋上画两只手（可以是幼儿自己的手的轮廓）。

③ 把纸放进密封袋，并在玻璃容器里加上水。

④ 幼儿仔细观察会发生什么情况。

■ **观察重点**

● 观察幼儿对小实验是否有兴趣，能否发现"细菌"遇水后的变化。

● 观察幼儿活动后洗手的情况。

【中班】

活动（1）：细菌在哪里

■ **活动形态**

学习活动（集体）。

■ **活动目标**

● 倾听故事，进一步树立爱清洁、讲卫生的健康意识。

● 懂得良好的卫生习惯对身体健康有益的道理。

■ 活动准备

显微镜、音乐《洗手歌》、故事《闹闹吃橘子》PPT。

■ 活动过程

① 激发兴趣

教师讲故事《闹闹吃橘子》前半部分,提问:闹闹觉得自己是因为吃了橘子所以肚子会疼,对吗？你认为闹闹肚子为什么疼？

小结:因为闹闹不洗手就吃橘子,细菌都到他肚子里去了,这才肚子疼的。有害细菌真可怕,我们都要远离它。

启发幼儿讨论:哪些地方会有细菌？它们最喜欢躲在哪里呢？

出示细菌图片,小结:这些是人们在显微镜下面观察到的细菌,放大了很多倍。真正的细菌是很小很小的,我们人的肉眼是根本看不见的。它们最喜欢躲在我们的手上了,还有裸露的皮肤上。

② 体验理解

教师讲故事《闹闹吃橘子》后半部分,提问:闹闹手上的脏东西是什么？从哪里来？

小结:闹闹玩过了玩具、挖过了沙子,不洗手就吃橘子。手上的脏东西和细菌粘在橘子上,又到了他的肚子里。

讨论:怎样才能消灭这些脏东西？

小结:吃东西前一定要记得先洗手,勤洗手,不乱摸,不用脏手触摸五官。

幼儿交流正确洗手的方法。

提问:怎样才是正确的洗手方法呢？（幼儿口头交流后到盥洗室洗手,幼儿互相观察同伴洗手的方法是否正确）

小结:每次洗手应该在流动的水下面,首先用水将手打湿,再均匀打上香皂,揉搓出泡沫,搓手心、搓手背。用正确的七步洗手法才能把手洗干净,吃东西才不会肚子疼。小朋友们都知道了吧,勤洗手,讲卫生,细菌就会远离我们。

③ 复习巩固

播放音乐《洗手歌》,引导幼儿一边唱洗手歌,一边做洗手动作。

活动(2):根本就不脏

■ 活动形态

学习活动(集体)。

■ 活动目标

- 感知与理解画面内容,初步感知细菌是无处不在的。
- 通过对画面细节的观察,找到并用完整的语言表述出其中不良的生活习惯。

■ 活动准备

绘本《根本就不脏嘛》,PPT课件。

■ 活动过程

① 活动导入,激发兴趣

教师出示绘本封面,引发幼儿猜想。

提问:书的封面上,有一个小女孩儿。她在干什么?我们来猜一猜,她的手上会有什么?细菌在哪儿?你是怎么发现的?

过渡:今天带来了一个不爱洗手的小女孩儿的故事,书名叫《根本就不脏嘛》,我们一起来听听这个小女孩是怎么说的。

② 师幼共读,感知与理解画面内容。

A. 初次阅读绘本。

提问:为什么每天都要做一些很无聊的事情呢?在她的眼中,哪些事是无聊的事?

小结:我们听一听,"必须要早点上床,端正地坐在桌子旁边,时时刻刻都要洗手"。

提问:我们看一看,她觉得什么时候是手脏的时候?(我玩泥巴的时候,手才真的很脏!)手脏了,她又是怎么做的呢?(我在裙子上蹭蹭不就干净了吗?)

讨论:你们会不会把脏手往衣服上蹭蹭啊?这样做真的能变干净吗?

小结:这样做只能把衣服弄脏,而且小手也不会干净。

B. 再次阅读绘本

提问:小白兔看起来白白的就能证明它不脏吗?小朋友们喜欢摸小猫小狗吗?摸完之后要不要洗手呢?

提问:小女孩儿总是不爱洗手,妈妈告诉她"你手上其实有好多好多的有害细菌"!

小结:细菌无处不在,成群结队地生长在人们手掌心里。

C. 师生共同阅读重点部分

提问:接下来,发生了什么事呢?

讨论:宝宝生病了,妈妈很着急,叫来了医生!接下来会发生什么?

小结:有害的细菌真的在身体里生活啊!它们会让我们生病,生病了就要打针、吃药,这些一点都不好玩,很疼很疼啊!

③ 结束环节

提问:听了这个故事后,你想告诉你的朋友什么?你想对自己说什么呢?

小结:养成认真洗手的好习惯真的非常重要。

活动(3):可怕的细菌

■ 活动形态

个别化学习。

■ 活动材料

橙色卡纸、彩色笔、白色卡纸、黑色记号笔。

■ 玩法与规则

① 与幼儿聊一聊想象中的细菌是什么样子的。

② 鼓励幼儿用多种表征方式把细菌的形态表现出来。

■ 观察重点

● 观察幼儿的想象创作水平。

● 引导幼儿用线条、图案和色彩表现想象中的细菌。

【大班】

活动(1):细菌不是用来分享的

■ 活动形态

学习活动(集体)。

■ 活动目标

● 初步了解细菌会传播疾病,知道预防细菌传染的办法。

● 能比较清楚地回答有关故事的问题。

■ 活动准备

故事录音、PPT、绘本《细菌不是用来分享的》。

■ 活动过程

① 猜谜引起幼儿兴趣

提问:什么东西非常小,小到你看不见,但又能让你生病?(幼儿自由回答)

出示PPT,介绍绘本名字《细菌不是用来分享的》。

② 完整讲述故事,幼儿互动交流自己对故事的理解

引导性提问:听完故事了,你认识细菌了吗?细菌生活在哪里?故事中的细菌是怎样传播的?哪些地方可能滋生细菌?我们要怎样预防细菌传播呢?

小结：原来在我们的生活中细菌无处不在，而且会通过我们的眼、耳、手、鼻等传播，我们要勤洗手、多通风，防止细菌传播。

③ 情境表演

幼儿自由分组，分别扮演细菌和小朋友。（表演故事时可适当加入对话，通过表演游戏加深幼儿对如何预防细菌传播的印象）

讨论：除了绘本里说的预防办法，你还有什么妙招吗？

活动(2)：细菌研究者

■ 活动形态

学习活动(集体)。

■ 活动目标

- 尝试用线条、图案和色彩表现想象中的细菌，合理安排画面。
- 体验想象创作带来的成就感。

■ 活动准备

油画棒若干、课件、范例一幅、幼儿美术画册。

■ 活动过程

① 创设情境，引出活动

教师装作肚子疼，请幼儿说一说：你们有没有遇到过肚子疼，什么会引起肚子疼呢？

提问：你见过细菌吗？细菌是什么样的？（幼儿大胆想象，自由讨论）

② 播放课件，观察细菌的图片，了解细菌的形态特征

提问：这些细菌长什么样？有哪些颜色？（请幼儿仔细观察图片，说一说各种细菌的形态特征）

师幼共同欣赏艺术作品。

提问：你们觉得这幅画中哪些是好细菌，哪些是坏细菌？为什么？画里的细菌在做什么？

幼儿自由交流，教师简要介绍画面内容。

提问：你们想怎样画细菌打斗呢？你们认为好细菌长什么样？坏细菌长什么样？它们是怎样作战的？

③ 幼儿绘画，教师巡回指导

鼓励幼儿大胆想象，创作出各种各样的画。

教师巡回观察，适时指导有困难的幼儿。

④ 作品展评,活动结束

活动(3):赶走细菌

■ **活动形态**

个别化学习。

■ **活动准备**

饮料瓶若干、细菌贴纸若干。

■ **玩法与规则**

① 幼儿根据兴趣,将印有细菌图案的贴纸贴在饮料瓶盖上

② 将贴纸随机摆在棋谱上,并开始轮流掷骰子进行游戏

③ 当走到有贴纸的格子的时候,抽取一张任务卡,并完成相关任务,若顺利完成则待在原地,若未完成则返回起始点

④ 最先走到终点的人获胜

■ **观察重点**

● 观察幼儿能否看懂任务卡,活动中根据任务卡执行任务的情况。

● 观察幼儿在活动中与同伴合作游戏、制定规则和执行规则的情况。

活动(4):细菌在哪里?

■ **活动形态**

探究式学习(家长进课堂)。

■ **活动准备**

● 细菌培养皿、记录纸、放大镜。

● 与家长联系,让家长提前了解幼儿在活动中的问题,做好互动准备。

■ **活动过程**

① 问题导入:都说细菌无处不在,细菌在哪里呢?我们怎样才能"看见"细菌呢?

② 认识实验材料,了解采样方法

幼儿在班级里用采样棒在家具和物品表面任意刮取,并涂抹在培养皿里。

幼儿记录自己在哪些地方采集,并在培养皿上做好相应的数字标记。

③ 幼儿操作,教师观察指导

通过显微镜观察物体表面是否有细菌;比较哪些物体表面的细菌数量最多。重点关注幼儿采样的方法和记录的内容。

④ 借助线上平台,幼儿与家长在线互动交流

幼儿提出自己的问题,家长回应解答。

讨论:消灭细菌的好方法。

⑤ 幼儿自由结伴,设计宣传方案并予以落实

活动(5):击败细菌怪兽

■ 活动形态

运动活动。

■ 活动目标

- 幼儿练习按指令快跑的能力,体验相互追逐的快乐。
- 喜欢参与集体运动活动。

■ 活动准备

幼儿已掌握初步的游戏方法、相关图卡若干。

■ 活动过程

① 热身运动:运动员模仿操

② 基本部分

导入:小朋友们还记得那首《幸福拍手歌》吗?我们一起来唱一唱吧!今天我们要一边唱这首歌一边玩"击败细菌怪兽"的游戏。

介绍玩法和规则。

大家围成一个圆圈,一起唱幸福拍手歌,一名幼儿扮演医生或细菌在圆圈的外面走,当唱到"你看大家一起拍拍手"时,这名幼儿站在一名幼儿的身后。此时两个人一起走到圆圈中间摸一张图卡。如摸到"医生"图卡,则两人角色互换;如摸到"细菌"图卡,一开始在圆圈外行走的幼儿要绕着圆圈快跑,另一名幼儿追赶并说出一种消灭细菌的方法。

幼儿游戏。

提醒幼儿:在快跑时,手碰到同伴的身体就算"消灭细菌"了,不要用力拽拉同伴。

③ 结束部分:放松运动

撰写者:普陀区宜川一村幼儿园　吴莹　丁晓燕　普陀区教育学院　陈瑞廷

【成效与感悟】

噼里啪啦细菌来啦!
——基于观察大班幼儿洗手环节的思考与支持

从小班开始,我们就会引导幼儿学习掌握正确的洗手方法。本学期进入大班,基于对班

级幼儿来园洗手环节,以及盥洗环节的观察,发现班级有的幼儿走到水池前冲一冲水就走了,也有的幼儿在涂了洗手液后,双手搓两下就用清水洗净,甚至有个别幼儿在盥洗室里不洗手,走一圈就出来了。

这样的现状不禁让我思考:后疫情时代,幼儿对于防范细菌与病毒的意识是否开始渐渐减弱。身为教师应如何给幼儿提供支持,帮助幼儿养成良好的防范细菌与病毒侵害的习惯,使其受益终身呢?为了解班级幼儿洗手的整体现状,我对班级幼儿关于"洗手"这件事进行了小调查。

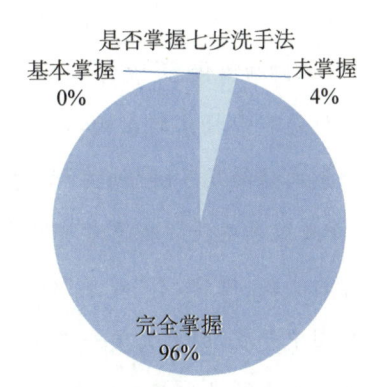

是否能用七步洗手法洗手
- 未洗手 4%
- 完全正确 27%
- 基本正确 23%
- 未使用 46%

是否掌握七步洗手法
- 基本掌握 0%
- 未掌握 4%
- 完全掌握 96%

从以上两个图表中不难发现,除一名随班就读幼儿以外,其余约96%的幼儿能熟记"七步洗手法",但在真正洗手过程中,能够正确洗手的幼儿只有约27%;约23%的幼儿在使用"七步洗手法"的过程中会有一些省略和简化;约46%的幼儿用肥皂涂手后直接用流动水冲干净,也有幼儿未使用肥皂。这样的数据让我想到曾经看过贺蓉老师的一篇名为《盥洗室里的那些事》的文章,其中提到"要区别对待幼儿'会不会洗手'和'愿不愿意主动洗手'的问题",显然我们班级的幼儿都是"会洗手"的。那为什么幼儿会洗手但是不愿意主动洗手呢?如果洗手的方式不是由教师规定并督促幼儿必须遵守的,而是由幼儿们通过探索、发现和思考,在共同讨论下决定的,效果会不会不一样呢?结合我园目前开展的区域健康教育活动研究"防范细菌与病毒的侵犯",我想通过加深幼儿对细菌的认识,从而提升幼儿认真洗手的意识。

场景一:细菌在哪里

在当天的餐前谈话活动中,我和班级幼儿进行了讨论。

教师提问:"你们觉得运动后需要先洗手吗?为什么?"

D:"不需要,因为我的手没有很脏啊!"

E:"我觉得需要,因为运动的时候用手搬了运动器具。"

F:"运动器具又不脏!"

E:"运动器具肯定很脏,每天放在外面,外面有很多脏东西的。"

教师:"你们知道这些脏东西是什么吗?"

G:"是细菌。"

教师回应:"可不只有细菌哦!也有病毒。洗手能够很有效地预防它们。"

● 思考与分析

通过谈话环节的数据记录,发现我们班级约65%的幼儿认为运动后可以不洗手;约30%的幼儿认为运动后一定要洗手,还有约5%的幼儿认为洗不洗手都可以。班级部分幼儿对于"洗手能够很好抵御细菌侵害"没什么概念,普遍认为手看上去干净,就是干净的。因为"细菌"对于幼儿来说是非常抽象的东西,他们不曾真正地用眼睛看到过细菌。以往我们多以集体说教灌输的形式让幼儿了解"细菌"的危害以及"洗手"的重要性,忽视了幼儿的亲身体验和实践,从而导致效果不佳。我思考有没有可能在幼儿园中提供显微镜等探究工具,让幼儿能够通过自身的实践、操作,有"看见"细菌的机会。但是通过查阅相关的资料,发现这一活动很难在幼儿园中开展,因为需要一些非常专业的试剂、材料等,这个方案可操作性不强。根据以往开展班本化活动中开发和整合家长资源的经验,我想到可以与相关家长进行沟通,对家长的教育资源进行梳理,从而促进本次活动优质、高效、精彩地开展。

《上海市幼儿园办园质量评价指南(试行稿)》中提出,想要了解幼儿"具有基本的生活自理能力和良好的生活与卫生习惯"的信息,可以通过"家长问卷及访谈"来实现。我可以邀请家长向教师提供幼儿在家的洗手情况,以视频、文字描述的形式呈现,帮助教师更全面地了解幼儿"洗手习惯"的养成情况。

下一步计划

① 对全班进行有关于"细菌"的集体教学活动。以绘本的形式(《霹雳啪啦细菌来啦!》系列),帮助幼儿了解细菌对我们身体的危害,加强幼儿认真洗手来预防细菌侵害的概念和意识。

② 与具有相关医学资源的家长联系,共同探讨开展"发现细菌"一系列科探活动的可能性及具体事项,让幼儿通过自己的操作,真正"看到"细菌。

③ 邀请家长积极参与到观察幼儿"洗手"情况的行列。鼓励家长积极与教师沟通幼儿在家"洗手"的情况,帮助教师更全面地了解幼儿。

④ 向家长介绍整个细菌探究活动的大致内容,鼓励家长和幼儿在家共同搜集与细菌相关的知识,并以小报、小小广播员等形式与同伴进行分享。让家长共同参与到课程中,丰富

课程内容。

场景二：发现细菌

所有幼儿以小组为单位，选择自己想要探索的地方，用棉签进行取样，放进培养皿中。

S 对 X 说："今天实在是太开心了。"

X："想快点看看细菌会变成什么样。"

图 3-1-12　幼儿搜集细菌　　　图 3-1-13　幼儿将搜集到的细菌转移到培养皿中

两天后教师问大家："今天,你们的细菌培养皿发生了什么变化呢？照片都在我这里。你们先来猜一猜。"

幼儿："我觉得肯定会长出细菌的,因为我刮的是操场的地面,那边每天有很多人,而且我们鞋子都踩上去,肯定有很多细菌。"

幼儿："我是在教室抽屉,老师每天都在消毒,细菌应该不多。"

教师："那你们猜一猜,哪里的细菌最多呢？"

幼儿："我猜是外面,因为外面有很多我们看不到的细菌。"

幼儿："我觉得是教室里的积木玩具,我们一直都要摸它们,要玩的。"

教师："那让我们一起来看看吧。"

教师："看了你们的'细菌'照片,你有什么想问的吗？"

幼儿："这些细菌是怎么变出来的？"

幼儿："这些细菌后面又会变成什么样子？"

图 3-1-14　幼儿对自己的实验结果进行观察

幼儿："生物公司研发员是在哪里培养这些细菌的？"

教师："看来你们对于这些细菌有非常多想要了解的问题。这些问题老师暂时没有办法回答你们,我们一起回家进行资料搜集,下次有机会我们和研发员阿姨面对面,让她来解答你们的这些疑惑。"

一天后幼儿与家长进行了面对面的视频连线。(截取部分)

H:"为什么消毒水能够杀死这些细菌呢?"

生物公司研发员(家长):"细菌的外壳有一层非常坚硬的东西,这个东西只有消毒水才能够把它给弄破,弄破后就能够把细菌给杀死了。"

W:"我找到的细菌会长成多大呢?"

生物公司研发员(家长):"细菌是不会长大的,其实你们看到了这些细菌,并不是因为细菌长大了,而是细菌的个数变多了。这才让我们能够看得见。"

图 3-1-15　与家长进行线上面对面解答

● 思考与分析

① 通过对幼儿在整个"寻找细菌"活动中探索意识及探索积极性的观察,可以发现幼儿非常喜欢此次的探究活动。对于最终的观察结果幼儿能够积极提出疑问,并敢于大胆猜测,与研发员家长的线上面对面沟通,让幼儿很好地对自己的实验结果进行验证。家长在实验室允许的情况下,以视频的形式对实验室的各个操作环境进行了展示,使幼儿对细菌的培养有了更加直观的了解和认识。此次活动,对班级幼儿的科学探究兴趣以及好奇心的培养是非常有帮助的。身为教师,可以通过一些延伸的活动来延续幼儿对于探索的积极性。

② 此次的活动,可能更适合大班阶段幼儿的年龄特点。接下来要考虑如何将我们班级幼儿获得的知识,通过他们自己喜欢的表达形式,分享和传递给更多幼儿,从"大带小"的理念出发,进行后续活动。

③ 班级幼儿因为此次的活动,对于自己成为一名小小实验员产生了浓厚的兴趣。我思考在个别化学习活动

的环节,将幼儿感兴趣的"细菌"活动延伸出更深入、丰富的后续活动。幼儿通过可以操作的小实验,了解"细菌无处不在",同时延续对探究活动的兴趣。

④ 整个活动即将进入尾声,全程幼儿都非常投入,通过自己的亲身体验对细菌有了新的认识和了解。之所以会开展一系列的活动是因为对班级幼儿"洗手"情况的细致观察。整个活动后,班级幼儿对"洗手"的态度是否发生了变化是需要去进一步了解的。

下一步计划

① 因为疫情的关系,没有办法做到全员与小班幼儿面对面,可以组织幼儿绘制相关宣传画,如"哪些时候我们该洗手""我们要怎么预防细菌"等内容,制作成宣传手册,在幼儿园大环境中进行张贴,提供给其他班级幼儿了解。

图 3-1-16 班级幼儿向托、小班进行宣传画介绍

图 3-1-17 班级幼儿(中班)观摩宣传画

② 寻找一些适合幼儿进行操作的小实验,录制成视频,投放在个别化学习活动中,鼓励幼儿自主操作,积极探索。

③ 继续与家长保持密切沟通,对班级幼儿之后的洗手状况进行后测分析,了解活动前、后幼儿的洗手态度以及自护意识、能力的提高情况。

总结反思

① 基于幼儿的实际需要,善用家长资源

以往家长多以"家长进课堂"的集体教学活动形式来幼儿园分享,但其实家长融入课程的形式绝不仅限于此,可根据不同家长的特质、特长,基于对幼儿的有效观察、了解幼儿的需要,从而引发班本课程,这对幼儿来说是更具有影响力的。其余家长也不再是课程的执行者,而是通过与教师一起观察、商讨,更好地了解幼儿。

② 打破说教模式,重幼儿亲身体验

健康教育不是说教,是幼儿亲身的参与和体验。在此次活动中,将幼儿原本不太了解的"细菌"概念,真实直观地呈现给幼儿"看见",可以说是非常有冲击力的。班级幼儿通过自己的亲手搜集,对实验呈现的结果是非常有感触的。幼儿认识到"细菌"是真实存在的,消灭细菌的最好方法之一是"洗手"。洗手对幼儿来说,不再是简单的一句"饭前便后要洗手"的顺口溜,而是成为了一种自主行动。

③ 参考专业指南,有效观察、支持幼儿

通过对《上海市幼儿园办园质量评价指南(试行稿)》相关内容的仔细解读,我了解了幼儿有关"洗手"的表现行为,这也激发我去思考可以通过哪些途径来支持幼儿达到此表现行为。仔细地研读拓宽了我的思路,让我能够有意识地将家长融入到此次的课程实施过程中来,三方合力,让此次活动顺利开展,给了幼儿一次很好的探究体验。

④ 不足及改进措施

我们在活动过程中,一直都在强调"细菌"在哪里。其实"发现细菌"的最终目的是让幼儿了解一些保护自己、防止细菌入侵的好办法。这可能是在之前一系列活动中比较欠缺的。在后续的活动中,我们可以更多地围绕怎么样防止细菌的入侵开展讨论;"洗手"可能只是其中一个方法,还可以有更多的办法。从而更好地帮助幼儿掌握保护自己的方法,养成健康良好的生活习惯。

撰写者:普陀区宜川一村幼儿园　丁晓燕

"不是每个抱抱都是美好的"活动方案

1. 设计背景

■ 设计意图

《中华人民共和国未成年人保护法》中关于性教育有着这样的规定:"学校、幼儿园应当对未成年人开展适合其年龄的性教育,提高未成年人防范性侵害、性骚扰的自我保护意识和能力。"认识自己的身体,建立性别的意识,了解性别差异,认识到自己的独特性,保护自己的健康,这对幼儿的自我健康意识的培养有着积极的意义。

性教育不只是单一的性生理卫生教育和防性侵教育,而是综合的关于生命、性别、爱和人际关系的教育。应循序渐进地引导幼儿认识到身边那些值得信任的人,学会自护、辨别危险,掌握自我保护的技能。

■ **方案特质**

健康与体能：★

习惯与自理：★★★

营养与饮食行为：

安全意识与自我保护：★★★★

自我与适应性：★★★★

■ **方案框架**

表3-1-10 "不是每个抱抱都是美好的"活动方案框架

名称	年龄	活动目标	活动内容	健康元素	整合领域
不是每个抱抱都是美好的	小班	**认知**：初步了解男生女生不一样 **情感**：在成人的安抚下逐渐平复自己的情绪 **行为**：不让他人看私密部位	活动一：男生女生不一样 活动二：帮娃娃穿衣服 活动三：猜猜乐	● 习惯与自理 ● 自我与适应性 ● 安全意识与自我保护	**语言**：尝试用语言讲述自己的所见所闻和经历的事情 **社会**：接纳、尊重与自己的生活方式或习惯不同的人 **科学**：能动手动脑寻找问题的答案 **艺术**：乐于用多元方式向别人介绍发现的美好事物 **提示**： 可以与小班主题"小宝宝""娃娃家",中班主题"身体的秘密",大班主题"我自己"等学习主题相结合
	中班	**认知**：不让他人触碰自己身体的隐私部分 **情感**：有一定的危险意识,能在成人提醒下逐渐平静情绪 **行为**：不让他人触碰私密部位	活动一：不一样的抱抱 活动二：我的这里不能碰 活动三：亲密接触	● 习惯与自理 ● 自我与适应性 ● 安全意识与自我保护	
	大班	**认知**：当他人触碰自己身体的隐私部位时,知道逃避和求助 **情感**：敢于面对危险,能自己努力缓解情绪波动 **行为**：在危险时能逃避和求助	活动一：绝对不能保守的秘密 活动二：我该怎么办？	● 习惯与自理 ● 自我与适应性 ● 安全意识与自我保护	

2. 方案总目标

小班：初步了解男生女生不一样，不让他人看私密部位。

中班：不让他人触碰自己身体的隐私部位，有一定的自我保护意识，能在成人安抚下逐渐平复情绪。

大班：当他人触碰自己身体的隐私部位时，知道逃避和求助。敢于面对危险，遇到危险时能逃避和求助。

3. 方案设计

【小班】

活动(1)：男生女生不一样

■ 活动形态

学习活动(集体)。

■ 活动目标

● 根据生活经验找出男女不同的地方。

● 尝试区分认识男生女生标记，知道要按性别进入盥洗间等公共场所。

■ 活动准备

PPT 课件。

■ 活动过程

① 区别男女容貌、衣饰的不同

教师：请大家观察，我班的男孩女孩在容貌、衣饰方面有什么相同和不同的地方？

引导幼儿从头发、衣服、相貌等方面进行整体的观察、比较，并表达自己的发现。

小结：男孩女孩有相同的地方，如都有五官和四肢；但也有不同的地方，如女孩一般声音细一些，男孩一般声音粗一些，男孩长大(爸爸)会长胡子，女孩(妈妈)不会。

② 进一步分析、讨论男女的异同

教师：男孩女孩除了刚才我们发现的相同与不同以外，你们还知道在什么地方有不同吗？

幼儿讨论，并说出自己的想法，如：喜欢的玩具、运动、食物、服装都有不同。

小结：男孩女孩在许多方面都有不同。

③ 男女有别要注意

教师：很多场所中(更衣室、浴室、卫生间)都要将男孩和女孩分开，是因为男女不一样。辨认常见的公共场所的性别标志。

活动（2）：帮娃娃穿衣服

■ **活动形态**

个别化学习。

■ **活动准备**

裸体娃娃底板、任务卡（春夏秋冬不同场景）、不同性别的衣物。

■ **玩法与规则**

① 单人游戏

幼儿自主抽取任务卡，根据任务卡上显示的季节及相关场景、娃娃的性别为娃娃选择合适的衣物。

② 双人游戏

每位幼儿选择一些任务卡，一方幼儿通过语言描述的方式，将自己抽取到的任务卡进行描述；另一方幼儿基于同伴的描述理解场景内容，并根据娃娃的性别及场景选择合适的衣物。

■ **观察重点**

● 观察幼儿在帮娃娃穿衣时是否有性别之分，是否帮娃娃将衣物穿好。

● 观察幼儿穿衣的方法和自理能力。

活动（3）：猜猜乐

■ **活动形态**

个别化学习。

■ **活动准备**

摸箱一个、图片若干。

■ **玩法与规则**

① 将手伸进摸箱，摸出一张图片，看懂图上的内容后，区分这么做对不对，将做得对的图片放入笑脸盒子里，将做得不对的图片放入哭脸盒子里。

② 可以两位幼儿一同进行游戏，轮流摸出图片进行摆放。

■ **观察重点**

● 观察幼儿对猜猜乐活动的兴趣，能否遵守规则进行游戏。

● 幼儿是否愿意描述图片中的内容，并正确辨别。

【中班】

活动（1）：不一样的抱抱

■ 活动形态

运动活动。

■ 活动目标

- 在情境中，练习四散奔跑。
- 体验和同伴一起参与运动游戏的快乐。

■ 活动准备

头饰若干、地上贴好代表家的标记。

■ 活动过程

① 热身运动

教师：今天我准备了好听的音乐，一起跟着我来跳欢乐操吧！你们准备好了吗？小耳朵仔细听！（师生共同律动）

② 集体游戏

幼儿自由抱抱。

教师：看看周围有你喜欢的好朋友吗？寻找自己喜欢的伙伴抱一抱。

教师：抱的时候不能太用力，要轻一点。

提问：我们除了和好朋友抱一抱，还可以和谁抱一抱呢？

小结：我们还可以和爸爸妈妈、外公外婆、爷爷奶奶、哥哥姐姐、弟弟妹妹们抱一抱，他们都是我们的亲人。

陌生人的抱抱。

教师出示陌生人的头饰，提问：看看这是谁呀？你们认识吗？他也想来抱抱你们，可以吗？你会怎么办？

教师：遇到陌生人要来抱抱你，赶紧回家躲起来。

教师：跑的时候，看到有小朋友要进行避让。

小结：不可以让陌生人抱抱，遇到陌生人赶紧躲到安全的家里面。

再次游戏，教师：请仔细观察，来抱你的是谁，如果是你的亲人就请和他抱抱；如果是陌生人请赶紧躲到安全的地方，并大声说"不可以"。

小结：有人来抱你的时候，一定要看清楚他是谁。

③ 放松游戏

小结：宝贝们你们真棒，看到陌生人能够马上躲到安全的地方去。

"开火车"回教室。

活动(2)：我的这里不能碰

■ **活动形态**

学习活动(集体)。

■ **活动目标**

● 了解身体的隐私部位，知道要保护自己并尊重别人的隐私。

● 掌握保护隐私部位的方法，增强自我保护意识。

■ **活动准备**

多媒体课件：故事《不许摸》、操作材料(男孩女孩卡通人体图)、小花贴纸。

■ **活动过程**

① 创设情境，兴趣导入

幼儿跟随音乐自然地律动，玩"碰一碰"的游戏。

说一说碰了身体的哪些部位。

② 感知理解，操作体验

幼儿操作卡通人体图片，互动交流。

引导幼儿与旁边的伙伴操作、交流，说一说身体的哪些部位不能给别人随便看、随便摸。

提问：我们身体的有些部位是不能让人随便看，更不能让别人随便摸的，你们猜猜是哪些部位？

小结：背心和短裤遮住的部位都是不能让别人看到、碰到的。

幼儿操作：贴一贴。

每组一张人体卡通图片，引导幼儿在自主讨论的基础上进行小组合作，把不能让别人随便看、随便摸的部位用小花贴纸遮盖起来。

展示操作结果，幼儿观察、思辨、纠错，自我完善操作结果。

提问：你们为什么要把这些部位遮盖起来呢？

集体小结：图片上遮盖起来的部位，都不能随便露出来，不能让别人随便看、随便摸，它们都是小朋友身体的隐私部位。

③ 拓展经验，丰富认识

提问：小朋友知道了身体的隐私部位，那怎样保护我们的隐私部位呢？

播放课件《不许摸》，了解故事中小羊是如何保护隐私部位的。

提问：大灰狼和狐狸想要干什么？(想摸小羊的隐私部位)小羊同意了吗？它是怎么说

的? 我们来学一学。

引导幼儿学一学小羊大声拒绝的话:"不许摸、不许摸! 如果你要摸,我就喊大人!"

小结:我们要学会保护自己,如果有人想摸你的隐私部位,不能让他摸,同时要大声地喊大人、赶快离开。

幼儿观察、比较图片中小朋友的做法,进一步了解怎样保护自己和尊重别人隐私。

提问:我们知道要保护自己的隐私部位,那别人的隐私部位我们要不要保护和尊重呢?

小结:我们要保护好自己的隐私部位,平时注意穿好衣服,在使用公共厕所的时候要随手把门关上。同时,我们还要学会尊重别人的隐私,在别人换衣服、上厕所时,我们不要故意去看。

活动(3):亲密接触

■ 活动形态

个别化学习。

■ 活动准备

男孩女孩卡通人体图、若干小花贴纸。

■ 玩法与规则

① 幼儿自由选择感兴趣的故事图片进行观赏。

② 根据图片中看到的内容选择小花贴纸,贴在不对的行为上,也可以贴在卡通人体图中的隐私部位上。

■ 观察重点

- 观察幼儿对隐私部位的认识和理解情况,是否了解哪里是不能碰的地方。
- 观察幼儿在活动中与同伴互动交流的情况。

【大班】

活动(1):绝对不能保守的秘密

■ 活动形态

学习活动(集体)。

■ 活动目标

- 知道不可触摸的隐私部位,初步培养自我保护的意识。
- 初步了解自我保护的方法,增强安全意识。

■ 活动准备

PPT 课件。

■ **活动过程**

① 讨论什么是秘密

提问：小朋友们，你们有秘密吗？什么是秘密，谁来说说？

小结：秘密是不能告诉别人的、不能让别人知道的事情或事物。

② 了解阿尔弗雷德的秘密

幼儿观看绘本后教师提问：阿尔弗雷德也有个秘密，是什么？刚开始阿尔弗雷德和亨利伯爵相处得怎么样？妈妈在哪里打扫卫生？阿尔弗雷德在哪？发生了什么事情？

小结：妈妈在远处的角落里打扫卫生，阿尔弗雷德则和亨利伯爵待在一间小小的房子里，阿尔弗雷德被亨利伯爵触摸了自己的私密部位。

③ 了解人体的隐私部位

教师出示小组操作卡、标记贴纸，交代操作要求：四人一组，商量后在大家一致赞同的隐私部位贴上标记，并推选一名代表准备介绍。

幼儿分组进行操作，教师关注各组完成情况。

幼儿代表发言：分组依次交流，代表陈述后可由其他成员补充讲述。

④ 集体讨论：阿尔弗雷德的感受及做法

提问：被触摸后会有什么感受？（难过、不舒服）阿尔弗雷德应该反抗吗？怎么反抗？（大喊、挥舞着双臂抵抗、跑去找爸爸妈妈寻求帮助）

小结：内衣内裤遮住的地方是隐私部位，不可以让别人触摸，如果有人来触摸，要学会大声地反抗，保护好自己。

⑤ 讨论：是否要保守秘密

鼓励幼儿独立作出判断，并完整陈述理由。

教师：觉得应该告诉妈妈的请坐到绿色标记处，反之，觉得不应该告诉妈妈的请坐到红色标记处；并说出理由。

教师：阿尔弗雷德没有把秘密告诉妈妈，结果怎么样？这一次他应该告诉妈妈吗？请再次选择并陈述理由。

幼儿依据判断现场调整座位。

教师：听到阿尔弗雷德说出的秘密，妈妈说了什么？（表扬了他勇敢）说出了自己的秘密，阿尔弗雷德的表情有了什么变化？（开心、很舒服）你觉得这个秘密可以保守吗？（不能）

小结：被人触摸隐私部位的秘密是一定不能保守的，要告诉自己的家人或老师，这样才能保护自己。

⑥ "不能保守的秘密"

教师:这个故事的名字就叫《不能保守的秘密》,生活中什么样的秘密是不能保守的?生活中我们会遇到好人,也有可能遇到像亨利伯爵那样的坏人,我们应该怎样做?

幼儿分享交流。

小结:我们一定要学会保护好自己。

活动(2):我该怎么办?

■ 活动形态

个别化学习。

■ 活动准备

底板卡片一张、故事小卡片六张。

■ 玩法与规则

幼儿根据底板卡片的内容,将六张小卡片按照故事情节摆放在对应的框里,同时说一说碰到危险时,应该怎么做。

■ 观察重点

- 观察幼儿在活动中碰到危险时,所采取的应对措施和方法。
- 观察幼儿的自我保护能力和意识。

撰写者:普陀区宜川一村幼儿园　吴莹　包靓　普陀区教育学院　陈瑞廷

【成效与感悟】

大声说出"不!不!不!"
——浅谈"生命、性别、爱和人际关系"的教育

《学前儿童健康学习与发展核心经验》一书中指出,在生活维度中,生活自理能力和自我保护能力是幼儿健康领域的核心内容之一。如图3-1-18所示:安全与自我保护教育的内容与世界卫生组织所定义的"健康"的范围匹配,这也拓展了我们对幼儿进行安全和自我保护教育的视野,身心和社会适应安全教育缺一不可。

那么教师应如何帮助幼儿们树立正确的性别意识,如何逐步提高幼儿预见危险、排除危险和保护自己的能力,这些都是值得每个教育者思考和实践的问题。

场景一:你别碰我!

孩子们自由活动时在玩节奏游戏"点点点",根据歌词和音乐节奏用手指自己身体的各个部位,也可以两个孩子结伴听节奏玩游戏。

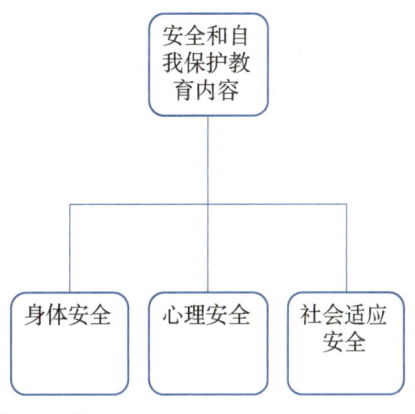

图 3-1-18

突然丽丽大叫:"你别碰我!"

一旁的越越也很大声说:"哼!你也不要碰我!"

老师问:"怎么了?"

丽丽说:"越越刚刚摸我肚子!"

越越说:"歌词里唱肚子,你也可以碰我的肚子啊!"

丽丽说:"我爸爸说了,男孩不能摸女孩的肚子!"

韩韩说:"我妈妈和我说过的,这是隐私部位,不能给人家碰的!"

越越说:"我们在玩游戏呀,她也可以碰我的呀,我又没有不给她碰咯。哼!丽丽太凶了,我再也不要理睬她了。"

思考与分析

① 《3—6岁儿童学习与发展指南》健康领域中指出,为有效促进幼儿身心健康发展,成人应为幼儿创设温馨的人际环境,帮助幼儿提高自我保护能力,使其形成终身受益的生活能力和文明生活方式。在近阶段实施"身体的秘密"主题内容过程中,老师通过活动帮助孩子们认识自己身体主要部位的外部特征,体验其作用,孩子们由此积累了一定的相关经验。

② 根据《上海市幼儿园办园质量评价指南(试行稿)》中自我与社会性领域的表现行为可以看到,孩子们能从身体特质上区别自己与他人,同时也知道了简单的求助方式,能初步遵守安全规则。孩子们在认识了解自己的身体后,也逐步开始对男孩与女孩有了一定的性别认识。同时老师发现了个别孩子在家庭教育中也接收到关于隐私部位的教育,有初步的自我保护意识。

③ 在场景一中丽丽的表现行为(根据《上海市幼儿园办园质量评价指南(试行稿)》中的习惯与自理能力领域方面)已经达到了表现行为3的水平1.2.1:不让他人触碰自己身体的隐私部位。幼儿之间发生的问题也让我开始思考:教师在一日活动中对幼儿的自我保护意

识的培养是否有待继续加强和跟进？设计的游戏内容是否符合幼儿们身体和心理安全？幼儿园一日活动有无社会适应安全的教育内容隐含在其中？

④ 家长关于幼儿性别教育方面的认知现状和误区。通过家长问卷和个别交流，发现了对于"性别和隐私保护"的教育问题，家长们的表现各不相同。有家长认为"孩子还小，谈这个话题早了点"；有家长认为"性教育感觉有点难以启齿"；有家长认为"女孩要好好教，男孩子不用教"；也有家长认为"隐私教育和自我保护很重要，从小就要教育的"。

针对幼儿的认知现状和家长们的家庭教育存在的误区，在后续的家园共育中我将开展关于"性别、隐私教育、爱和人际关系"等的内容，同时也将根据幼儿和家长的反馈情况，进行动态的调整和反思再实践。

下一步计划

① 针对有的家长不重视性别和隐私保护教育的问题，我有针对性地召开家长会，和家长们共同讨论关于孩子们身体、心理以及社会适应安全的教育问题。让家长们了解目前的社会现实问题和性别教育、自我保护的重要性。无论是男孩还是女孩，孩子的自我保护意识培养与幼儿园以及家庭教育是密不可分的。

② 对于一部分不知道如何向孩子进行性别教育的家长，我们通过公众号推送等途径，向家长提供相关内容的教育素材和教育方法。同时在班级中结合绘本《我爱我的身体》《不可以摸我的屁股》开展教育活动，通过绘本阅读和互动游戏，引导孩子讨论，帮助孩子们认识自己的身体，建立性别意识，了解性别差异，也认识到自己的独特性，保护自己。

图 3-1-19

③ 通过墙面环境互动和区角游戏等内容，帮助孩子们直观了解保护自己隐私的重要性。在唱唱、跳跳、贴贴、说说中，进一步引导孩子巩固对自己身体的自护意识。

图 3-1-20

图 3-1-21

④ 在日常生活环节中，引导幼儿如厕时各自保护好隐私。当幼儿在园需要更换衣服时，作为教师应有意识地引导男生和女生分开进行。例如：在夏季运动后换汗湿的衣服、表演前后更换演出服时，可以分别在有遮挡的地方进行，提醒大家注意保护隐私。

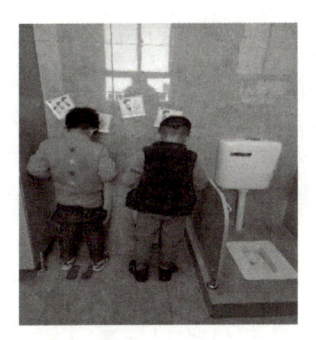

图 3-1-22 　　　　　图 3-1-23

场景二：不，我不喜欢……

老师和孩子们一起聊天。

灏灏说："瑶瑶今天来不及梳头，早上在门口是我奶奶帮瑶瑶梳头的。"

凡凡说："对的，我也看到的，是灏灏奶奶帮瑶瑶梳的头发。"

来来说："我外婆也喜欢瑶瑶，还抱过瑶瑶。"

凡凡说："对的，我爷爷也抱过瑶瑶的。"

灏灏说："我奶奶老喜欢捏我的脸，她早上也捏瑶瑶的脸。"

老师问："瑶瑶，你喜欢灏灏奶奶摸你的脸吗？"

瑶瑶说："不喜欢。我喜欢她帮我梳头。"

老师追问："那你和灏灏奶奶说了你的不喜欢吗？"

瑶瑶摇头……

思考与分析

通过幼儿园和家庭教育，孩子们已经知道面对陌生人的不合理要求时能大声拒绝并说出"不，不可以"。但是当遇到熟悉的人有一些不恰当的行为时，孩子们往往不知道如何应对。

如何拒绝他人做出的让自己不舒服的行为，同时也能让熟悉的人不感到自己没礼貌，这是我们老师和家长要共同帮助孩子们去解决的问题。

下一步计划

① 和孩子们开展讨论：如果遇到熟人或者亲戚朋友做出一些让你不舒服、不喜欢的行

为时,你应该怎么做?

图 3-1-24　　　　　　　　　图 3-1-25

② 继续进行家庭安全宣教活动,通过孩子们的演绎和情节描述等内容,引导家长知晓孩子"身边的危险",帮助家长理解孩子的小烦恼,从家人的角度出发,正面引导孩子能勇于说"不",保护自己。

我的反思

通过这一系列的活动,我们帮助幼儿树立性别意识、了解科学的生理知识、培养自我保护意识。循序渐进地引导幼儿学会自主辨别危险,从而逐步掌握自我保护的技能,同时开展家园共育帮助家长们形成正确、健康的态度并和幼儿一同面对这一话题,面对幼儿社会适应安全的问题。

作为教师,我们的教育与儿童伤害预防 KAP 的结合更能帮助幼儿树立自我安全的意识。老师、父母不是说教者,而是引导幼儿形成对安全的认知的有力支持者和指导者。了解幼儿的已有认知,通过模拟试验、角色扮演等多种形式,让幼儿通过"实践—认知—再实践—再认知",从而明白自己该怎么做。

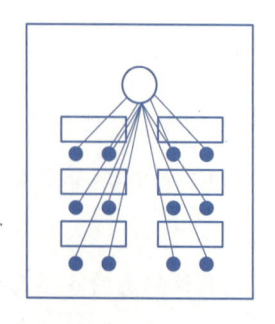

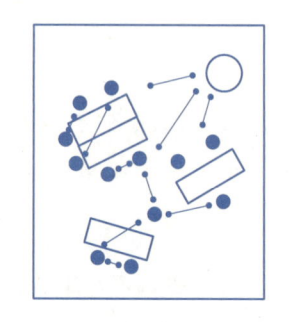

传统教育强调教授者的控制　　　行为导向教育强调教授者的支持

图 3-1-26

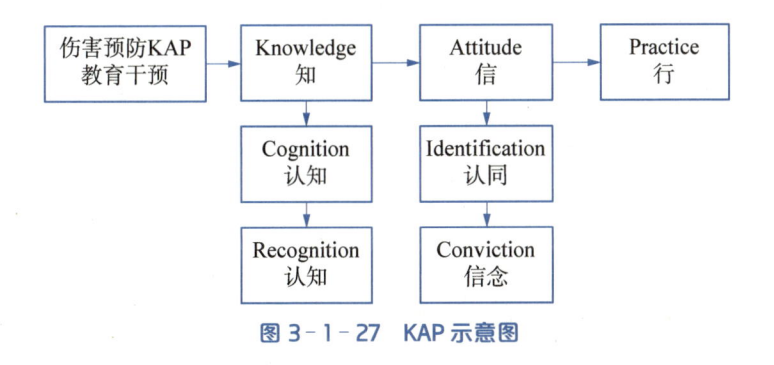

```
伤害预防KAP        Knowledge      Attitude       Practice
  教育干预       →     知      →     信      →     行
                       ↓             ↓
                   Cognition     Identification
                     认知           认同
                       ↓             ↓
                  Recognition     Conviction
                     认知           信念
```

图 3-1-27　KAP 示意图

正是因为幼儿亲自参与了实践和认知的全过程，幼儿对于安全的认知和信念将逐步筑牢，最终内化为自我保护行为。爱自己、爱父母，善意对待周围的人，懂得保护自己，相信幼儿们都能获得更好的发展。

撰写者：普陀区宜川一村幼儿园　包靓

二、"营养与饮食行为"篇

（一）"节气美食"主题

"立夏节气——立之风俗·夏之乐趣"活动方案

1. 设计背景

■ **设计意图**

立夏至，万物长。立夏是二十四节气中的第七个节气，夏季的第一个节气。立夏后，万物进入生长旺季。人们有夏日喝冷饮消暑、烹食嫩蚕豆的习俗。为更好地传承立夏的节气文化，我们设计了"立夏"节气系列活动，激发幼儿了解立夏的相关习俗，乐于参与立夏的相关活动，提高夏季对身体健康的关注与保护意识，用自己的方式感受立夏民俗带来的欢乐与喜悦。

■ **方案特质**

健康与体能：★★

习惯与自理：★★★★

营养与饮食行为：★★★★★

安全意识与自我保护：★

自我与适应性：★★

■ 方案框架

表 3-2-1 "立夏节气——立之风俗·夏之乐趣"活动方案框架

名称	年龄	活动目标	活动内容	健康元素	整合领域
立之风俗·夏之乐趣	小班	认知： 了解立夏是中国二十四节气之一，知道立夏节气的由来和习俗 情感： ● 对立夏节气习俗感兴趣，乐意参与节气活动 ● 模仿农民伯伯耕种，体验农耕游戏的乐趣 行为： 了解夏斗蛋、竖蛋习俗，愿意用多种方式装扮蛋宝宝	活动一： 立夏耕，收满仓	● 健康与体能	科学：喜欢接触新事物与大自然，好奇、好问 社会：与同伴互动时不争抢，能发现同伴的优点与长处
			活动二： 趣味玩蛋	● 营养与饮食行为 ● 习惯与自理	
			活动三： 有趣的蛋宝宝	● 营养与饮食行为	
立之风俗·夏之乐趣	中班	认知： 能在看一看、闻一闻、摸一摸、剥一剥中了解蚕豆的外形及营养价值 情感： 对立夏节气习俗感兴趣，乐意参与立夏节气活动 行为： 观察夏天的自然变化，观察自然物生长环境	活动一： 剥蚕豆	● 习惯与自理 ● 营养与饮食行为	语言：与他人合作时能认真倾听同伴需求，表达意见时不大声说话 科学：萌发好奇心与探究欲望 健康：了解简单的自我保护方式
			活动二： 自制驱蚊水	● 安全与自我保护 ● 习惯与自理	
			活动三： 立夏饼	● 营养与饮食行为 ● 自我与适应性	
立之风俗·夏之乐趣	大班	认知： 观察立夏时节的气候、动植物和自然界中的变化，能简单讲述 情感： 体验亲自动手制作立夏乌米饭的乐趣，感受节气营养膳食背后的传统美德与文化内涵 行为： 学习、了解节气营养膳食背后的传统美德与文化内涵	活动一： 立夏的声音	● 自我与适应性	语言：愿意与同伴共同讨论问题，能连贯、有序、清楚地讲述自己的感受 社会： 愿意与同伴、老师分享高兴或有趣的事 提示：在制作乌米饭的过程中，能及时收纳与保持桌面、地面整洁
			活动二： 立夏乌米饭	● 习惯与自理 ● 营养与饮食行为	
			活动三： 斗蛋大赛	● 营养与饮食行为	
			活动四： 蛋宝探险岛	● 健康与体能	

2. 方案总目标

小班：了解立夏是中国二十四节气之一，知道立夏节气的由来和习俗。

中班：观察立夏时节的气候、动植物和自然界中的变化，能简单讲述。

大班：了解立夏节气美食，体验制作美食的乐趣，感受节气营养膳食背后的传统美德与文化内涵。

3. 方案设计

【小班】

活动(1)：立夏耕，收满仓

■ 活动形态

运动活动。

■ 活动目标

- 能选择车、球、滚筒等进行推行、骑行，提高协调能力。
- 模仿农民伯伯耕种，体验农耕游戏的快乐。

■ 活动材料

场地：户外"星乐园"操场。

运动材料：障碍立柱、伸缩杆、轮胎、轮胎架、滚筒、大龙球、扭扭车。

自然物材料：落叶、枯树枝、松果等自然物。

■ 活动玩法

玩法一：幼儿用障碍立柱、伸缩杆、轮胎自由搭建"农田"区域，在"农田"中放置树叶、树枝等自然物，创设农耕农田的情景。

玩法二：幼儿自由选择"立夏耕车"进行"立夏耕"——犁田、耙田、耖田（分别用扭扭车、滚筒、大龙球作为替代物），在"农田"区域内骑行或推行，选择不同的"农田"耕种。

图 3-2-1 　　　　图 3-2-2 　　　　图 3-2-3

■ 观察要点

- 观察幼儿用各类材料搭建"农耕"区域的情况,及选择运动器械的情况。
- 观察幼儿在运动过程中的路径选择和避让的情况。
- 关注幼儿的运动量和出汗量,提醒及时休息和擦汗。
- 关注幼儿运动中的安全。

活动(2):趣味玩蛋

■ 活动形态

游戏活动。

■ 活动目标

- 了解立夏时节挂蛋、斗蛋的习俗。
- 愿意参与挂蛋、斗蛋游戏,感受立夏玩蛋的乐趣。

■ 活动材料

经验准备:初步了解立夏的习俗。

提前收集家长和幼儿共同制作的挂蛋、玩具蛋、水彩笔等。

■ 活动过程

① 了解立夏的习俗

了解立夏是夏天的第一个节气,立夏后天气会越来越热。

立夏有挂蛋、斗蛋习俗,人们以此避免疰夏,祈求健康平安。

② 欣赏挂蛋

教师出示不同的挂蛋。

提问:你们看这是什么?这是谁的挂蛋宝宝?你和爸爸妈妈是怎么做的?

小结:挂蛋就是用五颜六色的编织带织成一个兜,把煮熟的鸡蛋宝宝放进去,挂在胸前,保佑我们宝贝平安。

幼儿自由欣赏不同的挂蛋。

提问:你最喜欢哪一个?为什么?

③ 斗蛋游戏

教师:除了有趣的挂蛋宝宝,我们还可以用鸡蛋宝宝玩斗蛋游戏。拿起你们的蛋宝宝一起来试一试吧。

教师讲解游戏规则:蛋有两端,在这个游戏中尖一些的为头,圆一些的为尾。斗蛋时,蛋头斗蛋头,蛋尾击蛋尾,一个一个斗过去,谁的蛋宝宝最坚硬、没有碎就获胜。

幼儿用玩具蛋或自己带来的蛋体验斗蛋游戏。

提问：你的蛋宝宝是头比较厉害，还是尾部比较厉害？

结束语：斗蛋的游戏真有趣，立夏时除了玩斗蛋还可以玩立蛋的游戏，下次我们一起试试。

活动(3)：有趣的蛋宝宝

■ **活动形态**

学习活动(个别化学习)。

■ **活动目标**

- 愿意通过粘贴的方式装扮蛋宝宝。
- 感受立夏节气斗蛋、竖蛋的乐趣。

■ **活动材料**

各种大小的塑料蛋玩具、贴纸、仿真鸟窝、彩笔等。

■ **活动过程**

- 观察幼儿装饰鸡蛋的方式有哪些创作特点。
- 在竖蛋过程中，幼儿有哪些困难和解决的方法。

图 3-2-4

【中班】

活动(1)：剥蚕豆

■ **活动形态**

生活活动。

■ **活动目标**

- 比较发现蚕豆的外形与内部特征。
- 知道蚕豆饭是立夏美食，了解其营养价值。

■ **活动材料**

每组一盘蚕豆荚、毛豆、两个筐、剪刀。

■ **活动过程**

① 导入活动

提问：看，这是什么？蚕豆和毛豆有什么不一样？

（教师引导幼儿看一看、闻一闻、摸一摸，比较两者的不同特点）

提问：你们猜蚕豆的哪部分可以食用？蚕豆荚里有什么？

② 剥蚕豆

提问：蚕豆怎么剥？

讨论剥蚕豆的好方法。（可以拧开、撕开或者用剪刀等工具打开）

幼儿操作：引导幼儿将蚕豆、荚壳分别放入专用的筐中

幼儿自由交流用了什么方法剥蚕豆，哪种剥蚕豆的方法又快又好。

③ 立夏吃蚕豆饭

提问：蚕豆饭是立夏美食之一，立夏为什么要吃蚕豆呢？

和幼儿一起讨论：吃蚕豆对我们身体有什么好处？

观看视频了解蚕豆的营养价值与功效。

图 3-2-5 　　　　　图 3-2-6

活动（2）：自制驱蚊水

■ **活动形态**

个别化学习。

■ **活动材料**

蚊虫图片，小瓶，中草药（金银花、艾草、薄荷），酒精，制作驱蚊水步骤图。

■ 活动过程

1. 观察幼儿如何读图并发现自制驱蚊水所需的材料,根据图示配制驱蚊水的制作过程。

2. 观察并鼓励幼儿探索有关夏日驱蚊、防蚊的小妙招并用自己的方式记录。

图3-2-7　　　　　　　图3-2-8

活动(3):立夏饼

■ 活动形态

生活活动。

■ 活动目标

- 愿意尝试制作立夏饼,体验制作美食的乐趣。
- 能将小厨房内的用具按类别进行整理,并做好自我保护。

■ 活动材料

面粉、鸡蛋、韭菜、油、盐、水、盘、碗、筷子等。

■ 活动过程

① 导入活动

教师:孩子们,你们知道立夏有哪些美食吗?(立夏饭、立夏饼、立夏蛋、立夏粥、乌米饭……)

教师:看看,这是什么?(立夏饼)你们想自己动手做一块立夏饼吗?

② 制作立夏饼

教师:制作立夏饼需要用到哪些食材?我们一起来看看吧!(引导幼儿大胆交流)

教师一边示范一边介绍制作步骤:

将鸡蛋打散备用——韭菜洗净切成小段备用——面粉中加入水、盐、鸡蛋、韭菜并调匀——锅中倒入少许油——开中小火将面糊倒入锅中旋转、翻面——出锅。

幼儿操作打蛋、调面糊的步骤,教师个别指导:引导幼儿制作前将手洗干净,启发幼儿感受打蛋、调面糊时的手部力度和速度应适中。

制作过程中提醒幼儿注意安全,以免烫伤,在制作后能按用具的类别将桌面整理干净。

③ 品尝立夏饼

和同伴、老师说说立夏饼的味道和营养价值。

④ 活动延伸

回家与家人分享立夏饼的制作方法。

图 3-2-9 　　　　　　　　图 3-2-10

【大班】

活动(1):立夏的声音

■ 活动形态

学习活动(个别化学习)。

■ 活动目标

● 探索运用生活中常见的物品发出自己想要的夏天的声音。

● 锻炼幼儿与同伴商量合作的能力。

■ 活动材料

平板电脑,场景卡片,视频"夏天真美",各种材质的瓶、纸、棍、布、盆等。

■ 活动过程

① 聆听和辨别大自然中各种夏天相关的声音音频,猜一猜可能是什么发出的声音,并做好记录。

② 尝试用不同材料、不同方法制造出属于夏天的声音,同伴间互相制造声音给对方猜测。

③ 同伴合作,用声音和旁白共同商量开展故事表演"夏天真美"。

活动(2):立夏乌米饭

■ 活动形态

学习活动(集体)。

■ 活动目标

- 简单了解立夏节气的来历,体验自己动手制作"乌米饭"的乐趣。
- 积极参加活动,感受节气活动的快乐。

■ 活动材料

小竹篓、桌布、餐具、调味用品、各类食材。

■ 活动过程

① 了解制作美食所需材料

提问:乌米饭你们平常吃过吗?乌米饭是什么材料做的?

小结:教师介绍关于乌米饭的相关知识。制作乌米饭需要用到糯米、南烛叶等。

② 观看视频了解制作过程

南烛叶洗净沥干水备用,加入适量清水榨汁后过滤出汁液。

用汁液浸泡糯米,随后将糯米装在小竹篓或者碗中,上锅大火蒸15分钟即可做好,撒上白糖风味更佳。

③ 幼儿尝试制作并品尝美食,吃后谈谈自己的感受

活动(3):斗蛋大赛

■ 活动形态

生活活动。

■ 活动目标

- 了解有关立夏的知识,如立夏的来历、意义和习俗,在探究中能与他人合作与交流。
- 感知并了解季节变化的周期性,知道季节变化的顺序。

■ 活动材料

收集有关立夏的节气特点及习俗、动画片等,鸡蛋及前期自制的蛋兜,美术工具。

■ 活动过程

① 导入环节:大家说立夏

提问:你们知道立夏的来历吗?

一起欣赏动画片《立夏》,讨论立夏都有哪些特点。

小结:立夏一般在农历四月,公历5月6日前后,2024年是5月5日。古代称之为立夏节,立夏的"立",就是开始的意思。春去夏来,天气渐暖,越冬小麦已经成熟,准备收割,菜园里一片新绿。这时也是水产品捕捞的季节,各种河鲜都在"尝鲜"之列。

② 重点环节

提问:小朋友们,你们知道哪些有关立夏的习俗?

小结:斗蛋,称体重,吃乌米饭,吃蚕豆(立夏饭),立夏忌坐门槛等。

教师:今天,我们就来玩一个好玩的"斗蛋"游戏。之前,我们做好的蛋兜就是用来盛放蛋宝宝的。请你们猜一猜,今天谁能成为"斗蛋"大王?

教师:我们应该怎么斗蛋呢?怎么做才能让自己的蛋宝宝不碎呢?

教师:接下来我们可以把自己的蛋宝宝装饰一下,并准备参赛。

开始斗蛋大赛。

教师讲解斗蛋顺序:先以小组为单位,评选出获胜者,然后每组产生的获胜者之间进行比赛,最后,评出班级的"斗蛋大王"。"斗蛋大王"跟大家分享游戏中的经验以及心情。

教师:立夏还有许多的习俗,在今后的生活中,我们可以继续感受立夏习俗的乐趣。

③ 结束环节

教师:今天我们要给"斗蛋大王"颁发"奖状",希望大家以后可以继续尝试一下。

活动(4):蛋宝探险岛

■ 活动形态

运动活动。

■ 活动目标

- 锻炼幼儿手脚灵活攀爬轮胎的能力。
- 锻炼幼儿的分辨能力,按要求进行游戏。

■ 活动材料:

轮胎、不同蛋类的图片、小背篓等。

■ 活动过程

① 攀爬轮胎小路上到蛋宝探险岛,进入小房子。

② 根据海报提示,从房子里取出三种不同蛋类的卡片。

③ 将找到三种不同蛋类的卡片与蛋一一对应,取出各种蛋。

④ 沿着轮胎小路离开探险岛,任务完成。

⑤ 规则:爬轮胎山时一定要一个跟着一个爬,不能拥挤。每人每次只能拿走三枚蛋。按要求取出卡片,如果错取则任务失败。

撰写者:普陀区童星幼儿园　沈玲　龚凌云　普陀区教育学院　周骏蔚

【成效与感悟】

我长大了

场景一:立夏称体重

班里多了台测量身高体重的机器,孩子们跃跃欲试,都想证明自己长高长胖了。我用薄薄的故事书和一个小橘子作为基准,让孩子看到自己到底高了多少、重了多少。孩子们为自己长高、长大兴奋不已。

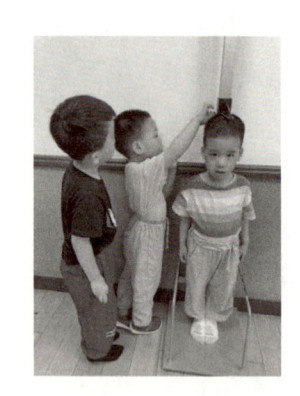

图3-2-11

● 思考与分析

立夏有称体重的习俗。幼儿们通过参与测量知道自己在长高长胖,关注自己身体的变化,感受自己长大了。教师在活动中对幼儿的成长表示肯定、欣赏,从而激发幼儿对自己的长大感到快乐、自信和自豪,帮助幼儿树立积极的自我意识,培养自信心。

场景二:小小辩论赛

自从上次量了身高、体重,孩子们第一次那么关注自己的身体和健康。自由活动时经常听到孩子议论着:"我比你高。""我比你胖。""胖有什么好的。""我妈妈说胖可爱。""我妈妈胖还减肥呢!"

这个热门话题,成为了我们的辩论赛话题:你觉得是胖好,还是瘦好?怎样的状态才是最好的?怎样才能长得更高?怎样保持自己身体的健康?

孩子纷纷表达自己的想法:"我爷爷很胖的,他有高血压、糖尿病,要吃很多药,所以胖不好。""瘦的人风一吹就倒下了。""胖的人力气大,瘦子没力气的。""胖的人衣服都穿不下。""喝牛奶能长高。""每天跳一跳就高了。""什么都吃,不挑食身体就会好。""早睡早起身体好。"……

图3-2-12 　　　　　　　　图3-2-13

● 思考与分析

《3—6岁儿童学习与发展指南》指出"幼儿的语言能力是在交流和运用的过程中发展起来的"。幼儿通过语言的交流理解他人与表达自己的感受、思想、情感,并在这一过程中获得大量知识,从而促进自己认知能力的发展以及社会道德规范的习得。

由称重引发的"辩论会"让幼儿从关注自己的体重、体型,到进而思考体型与健康的关系。这一活动不仅提升了幼儿清晰表达自己想法的能力,更重要的是引导他们通过互动汲取他人的观点,阐述自己的观点。在尊重他人及其观点中尊重差异,澄清自己的观点。

场景三:立夏五色饭

立夏前一天,孩子们在家与爸爸妈妈一起做立夏饭,寓意"立夏吃了五色饭,一年到头身体健康"。小帮厨们剥豆荚、用安全小刀切胡萝卜、清洗香菇,体验亲自劳动的乐趣。

立夏后,我和孩子们回顾照片,分享制作、品尝五色饭的体验。

● 思考与分析

在自己动手实践操作的过程中,幼儿们变成了厨房小帮手,不仅了解了厨房工具的用途和使用方法,感受到了和家长一起制作美食的快乐,体验了自己动手换来成功的喜悦,更懂得了珍惜食材,感恩父母。

而亲子制作让家长感受到:幼儿参与厨房劳作可以一定程度上减轻"挑食"。

《3—6岁儿童学习与发展指南》中指出:在幼儿教育过程中,要不断融入中华传统文化内容,以培养幼儿爱国主义精神和情感。因此,我们挖掘"二十四节气"教育价值,丰富幼儿的体验与经验,提高其对传统文化的了解,促进整体发展。

从小班幼儿年龄特点出发,玩一玩、比一比的活动不仅让幼儿了解了立夏来历,体会立夏活动的乐趣,更是进一步激发了探究民族文化的兴趣。互动活动让抽象的概念变得直观、易于理解。可见,我们需要关注幼儿全方面的发展,避免说教式教育,遵循幼儿年龄特点、学习特点,在互动中增强幼儿的体验感,拓展经验。

撰写者:普陀区童星幼儿园　马嘉希

"小满节气——时在小满,幸福满满"活动方案

1. 设计背景

■ 设计意图

为让幼儿更好地了解二十四节气文化,并体验小满节气习俗,我园带领幼儿通过观看、

聆听、体验等多种方式，一起迎接小满节气的到来！

■ **方案特质**

健康与体能：★★★

习惯与自理：★★★★★

营养与饮食行为：★★★★★

安全意识与自我保护：★★★

自我与适应性：★

■ **方案框架**

表 3-2-2 "小满节气——时在小满，幸福满满"活动方案框架

名称	年龄	活动目标	活动内容	健康元素	整合领域
时在小满 幸福满满	大班	**认知**：了解小满节气的由来和习俗 **情感**：感受节气营养膳食背后的传统美德与文化内涵 **行为**：体验与同伴共同感知与创作的乐趣、善于发现与探究节气营养膳食的传统内涵	活动一： 小满知多少	• 习惯与自理 • 自我与适应 • 营养与饮食行为	**语言**：愿意用图画和符号进行表征 **社会**：与同伴看法不一致时，敢于坚持自己的想法并说出理由 **艺术**：乐于收集美的物品或向同伴介绍发现美的事物。艺术欣赏时能用不同方式表达自己的理解 **科学**：初步了解生活与自然的密切关系，知道珍惜保护环境
			活动二： 小麦创意画	• 习惯与自理	
			活动三： 下雨感官盆	• 习惯与自理	
			活动四： 蔬菜运货员	• 健康与体能 • 安全意识与自我保护	
时在小满 幸福满满	中班	**认知**：了解小满节气特点（麦粒渐满、农田蓄水、苦菜生长繁茂等） **情感**：感受小满习俗文化，体验民间游戏的快乐 **行为**：喜欢观察蚕宝宝，愿意通过喂食、清理等活动体验照顾小动物的乐趣；提高自身平衡性和协调性	活动一： 小满挖苦菜	• 习惯与自理 • 营养与饮食行为	**语言**：大胆猜测思考问题的答案 **社会**：勇于尝试有一定难度的活动或任务 **艺术**：能够专心欣赏自己创设的艺术品，有模仿和参与的愿望 **科学**：感知和发现动植物的生长变化及其生长的基本条件
			活动二： 蚕宝宝的家	• 习惯与自理	
			活动三： 苦菊沙拉 DIY	• 营养与饮食行为	
			活动四： 小满运水	• 健康与体能 • 安全意识与自我保护	

续表

名称	年龄	活动目标	活动内容	健康元素	整合领域
时在小满　幸福满满	小班	认知：了解节气的特点，知道小满节气的习俗，了解蚕宝宝的特征，培养对自然物的兴趣 情感：愿意参与小满节气活动 行为：了解苦瓜汁能清热、解毒、防病等	活动一：小满忙栽秧 活动二：绿绿苦瓜汁 活动三：小满，幸福满满	● 健康与体能 ● 安全意识与自我保护 ● 营养与饮食行为 ● 营养与饮食行为	语言：能口齿清楚地讲述或复述 社会：能和同伴分工制作 艺术：愿意涂画、粘贴，并乐在其中 科学：感知、体验节气对自己生活活动的影响

2. 方案总目标

小班：了解小满节气的由来和习俗。

中班：了解小满时节麦粒渐满、农田蓄水、苦菜生长繁茂的特点。

大班：了解小满节气时吃苦味食物的由来，感受节气营养膳食背后的传统美德与文化内涵。

3. 方案设计

【小班】

活动(1)：小满忙栽秧

■ 活动形态

运动活动。

■ 活动目标

● 幼儿自由结伴，和同伴一起踩水车运粮食。

● 感受小满丰收的快乐。

■ 活动材料

水车、仿真粮食、筐。

■ 活动过程

① 玩法一：幼儿自主商量路线，选择水车运粮。

② 玩法二：两组幼儿自由组合，比赛踩水车，按照路线将粮食收割后运到终点。

在活动过程中提醒幼儿注意安全，朝一个方向踩。

在收割粮食的过程中，避免粮食掉落。

图 3-2-14

活动(2)：绿绿苦瓜汁

■ 活动形态

生活活动。

■ 活动目标

萌发对苦瓜的探究兴趣，了解小满节气品尝苦瓜汁能清热解毒防病的保健作用。

■ 活动材料

苦瓜、黄瓜、榨汁机、茶杯等。

■ 活动过程

① 引发兴趣(摸摸神奇的口袋)

提问：摸一摸、猜一猜，这是什么？你怎么知道它是黄瓜或苦瓜？你觉得黄瓜、苦瓜摸上去感觉怎样？(黄瓜光滑、苦瓜凹凹凸凸的)它是什么形状的？你闻到什么气味？

小结：苦瓜是一种蔬菜，营养丰富，含有人体所需的多种维生素、矿物质，每到小满节气人们就喜欢吃苦瓜，能清热解毒，对我们身体健康有很大好处。

② 识苦瓜

提问：苦瓜切开长什么样？(像一艘船)苦瓜里有什么？(白色的瓤和深色籽)

③ 品苦瓜汁(出示榨汁机)

教师演示"蔬菜汁"的简单制作过程。

提问：你们喜欢哪种蔬菜汁？它是什么味道？喝的时候有什么感觉？

小结：绿绿的苦瓜汁是天然的饮料，夏季适量饮用可以让人感觉清爽。

活动(3)：小满，幸福满满

■ 活动形态

学习活动(个别化活动)。

■ 活动目标

- 愿意参与小满节气活动，对小满节气活动感到欣喜和好奇。
- 简单了解节气特点，知道小满节气的习俗。
- 了解蚕宝宝的特征，培养探究兴趣。

■ 活动材料

《认识小满》PPT，了解小满节气的由来及习俗。

环境材料：蚕宝宝图片、彩泥、桑叶(纸质)、纸盒、豌豆。

■ 活动过程

① 玩法一：创意绘画"麦穗画"

了解小满节气的由来，用简单的线条画麦穗。

体验创意画的乐趣。

图 3-2-15

② 玩法二：泥工制作——蚕宝宝

回顾交流关于蚕宝宝的已有经验。（白白的，长长的，身体像火车，有许多小脚）

重点观察蚕宝宝。（有的蚕宝宝抬头寻找好吃的桑叶，有的在睡觉，有的埋头吃桑叶，还有的和好朋友在玩耍。）

学习揉搓泥塑，表现蚕宝宝的造型。

图 3-2-16

③ 玩法三：动手劳作——剥豌豆

看一看、摸一摸豌豆荚，感知豌豆荚的特点。

猜一猜豌豆荚里有什么，持续探究。

剥一剥豌豆，数一数豆子的数量。

图 3-2-17

④ 小结

观察幼儿活动情况（生材互动情况，幼儿对哪些感到好奇）。

师幼共同交流，表达自己的体会、感受。

完成作品后与同伴共同整理。

【中班】

活动(1)：小满挖苦菜

■ **活动形态**

生活活动。

■ **活动目标**

幼儿认识小满节气时各种有苦味的食物。

■ **活动材料**

课件、相关食物的图片。

图 3-2-18

■ **活动过程**

① 引起兴趣

提问：你们认识哪些菜？

小结：韭菜、生菜、小番茄、黄瓜、香菜……菜地里的菜真多呀！

② 找苦菜

幼儿根据教师的语言线索找菜：它长得像一朵绿色的花，味道有点苦苦的。找找它是谁。

幼儿带好小工具，找到后和朋友分析。

幼儿互相展示自己找到的苦菜的外形和名称。

教师介绍：这是苦菊，长得像花，吃起来有点苦，是苦菜的一种。

③ 延伸活动：不同的苦菜我知道

提问：除了种植园里的苦菊，还有哪些苦菜？

小结：油麦菜、苦瓜、莴笋等也是有苦味的菜。小满节气是夏季里的第二个节气，小满到了，炎炎夏日即将正式登场。古人应对"苦夏"的方法，就是"以苦制苦"，顺应时节食用苦味的菜，保持健康。

活动（2）：蚕宝宝的家

■ 活动形态

学习活动。

■ 活动目标

● 感受蚕宝宝长大的过程。

● 喜欢观察蚕宝宝，愿意喂食、清理，体验照顾小动物的快乐。

■ 活动材料

竹匾、蚕宝宝、桑叶、毛刷等。

■ 活动过程

① 鼓励幼儿喂蚕宝宝，探索发现蚕宝宝的饮食习惯。

② 制作蚕宝宝观察日记。

③ 为蚕宝宝准备桑叶，了解桑叶的形状，观察蚕宝宝如何吃桑叶。

④ 清理蚕宝宝的家。

图 3-2-19

活动(3)：苦菊沙拉 DIY

■ **活动形态**

学习活动(集体)。

■ **活动目标**

● 知道苦菜是小满节气"中三候"中的"第一候"。

● 通过动手体验,了解制作苦菊沙拉的方法。

■ **活动材料**

苦菊、油醋汁、碗、勺子、沙拉酱等。

■ **活动过程**

① 尝试用工具把苦菊剪短,放入碗中。

② 尝试自制苦菊沙拉,分享制作感受。

③ 品尝苦菊沙拉。

图 3-2-20

活动(4)：小满运水

■ **活动形态**

运动活动。

■ **活动目标**

● 知道运水是小满节气的农事习俗之一。

● 感受小满习俗文化,体验民间游戏的快乐。

■ **活动材料**

四个装满水的水盆；自制障碍物；活动场地可以是种植园附近的操场。

事先布置好游戏场地。

课件、图片。

■ 活动过程

① 活动导入

提问:小满节气天暖和了,我们可以做哪些运动?

小结:中国民间,每年小满节气有个民俗活动——"抢水"。

② 一起玩"运水"

幼儿熟悉"抢水"场地。

幼儿竞赛,教师巡回观察,提醒幼儿注意安全。

③ 幼儿自主整理场地

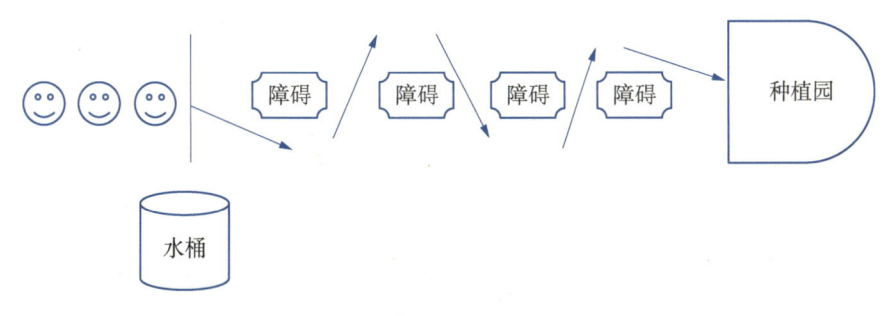

图 3-2-21

【大班】

活动(1):小满知多少

■ 活动形态

学习活动(集体)。

■ 活动目标

● 了解小满时麦粒渐满、农田蓄水、苦菜繁茂的特点。

● 萌发热爱大自然的情感。

■ 活动材料

《小满》故事视频、"传统习俗"组图、"节气养生"组图、"营养菜谱"组图。

■ 活动过程

① 了解"小满"

提问:"满"是什么意思?

教师介绍:节气小满之名,有两层含义。第一,与气候降水有关,小满中的"满",指雨水之盈;第二,与农业小麦有关,在北方地区小满节气期间降雨较少甚至无雨,此时这个"满"不是指降水,而是指小麦的饱满程度。

② 了解小满相关的传统习俗

观看视频1。

提问:小满时人们会做什么?

小结:小满有祭车神、祈蚕节、食野菜、食苦菜、抢水等活动。

观看视频2。

提问:小满节气时,我们要注意什么?

小结:早起晚睡,但不要熬夜,应保证睡眠时间,注意保暖,避免着凉。

观看视频3。

提问:小满节气时我们吃什么?

小结:宜以清淡的饮食为主,如赤小豆、薏米、绿豆、冬瓜、黑木耳、胡萝卜、山药、鲫鱼、鸭肉等。

③ 小结

关于小满民间还有很多有趣的事,请把你找到的趣事记录下来贴到问题墙上分享给小伙伴。

活动(2):小麦创意画

■ **活动形态**

学习活动(个别化学习)。

■ **观察与指导**

● 观察幼儿的表现方式。

● 指导幼儿运用各种材料创意表现。

■ **活动材料**

仿真小麦、小麦照片、棉签、颜料、调色盘、画笔、纸、刷子、超轻黏土等。

■ **活动过程**

① 观察、发现小麦的特征和秘密。

② 用颜料和画笔将观察到的小麦画出来。

③ 自主选择材料,制作出立体或平面的小麦。

活动(3):下雨感官盆

■ **活动形态**

学习活动(个别化学习)。

■ 观察与指导

- 观察幼儿有哪些探索发现以及探究的方法。
- 引导幼儿思考棉花等材料的多少与雨量的关系。

■ 活动材料

盆、水、一次性杯子、棉花、颜料、剪刀、牙签、汤勺。

■ 活动过程

① 用工具在杯子底部扎几个洞,倒入水,获得"下雨杯"。

② 在杯子中放入棉花,倒入水,按压棉花,也能获得"下雨杯"。

③ 探索控制雨量的方法。

④ 自由运用所给材料进行感知体验,并将收获记录下来。

活动(4):蔬菜运货员

■ 活动形态

运动活动。

■ 活动目标

- 合作开展接力跑,提高身体的控制能力和平衡能力。
- 了解火的用处以及给人们带来的危害,提高自我保护能力。

■ 活动材料

起点终点标志物、小背篓若干、蔬菜水果若干、障碍物若干。

■ 活动过程

① 幼儿自行商量,分成四队,按照自主设计的路线进行运蔬菜游戏,并计时。

② 协商并制定游戏规则,在竞赛中注意安全。

③ 依据用时多少确定胜负。

撰写者:普陀区童星幼儿园　沈玲　龚凌云　普陀区教育学院　周骏蔚

【成效与感悟】

小满时节雨丰盈

"种植园地"一直是教育环境不可或缺的部分。我们倡导"环保、自主、家园共育"的理念,开展贴近幼儿生活的户外种植活动。小满时是植物生长最旺盛的时期,如何在这段时间结合节气特征,引发幼儿种植、探索,这是我们的思考与实践重点。

场景一：

一大早,辰辰把从家中带来的袋子拿给我看:"张老师,我带来了好东西!"

"哟,是啥呀?"我一脸好奇地看着辰辰。

辰辰神秘地打开袋子,一个被打扮得花花绿绿的大水桶映入眼帘,奇怪的是这个水桶的底被剪了,还被剪出了一个个的花瓣造型,倒扣在另一个大水桶上,有点像超大号的"滴漏计时器"。看着我一脸不解的样子,辰辰做起了讲解:"这叫雨水收集器,这几天一直在下雨,雨水白白流掉多可惜呀!我和爸爸一起做了这个雨水收集器,放到种植园里,雨水就可以流到里面去啦,等天好了我们就可以用这里面的水浇灌了呀!"我恍然大悟,辰辰是想收集雨水,利用收集来的雨水浇花浇草呢!

● 思考与分析

小满时节,随着雨水逐渐增多,孩子们想到雨水可以充分利用。确实,幼儿园的种植园距离水源有些距离,每次浇灌,孩子们或是拿着水壶一路小跑去洗手池接水,或是请老师帮助预先提一大桶水备用。

于是,现实问题引发孩子们思考:如何合理利用自然条件,收集雨水?经过搜集材料,孩子们关注到小满节气南方雨水增多、降水频繁的特点,不妨好好利用一下这类天然水资源。这是从现实问题出发,幼儿自发学习探究的成果。

场景二：

昨晚一场大雨,不知种植园的蔬果们怎样了?孩子们着急地来园,直奔种植园看个究竟。幸好,小番茄和黄瓜乖乖地挂在藤蔓上。"哎呀!"铛铛的叫声把同伴的视线吸引过去。只见"雨水收集器"横躺在地上,下面的水桶只剩下很少一点水。

"怎么办?怎么让雨水收集器不被风吹倒?"新问题引发了孩子们思考。

● 思考与分析

对于自制的"雨水收集器",孩子们非常喜欢,也很在意。一场暴雨伴随大风,让孩子们遇到新问题。但,来自现实的问题激发了孩子们的探究欲,他们开启了一轮新探索。

场景三：

接下来几天,孩子们想了很多办法,也发动家长献计献策。

有孩子找到视频:"张老师,不用收集器,还可以挖井!""井?"大都市的孩子非常陌生。借助视频,俨俨开始分享他的经验。有了初步关于"井"的认识,孩子们联想到"可以找合适的地方挖个大坑,以此积雨水"。

于是,带着工具孩子们开始挖"井"。三个大小不一的小土坑挖好了,自制"水井"成功,孩子们期待雨水降临。可是,小土井里的雨水并没我们想象的那么多,雨水落到土坑里很快渗进泥土,怎样才能保留更多的雨水呢?

一番探究后,孩子们把"雨水收集器"的漏斗段盖上盖子放进大坑里,这样雨水不再渗进泥土里。孩子们"依葫芦画瓢",又有几个水桶被放进了小土井里,就这样我们的"水井"蓄得满满的,大家再也不用跑到远处取水啦!

● 思考与分析

从需要"水源"出发,孩子们自发开启了一连串的自制与调整。从"常规版"到"进阶版",孩子们的创造力不可小觑。

我的思考:

结合节气特点,顺应幼儿的需求,我们开展了一连串"收集雨水"的探究。整个过程中,成人退后,给幼儿充分的信任和时间。因为"迫切需要",幼儿们探究制作的欲望很强,不断在探究中发现问题、解决问题,拓展经验。

这让我想到:教育的契机无处不在。回归大自然的幼儿拥有无限的潜力,我们需要做的是等待、欣赏,认可孩子的假设与尝试,通过交流帮助他们梳理经历与体验。

撰写者:普陀区童星幼儿园　张虹

"白露节气知多少"活动方案

1. 设计背景

■ **设计意图**

白露是农历二十四节气中的第十五个节气,为让幼儿更好地感受白露节气的特点,设计开展"白露节气知多少"系列活动,让幼儿走进自然,感受自然的美好奇妙,培养爱劳动的意识,增强独立生活的能力。

■ **方案特质**

健康与体能:★

习惯与自理:★★★

营养与饮食行为:★★★★★

安全意识与自我保护:

自我与适应性:★★★

■ 方案框架

表 3-2-3 "白露节气知多少"活动方案框架

名称	年龄	活动目标	活动内容	健康元素	整合领域
白露节气知多少	小班	认知：知道白露节气的由来 情感：感受、体验白露节气周围的变化 行为：乐于品尝白露节气的当季食物	活动一：好吃的糯米鸡	● 营养与饮食行为	语言：能清楚讲述白露节气周围发生的变化 艺术：乐于用多种方法表现制作，乐在其中 社会：愿意和同伴游戏 科学：能用多种感官感知白露，观察与发现 提示：与小班"苹果和橘子"主题相结合，创设秋天白露节气主题环境
			活动二：包一包真好玩	● 习惯于自理 ● 营养与饮食行为	
			活动三：有趣的白露	● 自我与适应性 ● 营养与饮食行为	
	中班	认知：了解白露节气的常见自然现象 情感：愿意关注身边的变化 行为：结合节气特征丰富自我保护的方法，如穿秋衣、加强运动等	活动一：收集露水	● 自我与适应性	健康：自己穿、脱衣服、鞋袜，扣纽扣 语言：较完整地讲述所见所闻 社会：喜欢参加收集露水的游戏 科学：观察、比较白露节气气温冷暖交替使得空气中水蒸气凝结成水珠的自然现象 提示：与中班"水真有用"主题相结合，创设白露节气主题环境
			活动二：白露需添衣	● 自我与适应性 ● 习惯与自理	
			活动三：白露运露水	● 健康与体能	
	大班	认知：了解白露节气常见的特色食材与传统美食 情感：了解白露节气美食，感受中华传统美食文化，体验劳动的快乐 行为：动手制作节气美食，寻找节气当季食材如红薯、花生	活动一：做糯米鸡	● 习惯于自理 ● 营养与饮食行为	社会：感受祖国的发展，为自己是中国人感到自豪 艺术：体验中国茶文化特色，交流表达自己的感受 健康：用简单的劳动工具寻找红薯和花生 科学：察觉植物外形特征与生存环境的关系 提示：与大班"春夏和秋冬""多彩的民间活动"主题相结合，创设主题环境
			活动二：寻找红薯和花生	● 营养与饮食行为	
			活动三：饮白露茶	● 习惯于自理 ● 营养与饮食行为	

2. 方案总目标

小班：知道白露节气的简单由来，感受白露节气时周围的变化。

中班：了解并乐意关注白露节气的各种自然现象，感受白露节气的有趣。

大班：了解白露节气相关的几种特色食材与传统美食，感受中华传统美食文化，体验劳动的快乐。

3. 方案设计

【小班】

活动（1）：好吃的糯米鸡

■ 活动形态

生活活动（集体）。

■ 活动目标

● 了解糯米鸡的吃法，知道进食糯米时要细嚼慢咽、注意安全。

● 不挑食，养成良好的进餐习惯。

■ 活动材料

图片、视频。

■ 活动过程

① 出示图片，了解糯米鸡吃法

幼儿自由猜测荷叶内藏着什么好吃的。

幼儿聊聊怎样吃糯米鸡。

② 观看视频，了解进食糯米食物时要注意安全

幼儿交流吃过的糯米食物。

小结：糯米软软的、黏黏的，吃的时候要细嚼慢咽，一次不能吃太多。

活动（2）：包一包真好玩

■ 活动形态

美工活动（集体）。

■ 活动目标

● 尝试用废旧报纸包"糯米鸡"。

● 体验环保活动的乐趣。

■ 活动材料

塑料积木、废旧报纸。

■ 活动过程

① 情感导入、激发兴趣

幼儿自由观察，制作材料，可将积木当作"鸡肉"，报纸当作"荷叶"。

② 幼儿操作

幼儿操作并探索、交流制作方法。

③ 作品交流

展示幼儿作品。

梳理包糯米鸡的要点：报纸要把里面的"鸡肉"全部包住，每层报纸的边角依次叠盖起来，不能让"鸡肉"掉出来。

活动(3)：有趣的白露

■ 活动形态

生活活动（集体）。

■ 活动目标

- 了解白露的节气特征，知道白露时节吃鸡的习俗。
- 萌发对传统文化的热爱之情。

■ 活动材料

PPT，娃娃，娃娃的衣服若干。

■ 活动过程

① 出示图片，了解白露的节气特征

幼儿自由讨论白露。

教师介绍节气特点：白露是我国二十四节气中的一个，白露节气的到来代表夏天过去了，秋天就要来了。清晨，我们会发现地面和叶子上有许多的露珠，因为夜晚的水汽凝结停留在了上面，所以叫作白露。

② 欣赏视频，了解白露时节吃鸡的习俗

观看视频。

教师介绍白露吃鸡的习俗：白露时节，天气转凉了，需要补身体，所以人们选择营养丰富的鸡来滋补，吃鸡可以让身体变得强壮，帮助我们预防感冒。

③ 游戏《白露不露身》

提问：白露时节有个说法叫作"白露不露身"，这里的身是指身体。为什么这么说呢？

小结：白露时节天气转凉，这个时候要把衣服穿好，不然容易着凉生病。所以大家要记得保护好我们的身体，多吃有营养的食物。

幼儿自由探索给娃娃穿上合适的衣物。

【中班】

活动(1)：收集露水

■ **活动形态**

生活活动(集体)。

■ **活动目标**

- 了解白露节气"收清露"的习俗。
- 愿意走进大自然，体验收集露水的乐趣。

■ **活动材料**

种植园地、塑料瓶、吸管。

■ **活动过程**

① 引发兴趣

幼儿各自观察种植角里的蔬菜，说说自己的发现。

一起回顾白露特点：白露节气时分，白天和晚上的气温变化较大。白天，太阳照热了大地和空气；到了晚上，大地开始变凉，空气中的水蒸气接触到先冷却的小草和大树，凝结成小水珠，这就是露水。到了早晨，气温仍然不高，这些露水还会留在小草和树叶上。

② 收集露水

引发幼儿的收集兴趣。

幼儿们带好瓶子、吸管等小工具，分散收集露水，不推不挤。

分享交流收集的体验和感受。

图 3-2-22

活动(2)：白露需添衣

■ **活动形态**

生活活动(集体)。

■ **活动目标**

- 了解季节、温度和衣物的关联，增强自护能力。

- 学习有序穿脱衣服、鞋袜以及扣纽扣的好方法。

■ **活动材料**

垫子、计时器、带纽扣的外套、外裤、鞋。

■ **活动过程**

① 午睡或运动等活动后,幼儿需要穿、脱衣时,组织幼儿讨论:白露节气后,要适当添衣,怎样才能有序完成穿、脱衣服?幼儿讨论完毕后开展一场穿、脱、叠衣服比赛。

② 穿、脱、叠比赛

比赛规则:幼儿穿统一的衣服进行比赛(如园服外套);老师发令后幼儿开始穿衣服,完成后举手示意,请同伴互相检查穿衣情况;要求穿得整齐、领子翻平、纽扣正确等。

活动(3):"白露"运露水

■ **活动形态**

体育游戏。

■ **活动目标**

- 知道白露节气时适宜慢跑,能四肢协调地进行运水障碍迂回跑。
- 感受白露时慢跑的习俗文化,体验运动的快乐。

■ **活动材料**

水瓶、水桶、舀水的工具、不同重量的沙袋。

轮胎、障碍物、运动围栏、有跑道的操场。

幼儿有负重慢跑的活动经验,对白露节气有一定的认知了解。

■ **活动过程**

① 活动导入

教师:白露节气到了,天气开始变冷,我们要加强运动。

提问:白露节气时适合做什么运动呢?

小结:在白露节气时适合进行慢跑等运动。慢跑可以增强我们的心肺功能,提高抵御严寒的能力。

② 一起运露水

幼儿熟悉运露水的场地。

幼儿运露水比赛,教师巡回观察,提醒幼儿注意间距,保持安全距离和遵守运动中的规则,及时擦汗休息。

③ 幼儿自主整理运动器械

【大班】

活动（1）：做糯米鸡

■ **活动形态**

集体学习活动。

■ **活动目标**

- 知道糯米鸡的历史由来、做法、菜品特色、营养价值。
- 了解糯米鸡是广东地方特色点心，感受中国菜肴的多样性，体验中国饮食文化的丰富多元。

■ **活动材料**

厨师制作糯米鸡的视频，糯米鸡、粽子、四川叶儿粑、叫花鸡等的相关照片。

■ **活动过程**

① 出示荷叶糯米鸡的菜品图片，引起幼儿兴趣

观察图片并讨论：这道菜和一般的食物有什么不同？

小结：原来这是一道用叶子包裹起来的美食，需要打开外面包裹的叶子才能吃到里面的食物，它的名字叫糯米鸡。

② 围绕"包裹材料"展开讨论

A. 认识荷叶

提问：糯米鸡为什么要用荷叶来包？

小结：用荷叶包着糯米饭做成的糯米鸡，这样吃起来会有淡淡的荷叶清香。大厨师们太聪明了！

B. 了解荷叶糯米鸡的制作方法

观看大厨制作糯米鸡的视频。

提问：你觉得哪个部分看不懂？

C. 了解其他不同材料包裹的食物

幼儿回忆吃过的用叶子包裹的食物，讨论：为什么厨师会用这些不同的材料来包裹不同的美食呢？

教师：糯米鸡起源于广州的夜市，最初是以碗装着蒸熟，后来小贩为方便肩挑出售，改为以荷叶包裹。叶儿粑粑起源于四川等地，人们把发酵后的米用油桐叶包好，形状一头尖一头平，随后放在蒸笼里蒸，蒸熟后有种特殊的清香。

③ 活动延伸

教师：请你们和爸爸妈妈一起逛超市时，找一找用各种叶子包裹制作的食物，留下包装

或照片,带到幼儿园来分享。

小结:原来这些食物使用叶子包裹有的是为了食用、销售方便(广东糯米鸡);有的是因为取材环保方便(四川叶儿粑粑、竹叶黄粑等);也有的是因为叶子的特殊香气可以增进食物的风味(粽子)。

活动(2):寻找红薯和花生

■ 活动形态

游戏活动。

■ 活动材料

地形图、五人一组进行活动。

■ 活动过程

① 幼儿五人一组,自由组合。小组之间同伴协商、分工合作、制定规则。

② 根据幼儿园地形图寻找红薯和花生,说一说对这些白露节气时分的应季食物的了解。

③ 教师观察幼儿在活动中遇到的困难和问题,必要时给予适当的支持和帮助。

活动(3):饮白露茶

■ 活动形态

亲子活动。

■ 活动准备

茶具、茶叶等。

■ 活动过程

① 利用周末时间,家长带着孩子一起制作白露茶,体验节气与美食的文化内涵。

② 在活动中,家长带孩子一起认识茶具,幼儿尝试摆放茶具、探索茶叶等,体验泡茶的过程。注意防止烫伤,并用照片或绘画形式记录、分享。

【成效与感悟】

豆腐的故事——寻找白露节气美食背后的故事

谚语云:"白露吃三白,秋冬无烦恼。"其中一白就是白豆腐。白露节气吃豆腐已经成为传统习俗之一。

"豆腐的故事"正是幼儿在品尝白露节气美食"白豆腐"中生成的活动。

场景一:豆腐秘密初探

午点时间,耀耀一边吃一边赞叹:"这个豆腐干真好吃,和我们上次吃的(白露)特色菜'白豆腐'一样好吃。我最喜欢吃这个(豆腐干)了。"他的话引起了同伴共鸣:"我也喜欢吃,我在家吃过的,妈妈说这是兰花豆腐干。""兰花豆腐干,名字真好听,是说它长得像兰花吗?""我还吃过正方形的豆腐干。""我还吃过油豆腐!是方方的、黄黄的那种。""我上次在火锅店里吃的豆腐可好吃啦!是方方的、白色的。""我妈妈很喜欢吃臭豆腐!臭臭的。""臭豆腐是闻起来臭、吃起来香香的,我也喜欢吃。"……

午点后,孩子们对"豆腐"的话题依旧热情不减。"我最喜欢吃腐竹。"钧钧轻声说道。"腐竹又不是豆腐咯!"何㭠对此并不认同。"腐竹是大豆做的,豆腐也是大豆做的。"钧钧解释道。"什么?"何㭠很疑惑。"那么豆腐干也是大豆做的吗?"小雨加入讨论。"应该是吧!""不会吧!"大家七嘴八舌地交流着。"我和爸爸在家做过豆腐花,是用黄豆做的。"羿羿结合自身经验提出自己的看法。"羿羿你好厉害!"萱宝投去羡慕的目光。"黄豆是

图 3-2-23

怎么变成豆腐的?"柠檬提出疑问。柠檬的问题顿时让大家陷入了沉思。"我想应该是这样子,把黄豆敲碎然后加点面粉捏成正方形就变成豆腐了。"铭铭打破沉默说出自己的猜想。"豆浆是磨出来的,上次妈妈带我去磨过豆浆的。"邱邱一脸自信。"豆浆是豆浆机做出来的。"羿羿提出不同观点。于是,"豆浆是手磨的还是机器做的?""豆浆、豆腐花、豆腐干都是豆腐变成的吗?""豆腐到底是怎么做出来的?"等问题一时成了孩子们讨论的焦点。

● 思考与分析

随着幼儿们的热烈讨论,大家发现我们每周都要吃好几次和豆腐有关的食物,于是幼儿们对豆腐的兴趣更加浓厚了。伴随幼儿的兴趣,以"豆腐"为主题的活动正式启动……

基于观察、识别,我在班中创设了"问题树"的互动墙面,幼儿用绘画的方式记录问题。随着幼儿观察的深入,讨论的问题越来越多,我将这些问题归纳整理,结合幼儿关键期的经验,选择最值得幼儿深度探究的问题,将其转化成驱动性问题,如:豆腐是怎么做出来的、豆腐家族还有谁、豆腐可以怎么吃等。在驱动性问题的引导下,我和孩子们在收集资料、交流讨论、直接感知、亲身体验中寻找问题的答案。

场景二:千变万化的豆制品

随着驱动性问题"豆腐是怎么做出来的"的产生,我们通过家园合作收集关于"豆腐"的儿童绘本,创设了主题图书角。自由活动时,孩子们主动翻阅,三三两两地讨论豆腐的制作工艺,进而又生成了新的问题:豆腐是谁发明的。当孩子的好奇心再次被激发

图 3-2-24

时，我利用网络资源，邀请孩子观看豆腐的科普动画，适时给予支持，推动孩子探究的兴趣。

在活动推进过程中，新的驱动性问题出现：豆腐家族还有谁？带着问题，孩子们和家长一起走进了超市和菜场的豆制品专区，发现了庞大的豆制品家族。我乘势而上，在区域活动中投放常见的豆制品食材，如：老豆腐、嫩豆腐、豆腐干、豆腐丝、百叶、百叶结、豆腐乳等，同时为幼儿搭建"闪亮星主播"展示交流平台，开展"豆腐家族大家说"的活动。幼儿在画一画、看一看、闻一闻、摸一摸、说一说中感受体验豆制品的多样化，调动了多感官参与活动。在活动中，幼儿结合所见所闻，主动思考，积极讨论，不仅对豆制品的种类有更全面的了解，也更愿意在集体中分享自己的所思所想。

● 思考与分析

图 3-2-25

《上海市幼儿园办园质量评价指南（试行稿）》关于"理解与表达"中指出：乐于参与讨论问题，能在众人面前表达自己的想法。瑞吉欧教育理念认为：儿童的学习并非成人教学的产物，相反更多地归因于儿童在成人所提供的环境中的所作所为。因此，教师应尊重幼儿自发的表达，创设让幼儿自主表达的机会和条件，营造宽松的心理环境提升幼儿自主表达的能力。教师从白露特色菜入手，选择他们感兴趣的话题——豆腐，以此作为切入点，创设了"主题图书角"和"闪亮星主播"，进一步激发幼儿自主表达的愿望，使其成为幼儿自主表达的"助推器"。

好的教育应该是将选择权交给学习者。幼儿年龄虽小，但是他对事物的喜好有自己的判断，适时放手让幼儿选择自己感兴趣的内容，能增强幼儿的自主学习意识和能力。项目活动中幼儿可根据自己的需求和喜好选择小项目，如：阅读书籍、介绍菜肴、互动游戏等，在"选择"中教师通过捕捉幼儿的学习动向，适时补充学习资料，帮助幼儿搭建经验整合的桥梁，幼儿则在"选择"中激发学习能量，增进学习活力，提升学习品质。

场景三：豆腐的烹饪方式

无论是在家中还是幼儿园，豆腐相关的菜肴都是我们餐桌上的常客。孩子根据生活经验观察到豆腐有许多烹饪方式。教师鼓励他们自发组织会议，围绕"豆腐可以怎么吃？"的问题进行交流。有的孩子说豆腐可以和蔬菜、荤菜一起炒着吃，有的孩子说豆腐可以凉拌吃，还有的孩子说豆腐可以包饺子吃。随着讨论的不断深入，孩子们慢慢开始关注豆腐的营养价值。潘潘说："我奶奶经常吃豆腐，她说（豆腐）对血压好。"柠檬说："豆腐白白的，吃了对皮肤好。"汤汤说："我听妈妈说豆腐不能和菠菜一起吃，会胃痛的……"孩子们再次借助"闪亮星主播"的平台，开展了名为"舌尖上的豆腐"主题广播，自主交流豆腐菜肴的制作方法、口味、营养价值、适宜人群等内容。同时老师鼓励孩子走出班级为弟弟妹妹介绍豆腐的故事,让孩子在分享知识的过程中变得更主动、更自信。

为了保持孩子的学习热情,我在区域活动中增添了红、黄、绿、黑、褐、紫各色颜料,豆制品菜肴图片,酱油,香油,糖,仿真刀勺等材料,孩子在宽松的氛围中与材料自然互动,激发了更深层次的探究热情。如:在蘸酱料的情境中,孩子通过为老豆腐、嫩豆腐染色,在观察、比较中发现豆腐颜色的变化;在"豆腐找朋友"的配对游戏中,发现了豆制品的颜色、形状、大小、厚薄等不同特征和豆腐的各种烹饪方式,培养细心观察、善于发现的能力;在用酱油、香油制作"凉拌豆腐"、用豆腐皮"打百叶

图 3-2-26

结"的过程中了解了美食的制作方法,增强了动手能力,同时提升了与同伴分工合作的能力。此外,我们还开展了"豆腐美食大家做"的活动,邀请家长和孩子一起制作豆腐菜肴并拍摄视频在班中分享,通过家校互动,进一步激发孩子的探究兴趣。

随着活动接近尾声,孩子们又产生了新问题:鱼豆腐是豆腐做的吗、豆腐饭是什么、豆腐西施是谁、刀切豆腐两面光是什么意思、只有中国人爱吃豆腐吗……这些问题让我又再一次陷入新的思考。

● 思考与分析

《3—6岁儿童学习与发展指南》中提出:成人要善于发现和保护幼儿的好奇心,充分利用自然和实际生活的机会发现和保护幼儿的好奇心。《上海市幼儿园办园质量评价指南(试行稿)》中"科学探究"子领域也提到:乐于在动手、动脑中寻找问题的答案,对探索中的发现感到高兴和满足。因此,教师需要在项目活动的推进中去观察、了解幼儿,寻找与发现幼儿好奇与感兴趣的话题,捕捉到来源于幼儿的驱动性问题,引导幼儿的好奇心,推动幼儿自主探索。区域活动作为幼儿园重要的自主活动形式之一,当幼儿进入活动区时,通过与环境、材料的相互作用获得真实的学习体验,提升自主学习的能力。在"豆腐找朋友""豆腐颜色变变变"等游戏中,幼儿的好奇心被充分激发,主动获取知识、自主建构知识、灵活运用知识,获得各项能力的发展。

总结反思

《上海市学前教育课程指南》中指出:"学前后期的儿童对周围世界有着积极的求知探索态度,他们不但爱问是什么,还想知道怎么来的,用什么做的。"幼儿在真实的进餐场景中,基于兴趣和已有经验对豆腐进行观察,提出问题并互相讨论,在我看来是不可多得的教育契机。项目活动启动前,我注意到幼儿园的营养菜谱显示每周至少会烹饪1—2次和豆腐有关的菜肴,这

也为后续开展活动提供了有利条件。同时,我结合幼儿感兴趣的话题制作了一张思维导图,大致分为以下几部分内容:豆腐有什么味道?豆腐会变色吗?豆腐家族还有谁?豆腐是怎么做的?豆腐是谁发明的?豆腐可以怎么吃?每个人都能吃豆腐吗?臭豆腐为什么闻起来臭吃起来香?

我通过搜集资料、咨询亲友等方式基本理清了这些问题的答案,对项目的实施充满信心。此外,通过学习,我了解到思考问题、探究方案、展示成果等所有过程都应以幼儿为主体,教师需给幼儿提供思维的工具、创新展示和表达的方式,引导幼儿自主探究、自我展示、自我表达,从而实现真正的探究与学习。

系列活动中,我从幼儿的兴趣出发,顺应幼儿好奇、好问的特性,引导幼儿发现问题、分析问题。通过"问题树"的墙面环境,使问题变得既可视又便于交流,也逐步提升了幼儿探究问题、解决问题的能力。同时,我也不断挖掘和运用各种资源,如运用家长资源开展"豆腐美食大家做"、运用社会资源开展"逛菜场、逛超市"等,创新课程形式,丰富课程内容,为幼儿深度探索与学习提供支持。此外,整个过程中,幼儿乐于探究,所以他们不断发现问题,不断形成新的学习要求与内容,并且每一次总比前一次多一点新的目的、新的实践探索。一次又一次出发,是教师对于幼儿自主学习的支持,是幼儿按照自己的步伐发现学习,与学习相遇的美妙历程。

我园一直重视对节气文化的传承与发扬,为了让幼儿了解"白露吃豆腐"的习俗,开启以"豆腐"为主题的活动。通过活动,我们打破了学科知识的界限,充分调动教育资源,创新教学方式,提升了幼儿发现问题、解决问题的能力,促进幼儿想象力和创造力的发展,同时也让幼儿感受了白露节气的饮食文化。

撰写者:普陀区童星幼儿园大班　虞欣

(二)"身边食物"主题

"绿豆芽大探秘"活动方案

1. 设计背景

■ 设计意图

"绿豆芽"是日常餐桌上常见的芽菜类食物,含有丰富的营养价值。但是,幼儿对其的认识却比较少,且在幼儿园进餐中发现,它并不受大部分幼儿欢迎。在幼儿园小、中、大班的主题中,我们都可以找到与"食物""营养"相关的素材点。因此,我们选择"绿豆芽"这一食物作为载体,结合幼儿园主题,开展健康教育活动。

结合园本特色阅读故事《绿豆姑娘》,其中绿豆姑娘与胡萝卜先生人物鲜明、生动,故事情节丰富、有趣,画风清新,画面精致,还含有一定的中国文化元素。这些对幼儿的健康、认知、情感、行为的发展都能起到一定的激发与促进作用。由此,我们将其作为开展这一健康主题活动的重要素材之一。当然,在不同年龄段幼儿进行阅读时,教师要根据年龄特点有所侧重地进行筛选。

基于上述思考,我们确立以"绿豆芽大探秘"为主题,在小、中、大三个年龄段中分别开展健康教育主题活动,旨在通过对"绿豆芽"进行一系列探究活动,激发幼儿好奇探究的兴趣,在各类活动体验中,加强其自主学习的能力,促进其健康饮食习惯与态度的养成。

■ 方案特质

健康与体能:★★

习惯与自理:★★★

营养与饮食行为:★★★★★

安全意识与自我保护:★★

自我与适应性:★★★

■ 方案框架

表3-2-4 "绿豆芽大探秘"活动方案框架

名称	年龄	活动目标	活动内容	健康元素	整合领域
绿豆芽大探秘	小班	认知: 通过教师的介绍,初步认识"绿豆姑娘",知道绿豆芽是蔬菜,多吃蔬菜身体好 情感: 萌发喜欢"绿豆姑娘"的情感 行为: 愿意品尝成人烹饪的绿豆芽食物	活动一: 可爱的绿豆姑娘	● 自我与适应性 ● 营养与饮食行为	语言: ● 愿意用语言表达对绿豆姑娘的喜爱 ● 能听懂绿豆姑娘的小故事,说出画面中绿豆姑娘和胡萝卜先生在玩什么游戏 ● 喜欢倾听与跟读与绿豆姑娘相关的儿歌 社会: ● 能向成人或同伴表达喜爱绿豆姑娘的情感 ● 喜欢参与到"美食美刻"的活动中 科学:认识绿豆和胡萝卜,了解其主要特征和多样性 艺术:能模仿视频中人物的动作和表情 环境:创设"爱吃的食物""我会用小勺"等环境 提示:可与小班学习主题"娃娃家"相结合
			活动二: 爱吃绿豆芽	● 营养与饮食行为 ● 习惯与自理 ● 健康与体能 ● 安全意识与自我保护	

续表

名称	年龄	活动目标	活动内容	健康元素	整合领域
中班		**认知**：通过各种感官体验，认识常见的食物——绿豆芽，有进一步探究的愿望 **情感**：喜欢观察成人购买、烹饪绿豆芽的过程，能愉悦进餐 **行为**：能完成简单的帮厨小任务，提高自理能力，能独立进餐	活动一：能干的小手	● 营养与饮食行为 ● 习惯与自理 ● 健康与体能 ● 安全意识与自我保护	**语言**： ● 愿意与他人交流关于绿豆芽的话题 ● 能基本完整地讲述自己在菜场以及家中寻找的与绿豆芽相关的所见所闻 **社会**：接受"逛菜场"以及"小帮厨"的任务，并努力完成 **科学**： ● 喜欢接触新事物，能问些与绿豆芽有关的问题 ● 能通过简单调查，收集一些与绿豆芽相关的信息 **环境**：可创设与进餐评价、不挑食、小帮厨等相关的环境 **提示**：可与中班学习主题"好吃的食物"相结合
			活动二：好吃的绿豆芽	● 自我与适应性 ● 营养与饮食行为	
			活动三：炒豆芽	● 健康与体能 ● 营养与饮食行为	
大班		**认知**：认识绿豆芽，知道其营养价值，知道合理、均衡饮食与健康的关系，初步接触多元饮食文化 **情感**：喜欢各种绿豆芽烹饪的菜肴，感受到集体进餐的愉悦，为中华的饮食文化自豪 **行为**：能熟练使用筷子吃饭，掌握一定的进餐礼仪，能主动摆放和收拾餐具	活动一：绿豆芽，知多少？	● 营养与饮食行为 ● 自我与适应性	**语言**：乐于参与讨论绿豆芽的问题，能在众人面前表达自己的想法 **社会**： ● 愿意向父母以及同伴请教关于自己想到的绿豆芽的问题 ● 愿意在探索绿豆芽的过程中和大家分享高兴的或有趣的事 **艺术**：欣赏绿豆芽的形态特征美，表达自己的理解和想象 **科学**： ● 对自己感兴趣的问题能刨根问底 ● 能动手动脑寻找与绿豆芽相关问题的答案 ● 能通过观察、比较与分析，发现自然角绿豆芽的变化 ● 能用数字、图画、图表或其他符号记录问题、答案及绿豆芽的发芽过程 **艺术**： ● 喜欢参加绿豆姑娘与胡萝卜先生的宴会，能与同伴一起唱唱跳跳 ● 欣赏各种绿豆芽摆盘的创意作品 **环境**：创设"小博士"环境（家园共同搜集资料） **家园**：在家尝试让绿豆发芽 **提示**：可与学习主题"有用的植物"结合
			活动二：绿豆姑娘	● 营养与饮食行为 ● 自我与适应性	
			活动三：绿豆观察日记	● 营养与饮食行为	
			活动四：包春饼	● 健康与体能 ● 营养与饮食行为 ● 习惯与自理	
			活动五：创意绿豆芽	● 营养与饮食行为	

2. 方案总目标

小班：初步认识绿豆芽，萌发对绿豆姑娘的喜爱之情；在成人引导下知道不能挑食，愿意尝试吃绿豆芽。

中班：通过各种感官体验，认识常见的食物——绿豆芽，有进一步探究的愿望；乐意观察成人购买、烹饪绿豆芽的过程，能完成简单的帮厨小任务，愉悦进餐。

大班：通过阅读理解、资料搜集、感官体验、互动交流等各种方式，进一步了解绿豆芽，知道其营养价值，积累更多对蔬菜的了解；乐意品尝绿豆芽制作的各种食物，知道合理、均衡饮食与健康的关系，了解多元饮食文化。

3. 方案设计

【小班】

活动（1）：可爱的绿豆姑娘

■ **活动形态**

餐前活动。

■ **活动材料**

绿豆姑娘动画视频（自制课件）。

■ **观察重点**

- 观察幼儿对故事内容的兴趣与情绪反应，引导幼儿说说绿豆姑娘长什么样。
- 观察幼儿表达自己的想法的情况。

■ **活动提示**

可以根据活动时间与幼儿实际情况调整儿歌部分活动的开展时间。

附：

儿歌：《绿豆姑娘》（自编）

小小绿豆真可爱，

浇点水，发了芽，

长呀长，长出小尾巴，

绿豆变成了小姑娘，

我们大家喜欢她。

活动（2）：爱吃绿豆芽

■ **活动形态**

亲子活动。

■ 活动材料

绿豆芽、烹饪用具等。

■ 活动内容

① 看一看

引导幼儿看一看、摸一摸绿豆芽,初步认识真实的绿豆芽,说一说其主要外形特征。

② 尝一尝

幼儿和家人一起品尝绿豆芽的菜肴,引导幼儿帮忙做餐前准备。

③ 聊一聊

在"晓黑板"中上传幼儿在家进餐的视频,幼儿和好朋友在园分享自己进餐的视频。

■ 活动提示

● 不勉强幼儿进食,以鼓励为主,可调整烹饪方法,如少放一些、和幼儿喜欢的食物放在一起烹饪等。

● 保健教师推荐适合小班幼儿食用的烹饪方法并共享给家长,例如:可以将绿豆芽切段、切碎。

【中班】

活动(1):能干的小手

■ 活动形态

亲子活动。

■ 活动材料

绿豆芽、烹饪用具等。

■ 活动内容

① 逛菜场

和家人一起去菜场挑选绿豆芽,分辨、认识绿豆芽。引导幼儿分辨、认识绿豆芽,聊聊其外形特征。

② 小帮厨

引导幼儿一起准备食材,如帮忙择菜,做餐前准备等。

③ 美食分享

引导幼儿观察绿豆芽的烹饪过程,一起品尝绿豆芽的菜肴。

■ 活动提示

不勉强幼儿进食,通过积极引导,鼓励其品尝。

活动(2)：好吃的绿豆芽

■ **活动形态**

餐前活动。

■ **活动材料**

展示板,事先搜集的亲子逛菜场视频、照片。

■ **活动过程**

① 与幼儿讨论逛菜场、帮厨的经历,观察幼儿对绿豆芽的了解情况。

② 观察幼儿语言表达情况,引导幼儿完整地讲述自己的经历。

■ **活动提示**

与家长线上沟通,传输信息,便于幼儿回忆讨论。

活动(3)：炒豆芽

■ **活动形态**

饮食活动。

■ **活动材料**

绿豆芽、移动"小厨房"(电磁炉、锅、砧板、油、盐等)。

■ **观察重点**

● 观察幼儿在活动中的情绪和兴趣,与大厨的互动情况等。

● 观察幼儿进餐的习惯。

■ **活动提示**

关注安全,教师负责组织好现场,避免发生烫伤等安全事故。

【大班】

活动(1)：绿豆芽,知多少?

■ **活动形态**

餐前活动。

■ **活动材料**

绿豆芽图片、记录纸、笔。

■ **观察重点**

● 观察幼儿观察"绿豆芽"的不同部位和探究方式,有无进一步好奇探究的愿望。

● 观察幼儿与同伴交流时的语言表达情况,能否清楚表达自己的想法。

■ **活动提示**

● 在后续活动的推进中,通过家园共同搜集与绿豆芽相关的资料,可以从饮食文化、营养价值等角度深入,不断增添相应的环境创设,以问题为导向,引发幼儿的思考与对活动的兴趣,并将幼儿记录下来的问题呈现在环境中。

- 图书角提供各类与绿豆芽相关的书籍、蔬菜类的书籍等。

活动(2):绿豆姑娘

■ 活动形态

学习活动(集体)。

■ 活动目标

- 感受绿豆姑娘变成蔬菜、完成心愿的有趣故事情节,积极表达自己的想法。
- 喜欢各种绿豆芽烹饪的菜肴,知道多吃蔬菜有利身体健康。

■ 活动材料

PPT课件、绘本中的绿豆芽菜肴图片、蔬菜的照片。

■ 活动过程

① 听故事,引出绿豆姑娘

出示图书,幼儿欣赏理解故事的第一部分。

教师:绿豆姑娘长什么样?

教师讲述绿豆姑娘的故事:她要找自己喜欢的朋友,她喜欢谁呢?(出示动画)

幼儿猜测:他们会说什么?他们在一起做哪些有趣的事情呢?

小结:他们玩得真开心啊,绿豆姑娘和胡萝卜成了朋友。

② 看一看、说一说故事第二部分,理解绿豆姑娘的转变过程

教师:绿豆姑娘和蔬菜们能成为朋友吗?为什么?你们觉得绿豆可能变成蔬菜吗?你们的方法绿豆姑娘也想试一试,绿豆姑娘决定试一试。

③ 分组阅读,续编故事

提问:绿豆芽姑娘是什么样的?

分组阅读,教师:老师只有一本书,我把他们做的事情变成了图片放在桌子上,你们去看一看,他们在一起到底变成了什么?

幼儿续编故事并思考现在绿豆可以做什么事情。

幼儿自由讨论书里提及的蔬菜。

■ 活动延伸

后续可引导幼儿探讨:绿豆是蔬菜吗?绿豆几天能发芽?……

活动(3)：绿豆观察日记

■ **活动形态**

种植活动。

■ **活动材料**

绿豆、种植盆、海绵、纱布、发芽机、放大镜等。

■ **观察重点**

- 观察幼儿对绿豆的探索兴趣，能选择各种材料尝试让绿豆发芽。
- 观察幼儿的记录情况，能通过观察与比较，对绿豆的变化进行记录。

■ **活动提示**

家园共同搜集材料，鼓励幼儿在家也尝试让绿豆发芽。

活动(4)：包春饼

■ **活动形态**

饮食活动。

■ **活动材料**

炒熟的蔬菜拼盘（胡萝卜、黄瓜、绿豆芽等）。

■ **观察重点**

- 观察幼儿参与活动的兴趣，进餐的习惯等。
- 观察幼儿的操作情况（小手肌肉的灵敏度），能否顺利完成简单的包春饼步骤。
- 观察幼儿是否喜欢吃包有各种蔬菜的春饼。

■ **活动提示**

关注餐前的洗手环节，准备工作让幼儿共同参与。

活动(5)：创意绿豆芽

■ **活动形态**

个别化学习。

■ **活动材料**

创意绿豆芽图片、绿豆芽若干、纸盘、吸管、扭扭棒、笔等。

■ **活动过程**

① 艺术欣赏

幼儿欣赏各种绿豆芽摆盘的创意作品，和同伴一起说一说自己看到的是什么。自己尝试摆一摆。

② 绿豆芽的畅想

发挥自己的想象,进行创作,向同伴介绍自己的作品,猜一猜他人的作品,并用自己的方式进行留存。

■ 观察重点

- 观察幼儿与材料互动的情况,根据幼儿活动情况,提供其他材料,丰富想象。
- 观察幼儿的创意,提供适宜的视频与照片,激发幼儿想象。

■ 活动提示

可帮幼儿做好记录留存,制作成册。

撰写者:普陀区满天星幼儿园　赵颖　王璐菲　普陀区教育学院　周骏蔚

【成效与感悟】

享舌尖上的"美"　品生活中的"味"

美食,能给人带来幸福与美好的体验。我们不再仅仅满足于让幼儿吃得营养、吃得健康,还关注幼儿的心理健康。立足于幼儿本身,从幼儿角度出发,让幼儿在与食物美好"相遇"的过程中体验与感受生活的快乐、美好。

在幼儿园午餐中,绿豆芽并不少见,它也是我们餐桌上一种常见的食物,但是在一次餐前谈话活动中我们发现,大部分孩子其实并不熟悉绿豆芽,甚至说不出它的名字。当老师问:你们喜欢吃吗?班里近一半的孩子回答:不喜欢。问其原因,有的孩子认为"它有一股怪味道",有的孩子说"它的样子不好看,害怕",还有的孩子认为"长长的容易卡喉咙,不喜欢"。针对这样的情况,我们开始思考围绕"绿豆芽",开展相关项目活动。

场景一:在自主阅读《绿豆姑娘》中感受真善美

如何引发孩子对绿豆芽的兴趣?又如何让他们喜欢上绿豆芽呢?这时,《绿豆姑娘》这本绘本映入了我们的眼帘。该绘本中的"绿豆姑娘"与"胡萝卜先生",人物鲜明、生动,故事情节丰富、有趣,画风清新,画面精致,还带有如青花瓷盘等中国文化元素。有的教师根据绘本设计成一节语言活动,有的则将绘本投放入班中的图书角供幼儿选读,我决定从共读《绿豆姑娘》切入。

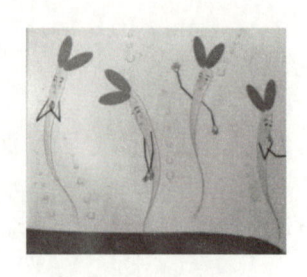

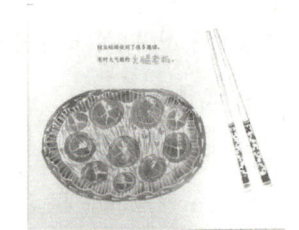

图 3-2-27

教师:"孩子们,听完了《绿豆姑娘》的故事,你们喜欢绿豆姑娘吗?说说你们的理由。"

幼儿A:"我喜欢绿豆姑娘,因为它变成绿豆芽之后,非常美。"

教师:"你看到了画面中的绿豆芽有着优美、纤细的体态。"

幼儿A:"是的,她还长出了两片绿绿的叶子,像蝴蝶结一样,真漂亮。"

幼儿B:"我喜欢她的勇敢。"

教师:"是呀,她为了变成蔬菜,经历了痛苦与努力,从绿豆变成了绿豆芽。"

幼儿C:"我喜欢她,因为她有很多蔬菜朋友。"

教师:"绿豆姑娘非常愿意结交朋友,大家都喜欢和她做朋友。"

幼儿D:"她还很多才多艺。"

教师:"你怎么看出来的?"

幼儿D:"她和丸子一家唱交响乐,还和春饼小姐跳舞。"

● 思考与分析

以故事激发趣味,触发美的想象

有人认为,绘本是一种容易被儿童接受并进入儿童心灵世界的读物。绘本中的图画场景以及故事情节大多取材于大自然及日常生活,贴近幼儿的真实世界,因而也容易引发他们的兴趣与共鸣。此外,绘本中人物形象的塑造,留给了幼儿很多想象的空间。美育不仅在于培养儿童善于发现美、感受美的习惯,更在于培养儿童美的人格、美的心灵,并在日常生活中、与他人相处中,行为趋向真、善、美。

以谈话激发思考,交流美的体验

通过谈话活动,引发师生以及生生互动。让幼儿在交流中进行思维的碰撞,从而加深对绘本中所蕴含的美的理解与感受。同时,这也提供给他们更多表达美、表现美的机会。

下一步计划

故事中将绿豆芽拟人化,有趣的故事情节能够激发幼儿的兴趣以及对绿豆芽的喜爱,对后续活动的顺利开展起到一定的铺垫作用。那接下来,怎样让绿豆芽从故事中走入现实,被幼儿所接受呢?

场景二:在餐饮活动中感受食物的美好

"孩子们,今天李大厨又来给我们做好吃的了!"

"李大厨好!"孩子们以欢悦的掌声以及高昂的声音,欢迎幼儿园营养员进入到班级中来。

"孩子们,你们好,今天我给你们带来了好吃又营养的绿豆芽哦,想知道今天绿豆芽和哪位食材好朋友,变成了哪一道美味吗?"营养员李师傅问道。

有了前期阅读的经验,孩子们积极地回答:"丸子汤!青椒炒绿豆芽!卷在春饼里!"

李师傅逐个地介绍食材以及需要用到的餐具,然后开始制作起美味来。孩子们伸长了脖子,睁大双眼好奇地望着。

"你们知道绿豆芽是怎么长出来的吗?""它有什么营养呀?"在烹饪过程中李大厨也不忘和孩子们互动。

"炒熟了之后,还要加点水,最后还要加点什么呢?"李大厨笑眯眯地问道。

"加点盐!""加点糖!""还有鸡精!"孩子们争先恐后地回答。

不一会儿,一盘五颜六色的彩椒炒绿豆芽出锅了。"真香啊!""真好看!"教室里弥漫着食物的香气。孩子们不一会儿就分食完了一盘菜。

● 思考与分析

感官体验,感受食物的美好

营养员进入到班级展示烹饪过程,看、听、闻、尝等不同感官体验让孩子们了解了食物制作过程,感受了大厨的风趣幽默,体会一份食物从食材变为一道美味的不易,从而能够发现身边劳动者的珍贵付出。

信息化加持,提升幼儿体验感

在烹饪的过程中,出于安全的考虑,大厨的操作台与幼儿之间隔着一段距离,幼儿对于烹饪的细节无法清楚地看到。教师通过手机直播,将现场视频同步投射到电子大屏幕上,让每个孩子都能清楚地看到画面,感受一道美食是如何诞生的。

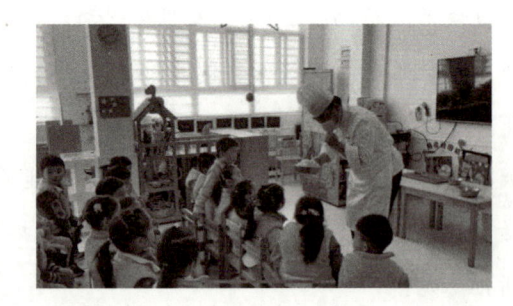

图 3-2-28

下一步计划

如果上述的两类活动让幼儿在认知、情感上有了一定的体会与感受,那么如何在"知、情"的基础上自然地过渡到"行"上,是接下来在教育中需要思考的。孩子们通过自己亲手操作、亲自参与,建立难忘的劳动回忆。

场景三:在自主劳动中感受传统美德

在种植角中,我们尝试让孩子们自己种植绿豆芽。"种在水里和土里,谁长得快呢?"我们比一比。"绿豆要几天才发芽?"我们记一记。"每天都要换水、浇水哦。"我们勤帮忙。在孩子们一次次的尝试与殷切的期盼中,他们种植的绿豆发芽了。

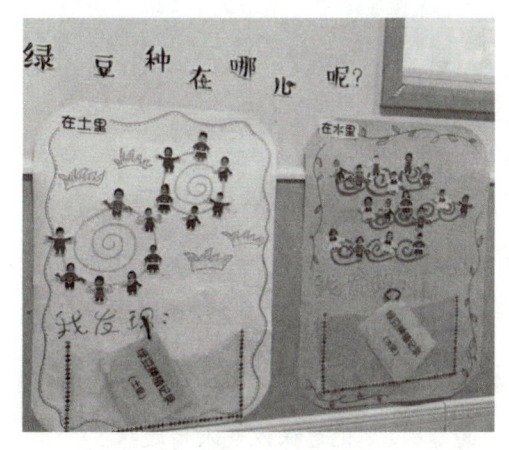

图 3-2-29

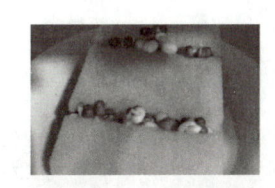

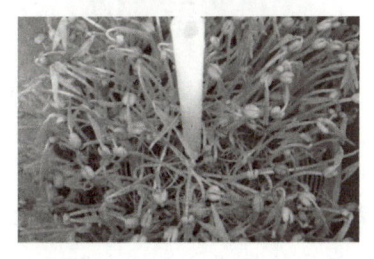

图 3-2-30

接下来是享受劳动果实的时刻啦!营养员将绿豆芽做成了美味的菜肴。孩子们忙着摆好桌椅、铺上美美的桌布、摆上喜欢的餐具,和老师一起打造一个干净、舒适、美观的进餐环境。

"穿上工作服,我是今天的小当家。"值日生穿上了"工作服",负责取餐、分餐、打扫的工作。孩子们懂得了平时保育员阿姨是怎样工作的,穿戴上围裙与口罩是为了保证整洁与卫生。在这样的角色转换中,体验到了劳动需要付出坚持与辛苦,更体验到了劳动所带来的快乐与美好。

● 思考与分析

体验劳动乐趣,传承美好品德

鼓励幼儿参与到整个餐饮活动的过程中,相信幼儿的能力,给予他们成长的空间以及劳动的机会。让他们在与材料、环境的互动过程中,感受劳动的有趣,享受劳动带来的美好,养成爱劳动、勤劳动、善劳动的美好品德。

图 3-2-31

图 3-2-32

打造优美环境,创造美好生活

环境对幼儿的成长有着潜移默化的作用。通过师生共同创设班级个性化的优美餐饮环境,能加强幼儿的主人翁意识,提高他们的参与兴趣,也提供给他们创造"美"的机会。

图 3-2-33 　　　　　　　　　　图 3-2-34

享舌尖上的"美",让孩子慢慢感受食物带来的快乐与美好。

品生活中的"味",让孩子细细品味生活中的趣味、文化之味以及人情之味。

撰写者:普陀区满天星幼儿园　王璐菲

"我爱我家"之中华美食活动方案

1. 设计背景

■ 设计意图

我们以"中华美食"为切入点,引导幼儿关注、认识来自生活周边的美食,如多样的早餐(面条、大饼、小笼……),真如古镇的特色羊肉,中国传统特色美食(月饼、馅饼等),在了解特色、享受美食的过程中,获得良好的情感体验,感受中华饮食文化的魅力。

在活动中,我们以"绘本"作为载体,辅以信息化手段,引导幼儿在摄入全面均衡的营养的同时,又能感受各种有趣、多元的饮食文化,激发幼儿了解健康生活所必需的基本知识的意愿,初步养成健康生活所必需的习惯和态度,掌握巩固一些自理能力以及与食品相关的安全自护知识。

■ 方案特质

健康与体能:★

习惯与自理:★★★

营养与饮食行为:★★★★★

安全意识与自我保护：⭐

自我与适应性：⭐ ⭐

■ 方案框架

表 3-2-5 "我爱我家"之中华美食活动方案

名称	年龄	活动目标	活动内容	健康元素	整合领域
我爱我家之中华美食	小班	**认知：** • 认识几种常见的早餐食物名称 • 知道健康的身体需要营养 • 懂得饭前洗手，餐后漱口 **情感：** 乐意吃富有营养的早餐，能愉快进餐 **行为：** 学用小勺吃饭，能在成人帮助下，将饭菜吃干净；初步学习自己取、放餐具，倒牛奶	活动一： 香喷喷的早饭，我要吃	• 营养与饮食行为 • 习惯与自理 • 自我与适应性	**语言：**愿意用"我喜欢吃……"表达自己的需要和想法 **社会：**喜欢和同伴、家人一起说一说自己喜欢的早餐 **科学：**乐意通过看一看、尝一尝、闻一闻、做一做等多种形式感受美味的早餐 **阅读角：**投放绘本《香喷喷的早饭！我要吃》《神奇的面粉》 **家园：**家园合作分享家里的早餐 **提示：**可与小班学习主题"娃娃家"相结合
			活动二： 美味早餐秀	• 营养与饮食行为 • 习惯与自理 • 安全意识与自我保护	
			活动三： 长长的面条	• 营养与饮食行为 • 习惯与自理 • 安全意识与自我保护	
	中班	**认知：** • 认识家周边的美食——真如羊肉馆，结合品尝经验，知道美食名称及作用 • 了解吃多种食物有利于健康 **情感：** • 能轻松愉快进餐，爱吃多种食物 • 对了解真如古镇有兴趣 **行为：** • 学习使用筷子，安静地进餐、不偏食、挑食 • 学习自己收拾餐具	活动一： 我家在真如	• 健康与体能 • 自我与适应性	**语言：**愿意与他人交流真如及周边的美食 **社会：** • 知道自己的家所在的小区及路名，了解真如周边的景观与特产 • 愿意与家长一起参加社区的一些群体活动 **艺术：**愿意用各种方式表达表现自己所看到的周边环境与美食 **科学：**能通过简单调查，收集真如古镇的历史、故事 **家园：**邀请家长与孩子到真如古镇品尝羊肉 **提示：**可与中班学习主题"我爱我家""好吃的食物"相结合
			活动二： 好喝的汤	• 营养与饮食行为 • 自我与适应性	
			活动三： 参观菜场，探寻美食	• 营养与饮食行为 • 自我与适应性 • 安全意识与自我保护 • 健康与体能	

续表

名称	年龄	活动目标	活动内容	健康元素	整合领域
	大班	认知： ● 初步了解上海美食，知道身体保持健康需要多种营养元素 ● 理解合理、均衡饮食与健康的关系 情感： ● 感觉到集体进餐的愉悦 ● 喜欢吃各种食物，为"我是中国人"自豪 行为： ● 能正确使用筷子吃饭，掌握一定的进餐礼仪 ● 能主动摆放和收拾餐具	活动一： 爷爷为我打月饼 活动二： 月饼调查小分队 活动三： 你好，馅饼 活动四： 学烧中国菜	● 自我与适应性 ● 营养与饮食行为 ● 自我与适应性 ● 营养与饮食行为 ● 习惯与自理 ● 自我与适应性 ● 安全意识与自我保护 ● 营养与饮食行为 ● 习惯与自理	**语言**：自主阅读，在看一看、说一说中了解馅饼与比萨饼的相似与不同之处 **社会**：在与同伴个别交流中进一步了解我国不同地区的饮食文化，感受我国地大物博，激发作为中国人的自豪感 **艺术**：幼儿能够利用各种材料制作中华传统风味的美味菜肴 **科学**：知道中秋传统美食相关的知识，喜爱中国的传统文化与食物 **提示**：环境、家园共育部分可与学习主题"我是中国人"相结合

2. 方案总目标

小班：认识几种常见的早餐食物，知道应当按时吃早饭；乐意用不同的方式表达对食物的喜欢；愿意自己的事情自己做，能在成人的引导下愉快进餐。

中班：认识、了解家附近的景观与美食，乐意品尝各种不同的美食；乐意用不同方式表达对家附近景观和美食的感受；激发自豪感，产生爱家乡的情感。

大班：了解中秋节的饮食文化与习俗，感受我国的地大物博，为自己是中国人感到自豪；知道合理、均衡饮食与健康的关系，了解多元的饮食文化。

3. 方案设计

【小班】

活动（1）：香喷喷的早饭，我要吃

■ **活动形态**

学习活动（集体）。

■ **活动目标**

● 了解常见早餐的种类，喜欢吃早餐。

● 知道每天要按时吃早饭，保持健康的生活习惯。

■ 活动材料

面包、牛奶、鸡蛋等常见早餐仿真食物,洋娃娃,娃娃家布置。

■ 活动过程

① 娃娃家做客

提问:宝宝起床后有没有吃早餐? 妈妈准备了哪些好吃又有营养的早餐呢?

观察幼儿情绪、记录下幼儿的回答。

② 分享交流

幼儿互相介绍:今天我早餐吃了什么。

观察并用图画记录幼儿说的早餐种类。

借助绘本《香喷喷的早餐! 我要吃》分享多种好吃的早餐。

③ 点心生活环节

幼儿自主取、放餐具(盘子、杯子)。

尝试自己倒牛奶。

④ 延伸思考

创设班级阅读角环境,投放绘本图书《香喷喷的早餐! 我要吃》。

借助"宝贝启步"和"晓黑板"发动"早餐晓调查"话题互动讨论,并有针对性地推送科学喂养建议。

活动(2):美味早餐秀

■ 活动形态

餐前活动。

■ 活动材料

收集"美味早餐"视频、绘本《神奇的面粉》。

■ 观察重点

● 观察幼儿观看"美味早餐"视频的情绪与兴趣点。

● 观察幼儿看着视频或照片介绍自己家里早餐的表述情况,引导幼儿知道不挑食,才会营养均衡。

● 观察幼儿后续是否养成饭前洗手、餐后漱口的习惯。

■ 活动提示

● 前期可提醒家长引导孩子观摩大人制作早餐的过程。

● 开展亲子阅读,推荐阅读《神奇的面粉》,并进行亲子互动一起讨论好吃的早餐是怎么来的。

活动(3)：长长的面条

■ **活动形态**

饮食活动。

■ **活动材料**

面粉、小碗小勺等。

■ **观察重点**

- 观察幼儿对面粉特点的探索情况，了解其形态和颜色。
- 观察幼儿对大厨烹饪过程的兴趣与情绪状态，如何表达自己的感官感受。

■ **活动提示**

- 邀请幼儿和同伴一同分享制作面条的愉快，还可讨论在家中有什么事情可以自己做。
- 邀请家长拍摄视频或照片，支持幼儿"我自己来"的意愿。

【中班】

活动(1)：我家在真如

■ **活动形态**

餐前活动。

■ **活动材料**

真如古镇介绍视频、真如古镇美食照片。

■ **观察重点**

- 观察幼儿对真如古镇的兴趣，通过小调查帮助幼儿初步了解真如古镇及周边美食。
- 观察幼儿对家附近美食的了解情况，激发爱真如、爱家乡的情感。

■ **活动提示**

前期引发"家附近的美食"话题，幼儿回家找一找本地的特产和美食，以绘画等方式记录下来与同伴分享；教师和幼儿共同创设墙面环境"家附近的美食"地图。

活动(2)：好喝的汤

■ **活动形态**

集体分享活动。

■ **活动目标**

- 知道汤是一种富有营养的美食，了解喝汤的好处。
- 对真如古镇的美食特色——羊肉汤感兴趣，尝试为汤配菜。

■ **活动准备**

羊肉汤图片或喝汤的视频。

■ 活动过程

① 一碗羊肉汤

认识真如镇的羊肉馆,知道羊肉是真如的特色美食。

② 讨论话题:你吃过哪些羊肉制成的菜?(白切羊肉、羊汤、羊烤串等)羊肉汤中放了哪些食材?

③ 好喝的汤

观看视频,讨论:你喝过什么汤?汤里面放了哪些你喜欢吃的菜?味道怎么样?喝汤有什么好处?

④ 游戏"煮汤"

幼儿围成一个圆圈当作一个"锅",其他幼儿轮流投放"食物"。

幼儿可将菜的品种、蔬菜数量等自由搭配。

活动(3):参观菜场,探寻美食

■ 活动形态

亲子活动。

■ 活动材料

记录纸、笔、拍摄工具等。

■ 活动过程

① 设计"我家去菜场"线路图

幼儿和家长一起商讨画线路图以及建筑标志物,知道附近的路名及景观等。

② 探寻菜场美食

幼儿在家长的陪同下亲身体验寻美食、尝美食的快乐。

③ 心中的高陵路菜场

鼓励幼儿在集体中分享交流参观菜场时看到的和尝到的。

■ 活动提示

可以小组式、家庭式等方式进行参观活动,如:家庭式的参观,教师可对家长陪同幼儿参观时需要注意的事项予以专业指导。

【大班】

活动(1):爷爷为我打月饼

■ 活动形态

集体分享活动。

■ 活动目标

● 在听一听、看一看、说一说中,认识月饼,了解月饼背后的寓意,感受浓浓的亲情以及劳动人民的智慧。

● 激发对"月饼"的兴趣,有进一步了解的意愿。

■ 活动准备

音乐《爷爷为我打月饼》、制作月饼视频。

■ 活动过程

① 话题导入

播放音乐《爷爷为我打月饼》。

谈一谈歌曲内容,说一说对歌词的理解以及中秋节的传统习俗有哪些。

② 观看视频

了解传统月饼的制作方法,感受视频中所传达的月饼的寓意:传递思念、团团圆圆。

③ 集体讨论

教师:你们带来的月饼是什么样的?(颜色、形状、口味等)你还知道哪些月饼的小知识?

■ 活动提示

活动前可让每个幼儿带一个月饼到幼儿园,可以选择比较有趣、特殊的月饼样式,独立包装,保证卫生。

活动(2):月饼调查小分队

■ 活动形态

餐前活动。

■ 活动材料

环境布置、月饼调查表。

■ 观察重点

● 观察幼儿与家长一同收集相关资料完成小报制作的情况。

● 观察幼儿能否完整地表述清楚。与幼儿一起将资料做好归类整理。

■ 活动提示

● 前期收集关于月饼的问题并搜寻资料制作小报。

● 引导幼儿与教师共同创设墙面互动环境,积极与环境互动。

● 后续根据幼儿实际情况可开展相关延伸活动,如:观看视频《用甘蔗做的月饼盒》,以小组为单位,以环保为主题设计月饼盒。

- 幼儿自主发起辩论活动：多吃月饼好不好？

活动(3)：你好，馅饼

■ **活动形态**

学习活动（集体）。

■ **活动目标**

- 自主阅读，在看一看、说一说中了解馅饼与比萨饼的相似与不同之处。
- 在故事中感受中西文化之间的差异，体验多元的饮食文化和民俗文化。

■ **活动准备**

绘本《你好，馅饼》、PPT课件。

■ **活动过程**

① 好吃的馅饼

教师：你们有没有吃过馅饼，在哪里吃到过？味道如何？有哪些口味的馅饼？

小结：馅饼是一种有馅料、圆圆的食物，通常是面粉做的，它的口味是多种多样的。

② 理解故事

自主阅读故事书《你好，馅饼》，了解故事情节。

提问：中国馅饼和外国比萨饼有什么不一样？你们更喜欢吃馅饼还是比萨饼？为什么？

小结：虽然馅饼和比萨饼都是圆圆的，但是它们的区别可大了，味道不一样，烹饪方式也不一样。

③ 活动延伸

幼儿和家长一同逛一逛城隍庙，一同寻找"中国菜"并且用拍摄的方式记录下来。

■ **活动提示**

通过绘本《你好，馅饼》引导幼儿感受中国传统美食与西方传统美食的差异，引导幼儿思考食物差异的背后是中西方文化的差异，并体验不同地区特色美食。

活动(4)：学烧中国菜

■ **活动形态**

个别化学习。

■ **活动材料**

纸盘、彩纸、CD光盘、橡皮泥、彩色颜料。

各种蔬菜、禽蛋、水产、豆制品图片。

■ **活动内容**

① 学烧"中国菜"

幼儿用剪、画、贴等方式制作"菜肴"并思考这些菜肴有什么营养,怎样做才能色香味俱全,并为自己制作的"菜肴"命名。

② 介绍菜肴

幼儿相互介绍自己的"菜肴"(如菜名、营养等)。

③ "中国菜"评选

邀请幼儿园厨师做评委,将幼儿设计的"菜肴"纳入幼儿园的菜单。

■ 观察重点

● 观察幼儿在"配菜"时有哪些搭配类型,是否有营养均衡的意识;引导幼儿使用合适的材料制作,关注"荤素搭配""营养均衡",并合理装盘。

● 观察幼儿参与活动的兴趣,以及如何与同伴互动交流,大胆表述自己的想法。

撰写者:普陀区满天星幼儿园　赵颖　王璐菲　普陀区教育学院　周骏蔚

【成效与感悟】

我家在真如

我们园所在真如片区,有真如古镇、高陵路菜场等知名度较高的地点,其中蕴含着本土文化和特色美食。为此,我们领会《3—6岁儿童学习与发展指南》精神,结合"我爱我家"及"好吃的食物"开展了一系列关于食物的营养健康活动,探究营养健康教育的有效实施策略。

场景一:美食美刻——我家在真如

教师:"今天我和大家一同看个视频,你们看看这个地方有没有去过?这个地方有哪些好玩的好吃的呢?"

观看视频后,凯凯连忙说道:"我也要妈妈带我去看看。"这时候美美探出脑袋问:"这个地方在哪里?"开开回答美美:"这个地方还有个真如寺,妈妈带我进去过。"云云好奇地问:"这里的羊肉汤好吃吗?"琪琪指着房子的屋顶说:"我看到这个房子有尖尖的角。"……

很多孩子都提出还想再看一遍视频,于是我们大家饶有兴趣地又看了一遍。

● 思考与分析

我们发现孩子们虽然身处真如,但是对真如附近的景观了解甚少,在前期讨论中很少提到真如古镇、真如寺。《纲要》中指出:教育活动内容要贴近幼儿生活,要充分利用自然环境和社区教育资源,扩展幼儿生活和学习空间。这个视频中展示了真如古镇的街道、真如寺的内部景观、特色美食羊肉汤等。当看到这个视频时,孩子们的眼中是放着光彩的,在讨论、分享、交流中了解了真如古镇的古建筑。其中,羊肉汤是真如古镇的特色美食,这激发了幼儿对美食的兴趣。

下一步计划

羊肉汤是真如古镇极具代表性的特色美食,也是餐桌上常见的美食,引发了幼儿的兴趣。因此,我们接下来会以"汤"为素材,设计游戏"煮汤",在游戏体验中让幼儿了解各种食材,引发幼儿对汤类食物的兴趣与喜爱。

场景二:好喝的汤

孩子们参观真如古镇的羊肉馆后,有的孩子说羊肉汤很鲜美,有的说羊肉汤有营养……借助绘本《好喝的汤》我们体验了一次游戏:煮汤。

妹妹:"我喜欢放鱼,鱼有营养。"

青青:"我要把蔬菜放进去。"

嘉嘉:"还要放些鸡蛋,鸡蛋也是有营养的。"

孩子们放"食材"的时候七嘴八舌,可见,孩子们初步知道哪些食物是有营养的,有营养的食物要多吃。

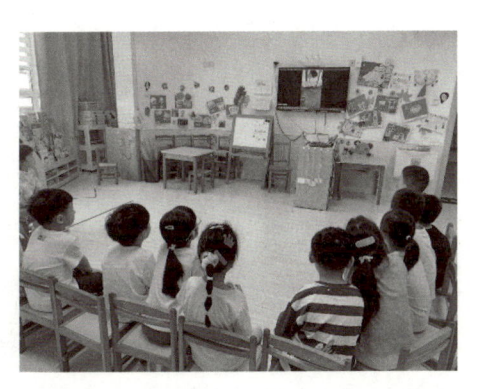

图3-2-35

● 思考与分析

《3—6岁幼儿儿童学习与发展指南》中指出,"发育良好的身体、愉快的情感、强健的体质、协调的动作,良好的生活习惯和基本生活能力是幼儿身心健康的重要标志,也是其他领域学习与发展的基础","游戏是幼儿学习的方式"。在游戏体验中,通过表达能够帮助幼儿回忆平时接触到的食物,以及食物的营养,同时能够提升幼儿对各种食物的兴趣。

下一步计划

我们接下来打算联动家园,在家长的带动下,一同寻找汤中食物的来源,探寻食物相关的知识,并通过分享、合作、交流,促进幼儿的发展。

图3-2-36

场景三:走访菜场,探寻美食

在家长的带领下,孩子们带着路线图(路线图是家长和孩子们共同完成的,由幼儿园出发至高陵路菜场),按路线徒步至高陵路菜场。经过每个地点,孩子们都有拍照并且在家长的介绍下简单认识了这些地点。菜场里的人络绎不绝,孩子们感受到了真如文化历史的变迁。

思考总结

结合社区资源,弘扬本土饮食文化

在活动构建的过程中,我们充分利用周围环境所带来的富有教育价值的教育资源,通过看一看、说一说认识、了解家附近的地标景点:真如古镇以及周边的美食。为了让幼儿获得更加直观的感受与更加直接的体验,使教育活动贴近生活、贴近幼儿的学习特点,我们也鼓励家长带着孩子们去实地菜场和古镇,了解、发扬地区饮食文化,品尝传统美食。通过饮食来了解学习传统历史文化。饮食文化、礼仪文化在营养教育活动中能够很好地传承。

整合信息技术,助力幼儿饮食认知

运用现代信息技术手段能够更好地满足幼儿的学习需求。"美食美刻"是我园关于营养教育的一大特色活动,提前录制关于食物的视频,充分利用碎片化时间来进行相应的营养健康教育,如引导让幼儿观看《金桔雪梨汤》视频并交流,激发幼儿产生对美食的兴趣。培养幼儿良好进餐习惯,促进其艺术素养、语言能力等方面的发展。

融合家—园—社区,推动营养健康理念

构建家—园—社区联动体。为提高家长对营养与健康的重视,让其掌握更多的营养健康知识,更好地参与到"营养与健康"教育中来,我们借助家长沙龙,和家长共同探讨,提高家长对幼儿营养与健康的关注。借助公众号等平台传播科学与膳食营养知识。

组建家庭联动小组。有意识地创造家庭与家庭、幼儿与幼儿之间的良性互动。在此次活动中,中五班美食小分队共同设计参观菜场的路线图,并进行徒步亲子活动,一同参观菜场、买菜、拍摄视频。幼儿由此认识了常见食物的名称,种类及其特点,知道不同食物有不同的营养。这次家庭联动获得了家长们的大力支持,此类活动不仅促进了亲子间感情的交流,提升了幼儿的社会性发展,还给幼儿和家长好好地上了一次营养与健康的教育课。

"春笋"活动方案

【小班】

1. 设计背景

■ 设计意图

笋,是春季餐桌上一道常见的美食。因此,本次活动以"笋"为主题,开展系列活动,激发小班幼儿参与活动的积极性,在与同伴、成人一起看、说、尝、玩中,认识春天的竹笋,乐意品尝各种竹笋做的美食。获得良好的情绪体验,也逐步养成良好的健康饮食习惯。

本主题共分为三个活动。第一个活动:有趣的竹笋,通过阅读绘本故事《竹笋长啊长》、观看熊猫吃竹笋的视频,引发幼儿的好奇与兴趣,初步认识春季常见的食物——笋;第二个活动:熊猫的"云厨房",将游戏与真实生活链接,让幼儿玩一玩烧菜的游戏,进一步认识竹笋,并知道竹笋有营养,样样食物都要吃;第三个活动:节节高,结合竹笋的特点设计亲子运动游戏,增进亲子感情,也帮助幼儿加强锻炼、增强体魄。

■ 方案特质

健康与体能:★

习惯与自理:★★★

营养与饮食行为:★★★★★

安全意识与自我保护:★

自我与适应性:★

■ 方案框架

表3-2-6 "春笋"活动方案框架

名称	年龄	活动目标	活动内容	健康元素	整合领域
竹笋长啊长	小班	认知: 认识竹笋,知道竹笋是大熊猫喜欢的食物,长大后就是竹子 情感: 喜欢竹笋,初步萌发爱护周围植物的情感 行为: 愿意品尝各种竹笋美食,能在成人提醒下,将饭菜吃干净	活动一: 有趣的竹笋	● 营养与饮食行为	语言: 愿意用"我喜欢吃……"表达自己的需要和想法 能听懂绘本故事,并大胆猜测小鼹鼠的帽子去了哪里 社会: 喜欢和同伴、家人一起说一说自己的想法 知道要爱护周边的花草树木 科学: 乐意通过看一看、闻一闻、说一说、做一做,来感知常见的植物——竹笋 家园: 家园合作分享"竹笋云厨房" 提示: 可与小班学习主题"小花园"相结合
			活动二: 熊猫的"云厨房"	● 营养与饮食行为 ● 习惯与自理 ● 自我与适应性	
			活动三: 节节高	● 健康与体能 ● 安全意识与自我保护	

2. 方案总目标

在看一看、说一说、玩一玩的过程中,初步认识竹笋,知道竹笋长得很快,长大后就是竹子。

能在成人引导下萌发爱护周围植物的情感,并乐意品尝笋类美食。

3. 方案设计

【小班】

活动(1):有趣的竹笋

■ 活动形态

云上沟通(集体)。

■ 活动目标

- 认识大熊猫爱吃的竹笋,知道竹笋是竹子长大前的样子,对竹笋产生好奇与兴趣。
- 找一找身边的竹笋,初步萌发爱护身边植物的情感。

■ 活动材料

绘本《竹笋长啊长》,大熊猫"吃播"视频。

■ 活动过程

① 故事激趣《竹笋长啊长》

教师:仔细看,鼹鼠的周围有什么?鼹鼠宝宝们的帽子去哪里了?你们知道为什么帽子会跑到这么高的地方去吗?

② 认识新朋友

共同观看视频:大熊猫"吃播"。

③ 分享交流

教师:大熊猫喜欢吃竹子,那我们吃竹子吗?

小结:其实我们也可以吃,但我们吃的是竹笋,是还没长大的竹子。

一起交流自己吃过的竹笋做的菜。

活动(2):熊猫的"云厨房"

■ 活动形态

学习活动(集体)。

■ 活动目标

- 在看一看、说一说、玩一玩中,知道竹笋有营养,愿意吃竹笋。
- 体验和同伴、教师游戏的快乐。

■ 活动准备

"冰墩墩美厨房"视频;将前期班内收集的竹笋美食照片制作成微视频。

■ 活动过程

① 冰墩墩来做客

观看"冰墩墩美厨房"视频。

交流讨论:冰墩墩最喜欢吃什么?

② 观看"云厨房"

幼儿一起讨论:你喜欢竹笋搭配什么一起做菜呀?

观看教师制作的班级竹笋美食合集视频。

③ 游戏:大熊猫做饭

和教师一起模仿视频中大熊猫做饭的动作:洗洗洗、切切切、炒炒炒、装盘出锅啦。

④ 延伸活动

和爸爸妈妈一起玩一玩关于竹笋的亲子小游戏。

活动(3):节节高

■ 活动形态

亲子活动。

■ 活动材料

竹笋破土而出的视频。

■ 活动内容

① 调动兴趣:竹笋破土

幼儿观看竹笋破土而出的视频。

家长引导幼儿发现,竹子是向上生长、破土而出的,和幼儿一起学一学"破土"的动作。

② 亲子游戏:竹笋长啊长

幼儿可和爸爸妈妈一起,通过"跳、滚、扭等方式"创意模仿竹笋长大的运动。家长引导幼儿规范、正确地做相关动作:跳跃——双脚打开与肩同宽,屈膝,随后向上跳跃。

③ 运动游戏:小鼹鼠爬竹笋

结合之前一起阅读过的绘本故事,请爸爸扮演竹笋,幼儿们扮演小鼹鼠。竹笋慢慢长高,"小鼹鼠"要想办法拿到自己的帽子。指导家长帮幼儿想办法拿到帽子(跳高,爬"竹笋"等)。

【成效与感悟】

最佳"笋友"

饮食教育较为贴近生活,适宜于在家庭环境中开展。因此,教师尝试抓住这一教育契机,以"笋"为主题,依托家园协作的方式,开展各年龄段健康教育活动。

场景一：以食激"趣"——"云"上共赏，引发好奇探究

小班：小鼹鼠的帽子去哪了？

采用师生分享阅读的形式。通过绘本中有趣的故事情节：小鼹鼠的帽子去哪了？（被长大的竹笋顶到了天上）引发孩子好奇，在与老师、同伴一起帮助小鼹鼠找帽子的过程中，自然而然地知道了竹笋长大后会变成竹子，竹笋长得非常快等一系列小知识，并对竹笋产生了浓厚的兴趣，为后续活动的开展起到铺垫作用。

图 3-2-37

中班："云端"书香漂流

采用亲子分享阅读的形式。教师结合主题，组织开展了绘本《小竹笋长啊长》的共读活动。同步引发家庭间的互动与交流。"猜一猜，小竹笋长大需要几天？""我也要和小竹笋比一比谁长得高。""我家的宝贝吵着问我要竹笋呢。""我们买到竹笋了哦。"线上的留言板里孩子和家长们你一言我一语，十分热闹。

大班：竹子博物馆

教师运用信息化技术，通过"竹子博物馆"的"云游览"，让孩子即使足不出户也能看到不一样的"风景"。随后，教师通过组织线上交流，和孩子们一起聊一聊观后感，从历代劳动人民智慧的结晶中感受他们身上如同竹子一般不惧艰辛、坚韧不拔的品性。

图 3-2-38

场景二：以食为"材"——多元互动，提升感知体验

小班：小熊猫的"云"厨房

小班的活动设计遵循"兴趣激发—真实生活体验—游戏中生活经验的再现"路线。

"小熊猫的云厨房"情境游戏中，家长带着孩子一起观笋、剥笋、吃笋，增加真实的感知体验。孩子们在为冰墩墩制作"竹笋炒肉丝"的过程中，体验与同伴一起游戏的快乐，调动参与活动的积极性。"老师，我现在喜欢吃笋啦！""下次放点冰糖味道会更好哦。"

图 3-2-39

同时，一系列以"笋"为主题的亲子游戏随之"应运而生"，建构游戏"节节高"、角色游戏"小熊猫厨房"、运动游戏"爬竹竿"……教师引导家长放松心情，以玩伴身份与孩子一起游戏、互动，鼓励与满足孩子个性化表达的需求与愿望。

图 3-2-40

中班：一场有趣的寻笋之旅

中班孩子有意行为开始发展，能完成一些力所能及的任务，能积极调动感官去探索、了解新鲜事物，对事物的理解能力逐渐增强。基于此，中班的活动设计遵循"兴趣激发—操作体验—表现自我"。更多地让幼儿通过动手操作、亲身体验，去获取健康相关的知识与情感。

在"寻笋"的活动中，孩子在小区种植地、手机购物 APP、搜索网站中都找到了笋，他们认识了很多不同品种的笋，知道了挖笋要用到的工具，知道了每一节竹子的长度不一样，还感受到信息化技术给人们生活带来的方便。

图 3-2-41

在参与帮厨以及观摩成人制作春笋美食的过程中,孩子们亲自动手操作,在家长的帮助下通过摸一摸、闻一闻、(切开)看一看、尝一尝,进一步感知笋的外形特征和内部结构,在和家长的互动中了解笋的一些营养功效,享受自己劳动成果带来的快乐。

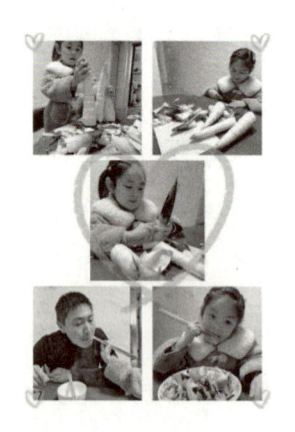

图 3-2-42

中班孩子喜欢运用绘画、捏泥、折纸等方式来表现自己在活动中的所见所想,并乐于和同伴分享自己的创意。在幼儿的作品中,能看到他们不同的内心世界与个性特点,他们会仔细地描绘出观察到的笋的特征形态,会记录自己看到的不同种类的笋,还画出了不同表情的笋娃娃来传递情绪情感。

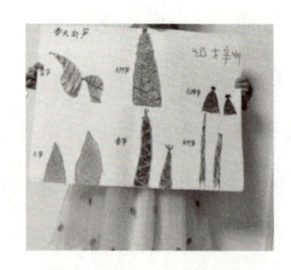

图 3-2-43

大班:春笋辩论赛

大班活动以探究为主,强调自主思考与学习的过程。基于此,大班的活动设计遵循"问题为导入—任务驱动—情感升华",在活动中引发幼儿积极地进行思维碰撞与挑战。

大班幼儿对于竹笋会有哪些兴趣与想法呢?活动开始前,教师尝试以"笋"为题,和幼儿在网上展开了一次"空中对话","雨后的春笋为什么长那么快?""春笋长在哪里的?""为什么春笋吃起来如此鲜美?""为什么春笋的头是尖尖的?底部是空心的?""春笋的皮为什么是褐色的?还有那么多层?""吃春笋对人体是否有好处呢?"……幼儿们的问题一个接着一个冒了出来。

教师并没有直接给出答案,而是引导幼儿以小组结伴的方式,在家长的支持下,结合自己感兴趣的问题自主开展与春笋相关的资料收集与信息交换,积累相关的认知经验。之后,通过组织线上辩论赛"食笋是否有利健康",引导幼儿灵活地运用所获经验,大胆、自信地表达自己的想法,并学习接纳别人合理的意见。在活动中,幼儿能够突破固有的思维,尝试大胆质疑,小心求证。

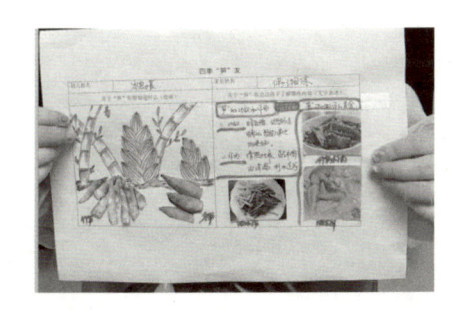

图 3-2-44

思考总结

回归生活,凸显以人为本

在家庭生活中渗透健康教育是最为自然且有效的方式之一。幼儿在真实的生活情境中,通过亲身经历、深切体验,从周围环境中获取知识与能力。例如,和家长一起去买菜,幼儿能看到各种各样的笋,通过比较大小、粗细、轻重,可以丰富认知;观摩成人烹饪,能调动感官,激发食欲;给竹笋宝宝"剥衣服",锻炼了手部肌肉,学习了仔细观察等,这些都是体验式学习。

悦读同行,以书香聚共识

将"共读"作为连接师、生、家长三者间的沟通桥梁。教师结合主题,依据健康目标,选择适宜的读本,并采用适宜的阅读形式,借助读本内容,以"趣"促学,以"问"促思,以"情"促行,帮助幼儿将枯燥、难以理解的知识内化于心、外化于行,达到知、情、行的有机整合。

借助游戏,家园同频共振

良好的亲子关系是促进幼儿健康成长的重要因素之一,教师设计了多样化的亲子游戏,供幼儿与家长自主选择,丰富幼儿的居家生活,提高亲子陪伴的质量,让亲子时光变得轻松、自由与和谐。同时,教师鼓励家长通过网络分享与孩子的互动过程,收集家庭中的信息,分析、归类家长的教育行为,采用不同的沟通方式进行协商与指导,建立有效的家园协作。

线上线下,多元互动体验

主题活动采用线上师生交流、线下亲子互动的方式交替开展,层层推进使幼儿深入学习。并通过师生互动、同伴互动、亲子互动、家庭互动,让幼儿获得充分体验与表现自我的机会。活动中,教师关注对家长的指导,帮助家长建立科学的育儿观,鼓励家长在亲子互动中多倾听孩子的想法,多采纳孩子的意见,多提供孩子动手的机会。引导家长也参与到健康课程中来,成为课程设计与实施的一员。

撰写者:普陀区满天星幼儿园　王璐菲

三、"习惯与自理"篇

（一）"我爱劳动"主题

"我爱劳动"活动方案

1. 设计背景

■ **设计意图**

劳动教育的活动形式隐含在一日生活中，目标是：从认知层面上，知道劳动是必要的生活技能，要学会力所能及的劳动方法；从情感层面上，尊重劳动者，以劳动为荣；从行为层面上，要在生活中处处实践劳动，成为一个爱劳动的孩子。劳动目标的知情行目标正符合健康教育中对目标的追求，劳动教育的内容也能从儿童视角出发，注重幼儿在行动中体验。

本方案分为四个部分：小小护绿员、整理小达人、服务小能手、厨房小帮手；关注幼儿在劳动过程中的意愿、习惯和能力，尊重幼儿的劳动痕迹，重视幼儿在"劳动"中的体验，注重快乐游戏体验的过程，让幼儿逐步建立劳动观念，形成积极的劳动意识、态度、习惯以及劳动的创造意识和能力。

■ **方案特质**

健康与体能：★

习惯与自理：★★★★★

营养与饮食行为：★★

安全意识与自我保护：★

自我与适应性：⭐

■ **方案框架**

表 3-3-1 "我爱劳动"活动方案框架

名称	年龄	活动目标	活动内容	健康元素	整合领域
小小护绿员	小班	**认知**：了解植物需要照顾，学习照顾的方法 **情感**：喜欢观察植物，对植物有喜爱之情 **行为**：乐意为照顾植物做力所能及的事情	活动一： 给植物浇水	● 健康与体能 ● 自我与适应性	**提示**： 可以结合主题活动开展，中班可结合"春天来了"开展，大班可结合"有用的植物"开展
小小护绿员	中班	**认知**：了解一些种植工具的使用方法 **情感**：愿意动手进行种植，乐意为植物浇水、除草等 **行为**：能够定期观察并照顾植物，对植物的生长情况进行简单的记录	活动一： 学种植	● 健康与体能 ● 自我与适应性	**提示**： 可以结合主题活动开展，中班可结合"春天来了"开展，大班可结合"有用的植物"开展
小小护绿员	大班	**认知**：了解植物移植所需要的方法 **情感**：通过自己的劳动，感受植物有许多用处 **行为**：通过简单计划，将植物进行加工制成有用的物品	活动一： 绿萝的移植 活动二： 薄荷香囊 活动三： 百花香片	● 健康与体能 ● 自我与适应性	**提示**： 可以结合主题活动开展，中班可结合"春天来了"开展，大班可结合"有用的植物"开展
整理小达人	小班	**认知**：知道生活中需要整理和打扫 **情感**：乐意承担力所能及的事情并努力完成 **行为**：能够自己的事情自己做，集体的事情一起做	活动一： 蜡笔宝宝送回家 活动二： 打扫教室	● 健康与体能 ● 习惯与自理 ● 安全意识与自我保护 ● 自我与适应性	**提示**： 可以结合主题活动开展，小班可结合"娃娃家"开展，大班可结合"我们的城市""我自己"开展
整理小达人	中班	**认知**：掌握一定的整理方法和技巧，会使用简单的劳动工具 **情感**：乐意承担力所能及的事情并努力完成 **行为**：自己的事情自己做	活动一： 整理衣裤 活动二： 整理抽屉 活动三： 周五劳动日	● 健康与体能 ● 习惯与自理 ● 安全意识与自我保护 ● 自我与适应性	**提示**： 可以结合主题活动开展，小班可结合"娃娃家"开展，大班可结合"我们的城市""我自己"开展
整理小达人	大班	**认知**：了解分类整理好方法 **情感**：具有良好的整理习惯，愿意自己进行整理劳动 **行为**：能想办法解决整理中的问题，增强自我整理能力	活动一： 垃圾分类 活动二： 巧用空间	● 健康与体能 ● 习惯与自理 ● 安全意识与自我保护 ● 自我与适应性	**提示**： 可以结合主题活动开展，小班可结合"娃娃家"开展，大班可结合"我们的城市""我自己"开展

续表

名称	年龄	活动目标	活动内容	健康元素	整合领域
服务小能手	小班	**认知**：知道生活中需要自理和劳动 **情感**：愿意进行简单的家务劳动，感受劳动的快乐 **行为**：自己能做的事情自己做，并能积极接受和承担一些家务劳动	活动一： 我会擦汗 活动二： 叠衣小达人 活动三： 倒垃圾	● 健康与体能 ● 习惯与自理 ● 自我与适应性	**提示**： 可以结合主题活动开展，中班可结合"常用的工具"开展
服务小能手	中班	**认知**：了解一定的劳动内容和方法 **情感**：愿意参与集体劳动并体会劳动的乐趣 **行为**：能够积极投入到各项劳动中，为集体或家人服务	活动一： 学做值日生		
服务小能手	大班	**认知**：了解分工合作进行劳动的方法 **情感**：能为自己的劳动给他人带来方便而感到自豪 **行为**：制订自己的劳动计划，乐意为大家进行劳动服务	活动一： 周五劳动日 活动二： 劳动体验 活动三： 我是小卫士		
厨房小帮手	小班	**认知**：知道美食需要通过劳动才能产生 **情感**：愿意动手进行简单的厨房劳作 **行为**：帮助大人制作美食，能努力取得一些劳作成果	活动一： 剥豆芽 活动二： 剥橘子 活动三： 剥蚕豆	● 营养与饮食行为 ● 安全意识与自我保护	**提示**： 可以结合主题活动开展，中班可结合"周围的人"开展，大班可结合"我是中国人""有用的植物"开展
厨房小帮手	中班	**认知**：掌握揉、搓、压等制作食物的方法 **情感**：愿意用自己的双手创造美食 **行为**：能够努力制作美食并与他人分享	活动一： 香香葱油饼		
厨房小帮手	大班	**认知**：了解不同节气所需准备的饮食，知道传统食物的做法 **情感**：亲手制作传统美食，感受自己动手劳动的乐趣 **行为**：能手眼协调地进行美食制作，通过自己的劳动体验成功的快乐	活动一： 做青团 活动二： 包春卷		

2. 方案总目标

喜欢劳动，知道劳动的方法，养成爱劳动、会劳动的好习惯。

3. 方案设计

小小护绿员

【小班】

活动(1)：给植物浇水

■ **活动形态**

学习活动（集体）。

■ **活动目标**

初步了解浇水的方法，体验关爱植物的快乐。

■ **活动材料**

物质准备：若干大、小可乐瓶做的洒水壶（在瓶盖上戳几个小洞），太阳公公图片一份。

■ **活动过程**

① 激发兴趣

提问：天气热了，除了我们还有谁会口渴啊？

小结：真聪明，知道小狗、小猫、小兔会口渴，还想到了老师也会口渴。真是有爱心的好宝宝。

教师：我们幼儿园的小草，漂亮的小花，也晒得干干的，它们也渴了，小花小草要喝水，哪个宝宝会帮忙？和老师一起去给小草小花浇水。

② 尝试浇水

提问：我们要去给小草小花浇水，要有什么东西呀？现在老师来变变变，变出了什么呀？

教师：老师变出了许多洒水壶。我们每人拿一只洒水壶吧。

教师拿起一个大的洒水壶，然后去给小花小草浇水：小花一口一口喝，别着急。小草你也一口一口喝，别着急。

教师：宝宝也要给小花小草喝水了。（鼓励每位幼儿参与活动）

幼儿尝试给植物浇水。

③ 观察指导

观察并指导幼儿尝试用小容器浇水。

激发幼儿对小花小草的关爱，体验活动的快乐。

【中班】

活动(1)：学种植

■ **活动形态**

游戏活动。

■ 活动材料

手套,反穿衣,水壶、铲子等种植工具,提前联系园艺师。

■ 活动过程

① 教师组织幼儿进行讨论,投票选出最想要在蔬果园种植的植物。

② 指导幼儿使用种植工具将种子或幼苗埋入土中,进行种植。(如铲子挖洞、铲子填土、喷水壶或洒水壶浇水等)

③ 组织幼儿讨论如何照顾植物,让植物生长得更好。

④ 在种植过程中邀请绿化工,指导幼儿分辨植物周围哪些是杂草,让幼儿了解如果植物和杂草在一起生长,杂草会吸收土里的营养,为了让植物更好地生长就需要除草。

⑤ 组织幼儿和绿化工一起除杂草,清理掉落的枯叶等。

⑥ 每次活动后组织幼儿将自己使用过的工具收拾整齐并送回原处。

■ 观察重点

观察幼儿对于一些种植工具的使用情况和了解程度。

■ 活动提示

种植成功后可让幼儿自行采摘,体验劳动的成果。

【大班】

活动(1):绿萝的移植

■ 活动形态

学习活动(小组)。

■ 活动目标

- 了解植物移植的现象,尝试动手移植绿萝。
- 记录植物移植后的生长情况,感受动手移植的乐趣。

■ 活动材料

绿萝、水培土培容器、剪刀、抹布等。

■ 活动过程

① 谈话活动

幼儿说一说周末在家查找的关于绿萝的移植方法介绍。

教师将幼儿所说的内容进行总结提升:原来绿萝可以通过扦插繁殖、根茎繁殖的方法进行移植。

② 操作环节

幼儿剪取绿萝旺盛的枝条,长度5—8厘米。幼儿自由选择用扦插繁殖的方法进行移植。

教师巡视指导:了解幼儿选择枝条的方法,捕捉记录幼儿活动时的亮点。

观察重点:观察幼儿使用简单工具和将绿萝进行移植的水平。通过观察、比较与分析,指导幼儿发现绿萝移植前后的变化。

③ 交流分享

幼儿说一说自己移植的方法和步骤。

教师总结幼儿的观点:不同的移植有不同的方法。

■ **活动提示**

- 活动前可以请家长帮助幼儿查询和记录绿萝移植的不同方法。
- 提醒幼儿观察移植后绿萝的生长状态。
- 鼓励幼儿记录绿萝的生长变化。

活动(2):薄荷香囊

■ **活动形态**

个别化学习。

■ **活动材料**

晒干的薄荷叶、香囊袋子、薄荷香囊制作步骤图。

■ **活动流程**

① 准备活动

幼儿说一说做香囊需要的材料和方法:剪薄荷、晒薄荷(正反面都要晒)。

教师指导:晒薄荷的时候要注意翻面,薄荷叶子的正反面都要晒。

② 提出问题

幼儿讨论什么样的薄荷叶子适合做香囊。(可以通过查阅图书、上网等搜索信息)

教师指导:剪薄荷的时候需要剪薄荷的老叶、枯叶,让新叶子继续更好地生长。

③ 操作实践

幼儿按照步骤图装香囊,装饰香囊袋,并将发现进行图示记录。

教师巡视指导:提醒幼儿在操作中要捣碎薄荷叶,可以用多种方式装饰香囊。

观察重点:幼儿能否看懂步骤图进行薄荷香囊的制作,幼儿能否用完整的语言讲述自己在活动中发现的问题和想法。

④ 分享交流

幼儿与同伴分享交流自制香囊的经验、亮点和问题,并将香囊放置在展览架上。

教师组织交流:你是如何设计香囊的?你的香囊有哪些与众不同之处?

■ **活动提示**

- 注意提示剪薄荷和晒薄荷的方法。
- 可以展示非遗"花草锤印画",鼓励幼儿用类似的方式进行香囊装饰。

活动(3):百花香片

■ **活动形态**

学习活动(小组)。

■ **活动目标**

- 尝试探索用不同的方法,与同伴共同制作香片。
- 感受植物特殊的用途,体验动手制作的乐趣。

■ **活动材料**

有香味的植物(迷迭香、桂花、薄荷等),香泥,模具。

■ **活动过程**

① 资讯交流,引起幼儿兴趣

幼儿说一说自己喜欢的植物的气味和功效,以及香片制作的步骤。

教师出示PPT,介绍可用作香料的植物的功效和材料的使用方法。

② 幼儿操作并记录

幼儿自主结对,完成一种香料的香片制作计划和步骤图,自主学习进行尝试操作。

幼儿分小组讨论并自行选择喜欢的植物材料进行组合与操作,记录香片的材料组合及制作步骤计划。

③ 教师巡视指导

提醒幼儿在操作中要耐心捣碎植物叶子,并轻轻地用筛子过滤粉末;观察幼儿能否在成人的帮助下自主收集资料制订简单香片制作计划并操作。引导幼儿积极与他人一起讨论,并用图画和符号表示计划内容。

④ 分享交流

幼儿分享自己的香片用到了哪些材料,发出的味道是什么样的,起到哪些功效作用。

撰写者:普陀区豪园幼儿园　普陀区教育学院　董莉莉

整理小达人

【小班】

活动(1)：蜡笔宝宝送回家

■ 活动形态

学习活动(集体)。

■ 活动目标

按需取用蜡笔，知道整理蜡笔的方法。

■ 活动材料

物质准备：蜡笔若干，数量与幼儿人数相等，铅画纸若干；将两张白纸挂在黑板上，黑板背朝幼儿。

经验准备：有使用蜡笔的经验。

■ 活动过程

① 角色扮演，引发兴趣

教师：这么漂亮的盒子，这是谁的家呀？我们都用蜡笔画过什么好看的画呢？

小结：蜡笔宝宝好厉害，能画出五彩的颜色。

② 认识蜡笔宝宝和它的家

教师用敲门的形式打开蜡笔盒：里面出来的是谁？拿出红色蜡笔交给幼儿，幼儿认识颜色、形状。

教师介绍蜡笔宝宝的家——蜡笔盒。

教师出示黑板上的白纸，告诉幼儿蜡笔宝宝喜欢在纸上玩，不喜欢在桌上、小椅子上、墙上、地上玩。

教师拿出蜡笔，一边画一边唱儿歌：画个太阳圆又圆，画个苹果，啊呜，甜又甜。

引导幼儿整理蜡笔，物归原处。

教师：蜡笔宝宝玩累了，它要回家躺在自己的小床上睡觉。教师示范将蜡笔放好然后引导幼儿盖上蜡笔盒。

小结：蜡笔宝宝和你们一样都有家，它的家就是蜡笔盒。

③ 画一画、理一理

给每位幼儿发一支蜡笔、一张纸，当一位幼儿将一支笔用完想换一种颜色时，要求他将原来的笔放好后才能去拿另一支。

小结:画好画要记得把它送回家哟!这样就不会找不到蜡笔了。

■ **活动提示**

教师在幼儿日常活动中,要关注幼儿使用工具材料后的整理行为,并引导幼儿把用完的工具放回原位,帮助幼儿养成整理的习惯。

活动(2):打扫教室

■ **活动形态**

园本活动(周五劳动日)。

■ **活动材料**

物质准备:扫帚、拖把、抹布等。

■ **活动过程**

① 自由讨论导入

提问:孩子们,你们的小手在哪里?我们都有一双能干的小手,你的小手会做哪些事情呢?谁来说一说?

小结:我们的小手会做好多好多事情,我们今天学习当清洁小卫士,齐心协力把教室整理和打扫干净。

② 学习一些清洁技巧

提问:孩子们,你们看这是什么?(一一出示抹布、扫把、水桶、簸箕让幼儿认识)这些清洁用品怎么用?谁来试试?

教师示范使用清洁用品,随后请部分幼儿试一试。

③ 师幼共同分配清洁区域,鼓励大家一起动起来

观察重点:幼儿学习整理和打扫的方法,幼儿能否体验劳动的艰辛和快乐。

【中班】

活动(1):整理衣裤

■ **活动形态**

游戏活动。

■ **活动材料**

幼儿服装若干(开衫、套头衫、裤子)。

■ **活动过程**

① 能根据提示卡将衣物整理好"送回家"。

② 通过比赛,观察谁整理衣裤的速度快,幼儿相互检查。

■ **观察重点**
- 幼儿能否根据任务卡进行衣物整理。
- 幼儿如何进行整理,运用了哪些方法。

■ **活动提示**
- 可以根据季节、旅行的地点等特质设计任务卡,让幼儿整理旅行箱。
- 教师通过"晓黑板"等方式进行发布"自己的事情自己做"的小任务。
- 爸爸妈妈通过照片和录像的形式记录幼儿在家的行为,教师将幼儿在家的行为表现梳理后在"晓黑板"中进行发布,大家相互学习。

活动(2):整理抽屉

■ **活动形态**
个别化学习。

■ **活动材料**
速写本、蜡笔、毛巾等。

■ **活动过程**
① 了解抽屉里的物品有哪些,将同样的物品放在一起。
② 提供整理方法的图片让幼儿跟着图片(如大套小的方法)进行整理。
③ 将抽屉里的物品按照大小、种类的不同进行分类整理摆放。

■ **观察重点**
观察幼儿如何尝试根据物品的大小、种类有条理地收拾、整理自己的抽屉。

■ **活动提示**
可以提供各种幼儿生活中常见、常用的物品。

活动(3):周五劳动日

■ **活动形态**
园本活动。

■ **活动材料**
教师拍摄幼儿在劳动过程中的照片或者小视频,幼儿自主收集不同的劳动工具。

■ **活动过程**
① 教师与幼儿共同讨论劳动包干区的分组安排,幼儿自由选择自己喜欢或力所能及的劳动任务进行分组劳动。

② 在周五劳动日之前幼儿根据自己的需要自主收集劳动工具,如:干、湿抹布,扫帚,簸箕,报纸,刷子等。

③ 周五劳动日当天幼儿按照自己的选择与同伴共同完成劳动任务,教师在过程中拍摄幼儿劳动的照片或者小视频。

④ 劳动后组织幼儿交流分享,讨论内容可以围绕:简单的劳动技能,劳动工具的正确使用,劳动中的自我保护等幼儿自主生成并感兴趣的内容。

⑤ 教师可每周将幼儿周五劳动日的照片通过"晓黑板"等进行评价或分享,鼓励家长进行日常幼儿"勤俭"行为的记录评价并积极在线反馈。

■ 观察重点

观察幼儿在集体劳动的过程中习得了哪些简单的劳动技能。

■ 活动提示

● 幼儿对劳动任务如何进行有一定的了解,在周五劳动日劳动的过程中,教师可给予指导,以提升幼儿的服务技能。

● 在后续活动设计中,可加入与"勤俭"品行墙的互动,或者评选"劳动之星"等,这既是活动的延续,也能让周五劳动日充分发挥价值。

【大班】

活动(1):垃圾分类

■ 活动形态

亲子活动。

■ 活动过程

① 各班幼儿可以和家长共同收集垃圾分类的相关资料,如:垃圾分类后都去哪里了?为什么要垃圾分类?垃圾分类对我们的好处等。收集后,与家长讨论垃圾分类的好处。

② 各班幼儿与家长在家自制四类垃圾的垃圾桶,并用小卡片共同绘制一些常见垃圾,如:用过的纸巾、饮料瓶等。制作完成后,可以和家长一起玩分类投投乐的游戏。当遇到不清楚其分类的垃圾,可以和家长及时查询。

③ 鼓励幼儿在家中参与垃圾分类,可以为家里的不同类型垃圾桶制作分类标签。与家长每日一起去小区扔垃圾,体会参与垃圾分类的成就感。

■ 观察重点

● 观察幼儿在日常丢垃圾时如何进行分类,是否有良好的分类习惯以及初步的环保意识。

- 幼儿是否了解垃圾的不同类型,能否区分各类常见生活垃圾,并正确投放。

■ 活动提示
- 家长们可以与幼儿一起观看垃圾分类的宣传视频。
- 家长可与幼儿共同绘制垃圾分类宣传海报,在小区垃圾投放点向路人发放宣传。

活动(2):巧用空间

■ 活动形态

学习活动(集体)。

■ 活动目标
- 在操作整理物品的过程中发现、学习巧用空间的方法。
- 会想办法解决问题,增强自我整理的能力。

■ 活动材料

抽屉、纸杯若干,盒子若干,木质积木若干(三角形、长方形),报纸,薯片罐。

■ 活动过程

① 问题导入,引发巧用空间的兴趣

教师:今天我带来许多东西,这些东西放在抽屉里,你们觉得装得下吗?

小结:有人认为装得下,有人认为装不下。那我们一起来试一试,看看能用什么好办法把它们都装下。记住抽屉要放进柜子里才算成功。

② 幼儿两次操作,发现学习巧用空间的方法

第一次操作,初步了解巧用空间的方法。

教师:待会儿拿上你自己的抽屉,试着把后面桌上所有的东西装进抽屉里。在你们整理的时候老师会放四分钟的音乐,时间到了就请你们回座位坐好。

教师:你们都用了什么好办法?报纸那么大,你们是怎么放进抽屉的呢?

小结:整理软软的东西时可以通过折叠把它们变小。

教师出示套叠的杯子,提问:这样做有什么好处?

小结:原来杯子里有空间,把这么多杯子套叠在一起,可以节约空间。

提问:哪样东西最难放?

小结:你们会根据空间大小放合适的东西。大盒子占用的空间大,整理时要先放大的后放小的。

提问:听了别人的介绍,你学到了哪些整理抽屉节省空间的好方法?

小结:我们刚刚学到了几个好方法——整理东西时可以把大的东西变小;纸杯套叠能节

约空间。

第二次操作,深入了解巧用空间的好办法。

教师:有些小朋友第一次没有成功,你们待会儿可以去试试这些好办法。有的小朋友已经成功了,你们可以继续探索怎样节省出更多的空间。老师再给你们四分钟,四分钟后请仔细检查一下垫子,不要有东西落下。

幼儿操作,教师巡回观察。

提问:你们是怎么巧用空间的?你觉得这里面还有空间可以利用吗?

小结:你们真会巧用空间,将四个小盒子正正好好放进大盒子里。

③ 看视频,有深入尝试利用空间的兴趣

教师:其实巧用空间的好办法不仅在整理抽屉时会用到,旅行前整理行李箱时也会用到。今天老师带来一段视频,请你们观察视频中的人是怎么巧用空间的?

小结:今天我们用好办法整理抽屉,未来我们还能想出更多的办法自己整理行李箱、整理书包。节省空间给我们的生活带来了便利。

■ **活动提示**

● 个别指导:在两次操作中对幼儿进行个别指导,了解每个幼儿的操作水平(前期经验),有针对性地进行指导,鼓励幼儿发现、主动解决空间整理的问题并获得巧用空间的办法。

● 分享交流:分享交流的内容应基于不同幼儿的经验,既包含个性化的内容又包含共性的内容。

撰写者:普陀区豪园幼儿园　普陀区教育学院　董莉莉

"服务小能手"

【小班】

活动(1):我会擦汗

■ **活动形态**

学习活动(集体)。

■ **活动目标**

愿意自己动手擦汗,掌握擦汗的正确方法。

■ **活动材料**

小毛巾人手一条。

■ 活动过程

① 提问导入

提问：小朋友，我们一起到户外去做了游戏后你们会感觉怎么样呢？

教师引导幼儿观察自己身体的一些变化，并用自己的话进行回答。

小结：在外面进行了运动，我们会觉得很热，身上黏乎乎的，并且湿湿的。这是为什么呢？原来是我们出汗了。

② 让幼儿知道出汗时的处理方法，引导幼儿初步学习自己擦汗

提问：平时身上出汗了，我们可以怎么办呢？怎么办才能够让自己觉得舒服一些呢？

教师引导幼儿根据自己的生活经验来进行回答。

小结：原来我们很热的时候会通过多喝水、吹电扇、用毛巾擦汗、洗澡、换衣服等来让自己觉得舒服一些。我们在自己觉得热、出汗的时候想出了这么多方法。

幼儿用毛巾擦汗，教师观察幼儿擦汗的方法。

小结：刚才我们把身上的汗擦干净了，现在身上就不会感觉黏黏的了，真清爽、真舒服！

③ 学念儿歌，知道擦汗的好方法

儿歌：小小热毛巾，四四又方方。额头擦擦擦，脖子擦擦擦。干干净净，身体真舒服！

小结：健康生活每一天，我们一起一边念儿歌一边来擦汗吧。

④ 迁移经验

教师向幼儿解释：天气热的时候，运动后、生病的时候我们都会比较容易出汗。出汗是人体的一种正常生理现象，能帮助人体散热和排毒，使人体恢复正常的体温。

教师总结活动内容，并鼓励幼儿在今后遇到出汗情况时及时擦汗，并使用正确的擦汗方法。

活动(2)：叠衣小达人

■ 活动形态

学习活动(集体)。

■ 活动目标

掌握叠衣服的方法，为自己动手劳动感到快乐。

■ 活动材料

PPT、小床、套头衫两件。

■ **活动过程**

① 观看视频——了解叠套头衫的方法

导入：今天有一位朋友来做客，看看它是谁？（衣服宝宝）和它打招呼。

教师扮作衣服宝宝：小朋友们好，我知道每天小朋友都要睡午觉，其实衣服宝宝也要睡午觉呢，看一看衣服宝宝是睡在哪里的呢？（真有礼貌，听一听衣服宝宝和我们说了什么）

播放视频。

提问：衣服宝宝睡在哪里？

小结：小朋友睡在床上面，衣服宝宝很听话，每天整整齐齐地睡在床下面有衣服标记的地方。

再次播放视频。

提问：衣服宝宝是怎么睡觉的？

小结：衣服宝宝躺得平平的、两个袖子抱一抱，整整齐齐的。

② 游戏——练习叠套头衫

教师：我们一起做游戏，你们当衣服宝宝，我当大衣服，衣服宝宝们是怎么睡觉的？

教师：你们都是有本领的衣服宝宝，现在我又带来两件衣服，请两个小朋友来试一试，把衣服宝宝叠整齐送回家。

提问：叠衣服第一步干什么呀？随后呢？（幼儿练习）

小结：小朋友，午睡的时候别忘了把衣服宝宝叠整齐送回家哦。

■ **活动提示**

- 日常生活中，教师注意观察幼儿叠衣服的情况，指导幼儿将套头衫叠整齐。
- 可以通过家园共育促使小班小朋友在家也自己叠衣服。

活动(3)：倒垃圾

■ **活动形态**

亲子活动。

■ **活动过程**

① 幼儿和家长一起讨论垃圾分类的方法。

② 鼓励幼儿尝试参与垃圾分类，并主动和家长一起倒垃圾，可制作计划表每天打卡记录后与其他幼儿分享。

【中班】

活动(1)：学做值日生

■ **活动形态**

生活活动（渗透式）。

■ 活动目标
● 发现班级里一些自己力所能及的事情。
● 愿意参加值日生工作,体验为他人服务的快乐。

■ 活动材料
班级"值日生"环境,劳动工具,班级场景图片。

■ 活动过程
① 值日生的工作

出示值日生挂牌,提问:看,这是什么?(值日生标志)什么是值日生?(值日生是为班级服务的人)你知道它的作用吗?(告诉大家谁是值日生,当值日生的时候就要戴上它)

讨论:想一想,值日生需要为小朋友提供什么帮助?

小结:原来值日生能做……值日生会为班级带来方便。这些都是我们力所能及的事情,每个小朋友都能做到。

② 学做值日生

提问:如果你是今天的值日生,你觉得班级里什么地方最需要你的服务?

出示图片:原来厕所、吃饭的地方、卧室和植物角都是班级里很需要值日生的地方,在这些地方值日生能做什么呢?(在厕所里能提醒小朋友用肥皂洗手,帮小朋友包肚子等)

出示劳动工具,提问:这些是什么?你会怎么用?

小结:你们都是喜欢为班级服务、爱劳动的小朋友。中×班的小小值日生,一定会把我们的班级变得更美丽。

③ 活动延伸

介绍值日生墙面,观察平日墙面的情况。

■ 活动提示
在每日离园前可以和幼儿一起讨论今天的值日生工作,选出"值日之星"。

【大班】

活动(1):周五劳动日

■ 活动形态
学习活动(小组)。

■ 活动目标
● 知道劳动工具的不同作用和使用方法。
● 愿意和同伴共同劳动,体验劳动的快乐。

■ 活动材料

各种劳动工具。

■ 活动过程

① 师幼自由讨论

提问：周五劳动日要怎么进行劳动？你们是如何分组的？准备如何进行周五的劳动呢？

② 幼儿分组进行计划发布

提问：他们介绍了哪些劳动的好办法？你们对劳动工具、方法和计划还有哪些补充？

小结：我们的劳动可以根据区域进行划分，每个劳动工具都有不同的作用，我们在劳动时可以互相配合，在使用工具和水的时候要注意勤俭节约、爱惜工具。

■ 观察重点

- 观察幼儿能否根据小组计划分工进行劳动。
- 观察幼儿是否能按需选择不同的劳动工具进行劳动。

活动(2)：劳动体验

■ 活动形态

学习活动(小组)。

■ 活动目标

- 尝试与同伴采访幼儿园不同岗位人员的劳动过程。
- 感受不同岗位人员的艰辛。

■ 活动材料

劳动体验计划书、记录纸、笔、平板电脑。

■ 活动过程

① 小组讨论

提问：幼儿园里有哪些人在为我们劳动服务？这些为我们劳动服务的人每天都需要做些什么？

② 分组选择想要进行劳动体验的对象并制订劳动体验计划

幼儿选择想要跟岗体验的对象(保育、保健、后勤、保安、营养、园长)，分组进行体验计划的讨论与制订。

可参考：与保健老师一起晨检，给老师们进行午检；与保安一起执勤站岗，清扫幼儿园环境；与后勤老师一起分发班级用品，清点资产；与营养员一起准备餐点。

③ 分组进行劳动体验，并将劳动体验后的感受以视频、录音或绘画等形式记录下来

幼儿分组分批在幼儿园不同岗位上体验不同的劳动和工作。

根据劳动体验计划，采访不同岗位的劳动者。

活动中幼儿可以通过不同的表征方式将采访内容记录下来。

幼儿将收集到的照片、视频等制作成宣传片，并将这些内容在不同平台进行宣传。

■ **观察重点**

- 观察幼儿如何运用采访、记录、体验等方式，了解不同岗位的劳动为大家带来的便利。
- 指导幼儿收集、整理、制作劳动体验视频，将自己的劳动体验分享给他人。

■ **活动提示**

- 活动开展前与不同岗位的教师进行预约，筛选合适的幼儿跟岗体验劳动。
- 除了体验幼儿园的劳动者的工作内容之外，劳动体验还可以扩展到社区或家庭中。

活动(3)：我是小卫士

■ **活动形态**

学习活动(小组)。

■ **活动目标**

- 了解执勤小卫士的岗位工作，愿意在执勤过程中主动帮助他人。
- 感受执勤小卫士工作，为自己能成为小卫士而感到光荣。

■ **活动内容**

① 以小组形式进行讨论：小卫士是做什么的，可以为幼儿园的其他小朋友提供什么样的帮助，幼儿可以结合自身做小卫士的经验说一说。

② 感受成为小卫士是一件非常光荣的、自豪的事情，为他人提供帮助是一件很有意义的事情。幼儿在体验当小卫士的过程中肯定会遇到一些困难，分小组讨论这些困难，以及如何解决这些问题。幼儿可以将这些问题记录成册。

■ **观察重点**

- 观察幼儿如何帮助其他小朋友，使用了什么样的好方法。
- 用语言指导幼儿应先了解他人的需求，根据不同的需求，提供不同的方法进行帮助。

■ **活动提示**

- 讨论过程中幼儿遇到问题无法回答时，教师可以提供不同解决问题的思路。
- 教师可拍摄一些幼儿当小卫士的视频、照片，并分享到家园共育平台上，请家长也肯定幼儿劳动的成果。

撰写者：普陀区豪园幼儿园　普陀区教育学院　董莉莉

厨房小帮手

【小班】

活动(1)：剥豆芽

■ 活动形态

小厨房活动。

■ 活动目标

- 学剥豆芽，锻炼手部肌肉的发展。
- 乐意参与劳动，体验动手操作的乐趣。

■ 活动材料

豆芽生长的视频，剥豆芽的视频，豆芽，托盘，篮子，袖套，毛巾等。

■ 活动过程

① 认识豆芽

幼儿观看豆芽生长的视频。

请幼儿用拇指和食指捏取一根豆芽，观察豆芽，说一说豆芽的外形特征(注意捏取豆芽时要注意力度，不要把豆芽捏坏)。

闻一闻豆芽的味道。

幼儿讨论是否吃过豆芽，豆芽是什么味道。

小结：豆芽可以做菜，也很有营养。

② 学习剥豆芽

欣赏剥豆芽的视频，学习剥豆芽的方法。

了解好豆芽的标准：品相完整，色泽饱满，颜色均匀。

认识豆芽的头和尾：细细的一头是豆芽的根，需要去除。

学习剥豆芽：一只手的食指和拇指捏住豆芽，另一只手的食指和拇指的指甲将细细的豆芽尾掐断。

幼儿尝试分拣豆芽、自由练习剥豆芽。

教师观察幼儿剥豆芽的方法，指导幼儿把挑好的豆芽放在篮子中，把豆芽根放在托盘里。

③ 整理

根据标记将篮子放回原处。

将垃圾扔入垃圾桶。

将剥好的豆芽送至厨房,对厨房阿姨叔叔表示感谢。

活动(2):剥橘子

■ **活动形态**

小厨房活动。

■ **活动目标**

● 学剥橘子,锻炼手部肌肉的发展。

● 乐意参与劳动,体验动手操作的乐趣。

■ **活动材料**

剥橘子的视频,大小不同的橘子,托盘,篮子,袖套,毛巾等。

■ **活动过程**

① 认识橘子

看一看、闻一闻、摸一摸:橘子是什么颜色的?闻起来是什么味道?摸上去怎么样?

谈谈吃橘子的经历:你吃过橘子吗?你喜欢吃橘子吗?橘子是什么口味的?

小结:橘子有大有小,橘子皮粗粗的,闻上去香香的;橘子酸中带甜;有很多橘子做的美食。

② 学习剥橘子

观看剥橘子的视频,学习剥橘子的方法。

认识橘子的两头:有小圆点凹进去的一头和长有蒂的一头。

学习剥橘子:一只手拿住橘子,另一只手用指甲戳橘子"肚脐眼"的一头,慢慢把皮剥下。

幼儿尝试自由练习剥橘子。

观察幼儿剥橘子的方法,指导幼儿把剥好的橘子放在托盘中,把剥下的橘子皮放在篮子里。

③ 整理

根据标记将篮子放回原处。

把垃圾扔入垃圾桶。

把剥好的橘子送至厨房,把剥下的橘子皮带回教室晒干。

活动(3):剥蚕豆

■ **活动形态**

小厨房活动。

■ **活动目标**

● 学习剥蚕豆,锻炼手部肌肉。

● 乐意参与劳动,体验动手操作的乐趣。

■ **活动材料**

剥蚕豆的视频,蚕豆做的食品,蚕豆剥开前和剥开后的图片,蚕豆,托盘,篮子,袖套,毛巾等。

■ **活动过程**

① 认识蚕豆

教师:这是什么?你们认识吗?

观察蚕豆剥开前和剥开后的图片,提问:蚕豆的皮是什么样的?(颜色、触觉等)里面是什么样的?

出示蚕豆做的美食,提问:你们吃过蚕豆吗?喜欢吃吗?

小结:蚕豆的壳剥开后,里面是扁扁的豆子。蚕豆可以制作很多美食,它们营养丰富。

② 学习剥蚕豆

欣赏剥蚕豆的视频,学习剥蚕豆的方法。

两只手拿蚕豆,用力一扭,把壳扭开,再将里面的蚕豆取出来。

幼儿尝试自由练习剥蚕豆。

教师观察幼儿剥蚕豆的方法,指导幼儿将剥好的蚕豆放在托盘中,将剥下的蚕豆壳放在篮子里。

③ 整理

根据标记将篮子放回原处,将垃圾扔入垃圾桶,将剥好的蚕豆送至厨房,对厨房阿姨叔叔表示感谢。

【中班】

活动(1):香香葱油饼

■ **活动形态**

小厨房活动。

■ **活动材料**

做好的葱油饼、面团、面粉、油、擀面杖、油刷子、葱、制作视频。

■ **活动过程**

① 引导幼儿用多种感官感知葱油饼的色、香、味,激发幼儿制作的兴趣。

② 组织幼儿观看揉面视频,学习并尝试揉面团。

③ 引导幼儿在擀面的时候要注意面皮的厚度,不能太厚或太薄。

④ 提醒幼儿在制作过程中根据需要添加一些油来进行润滑。

⑤ 组织幼儿交流自己在制作过程中的感受和心情,欣赏大家制作的葱油饼。

⑥ 组织幼儿将自己使用过的工具收拾整齐并按标记送回原处。

■ 观察重点

观察幼儿通过揉、搓、压等方法制作葱油饼的情况,动作是否协调。

■ 活动提示

可在区角投放相关材料供幼儿操作作为活动延伸。

【大班】

活动(1):做青团

■ 活动形态

个别化学习。

■ 活动材料

糯米面团、艾草汁、豆沙馅、桌布、餐盘、相关制作视频。

■ 活动过程

① 幼儿观摩视频,了解清明节吃青团的习俗来源

幼儿将面粉和艾草汁混合后尝试揉艾草面团。揉好面团后幼儿尝试手眼协调地将面团搓成一个一个的小圆子。

② 欣赏各种各样口味的青团,了解清明节吃青团的意义

尝试根据面团的大小拿取相应的豆沙馅,用面团将豆沙馅包裹住,将青团搓圆。搓完青团后将青团送至厨房,并对厨房工作人员表示感谢。

■ 观察重点

● 幼儿操作时的手眼协调度以及和面、揉面的动作。

● 幼儿会用哪些手法来把馅搓进青团内,能否做到馅不外露。

■ 活动提示

● 教师可以在活动中根据幼儿的需求和能力情况逐步增加材料,比如投放适量揉好的面团以及适量面粉和艾草汁,幼儿根据自身能力情况选取合适的材料进行操作。

● 活动是以个别化学习活动的形式呈现,幼儿制作完成后可以将青团交给厨房蒸熟,教师之后在午餐或午点时间给幼儿食用。

活动(2)：包春卷

■ **活动形态**

学习活动(小组)。

■ **活动目标**

● 了解立春节气的传统习俗和饮食文化。

● 掌握正确的春卷封口方法(封口牢不牢,里面馅料多少合适)。

■ **活动材料**

春卷皮、豆干丁、猪肉丝、卷心菜丝、胡萝卜丝、擀面杖、清水等。

■ **活动过程**

① 了解立春节气

幼儿观摩视频,了解立春节气的传统习俗和饮食文化,知道各个地方包春卷的不同习俗。

② 分组讨论怎么包春卷

③ 分组练习包春卷

幼儿用春卷皮进行包春卷活动,学会卷一卷、滚一滚、粘一粘的动作。

重点观察幼儿对春卷皮封口的环节。(提醒幼儿不能塞太多馅、用清水沾一下封口处更牢固)

挑战做春卷皮,提供擀面杖以及面粉,让幼儿自己擀出春卷皮进行包春卷活动。

提示：让幼儿可以在自己的春卷上做个标记或者印花。

④ 品尝春卷

请厨房工作人员帮忙炸春卷,让幼儿品尝,体验成功的快乐。一边吃一边回顾节气习俗,巩固制作方法。

■ **活动提示**

● 在个别化学习活动以及幼儿游戏时间也可开展,练习包春卷(提供面粉、橡皮泥等让幼儿学会包春卷的动作、重点关注封口问题)。

● 可以鼓励幼儿在家里也和家长一起包春卷,并把学会的好方法教给家长,感受动手制作的乐趣。

撰写者：普陀区豪园幼儿园　普陀区教育学院　董莉莉

【成效与感悟】

我会种植，收获满满

我国著名儿童教育家、儿童心理学家陈鹤琴提出了"活教育"思想。他认为："大自然是我们的知识宝库，大社会是我们的生活宝库，是我们的活教材。"幼儿园里的种植园地是幼儿观察自然、探索自然的窗口，蕴含着无限的教育契机。

种植园地作为幼儿园里的"隐性课程"，能够提升幼儿观察比较和动手操作的能力，培养幼儿坚毅、专注、负责任等良好的品质，对幼儿的发展起着举足轻重的作用。在健康劳动教育的集体服务中，包含了"会照顾植物，尝试使用不同的工具种植、采摘"的表现行为描述。因此，对于大班的孩子，我们充分借助幼儿园园内的自然资源和材料，根据幼儿的实际发展水平，设计了相关的活动，尽可能地支持和满足幼儿通过直接感知、实际操作及亲身体验获取经验的需要，引导幼儿养成劳动习惯。

场景一：体验种植

新学期升入大班的孩子们，面对久违的自然角，充满了好奇和兴趣，只要一有空，就会纷纷拥挤在自然角，无论盆里的植物是否刚刚被别人浇过水，一定要自己拿起装满水的壶再给每个盆淋个透，甚至"水漫金山"也不肯罢休。

思考与分析

① 不懂得各类工具的使用方法。给班级自然角里的每盆植物"喝饱水"，是幼儿们最喜欢，也几乎是唯一会做的事情了，但对于各种各样的种植工具、清扫工具、测量工具等其他劳动工具的使用，孩子们还不熟悉。

② 不知晓植物的种植规律。不同植物有不同的生长需要，了解所种植物的生长条件、习性和主要特征，根据植物的需要进行种植照顾，对于幼儿们来说还有点困难，需要教师适当引导。

下一步计划

针对幼儿们的薄弱环节，我们重点在认知层面丰富幼儿们的相关经验，开展了工具类和植物类相关的集体及小组活动。

活动一：自然角工具见面会。

通过让幼儿们认识班级自然角中，种植工具箱内的各类种植工具，种植墙上的各类清扫整理和测量工具，邀请个别幼儿在集体中示范各类工具的正确使用方法，引导其他幼儿模仿，并在活动延伸阶段亲自尝试体验，积累丰富的认知和操作经验。

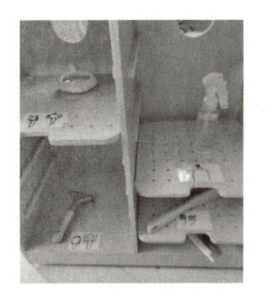

图 3-3-1

活动二:多肉"生娃记"。

集体学习了多肉植物具有叶插习性,即把叶片或叶片的一部分进行扦插,就能长成新多肉植株。以小组的形式,请幼儿们自由选择喜欢的多肉品种,亲自尝试叶插种植。在之后的每日观察中,通过自己的观察进一步感知种植多肉植物所需要的条件,体验种植的乐趣,培养种植的劳动能力。

图 3-3-2

场景二:从种植到采摘

起初,孩子们对于种植劳动的兴趣浓厚,然而,种植劳动需要较为漫长的过程与等待,真正能够坚持下来的幼儿寥寥无几。

● 思考与分析

① 劳动的坚持活动性,需要更丰富的体验支持:兴趣是学习最好的老师,让幼儿始终保持强烈的好奇心,离不开丰富多彩的活动体验。

② 劳动习惯的培养是一个长期的过程，教师与幼儿之间，幼儿与幼儿之间的积极相互影响，会在劳动习惯的培养过程中产生积极的作用。

下一步计划

针对幼儿们的薄弱环节，我们充分利用幼儿园现有的自然资源和材料，重点从行为培养层面入手，开展丰富多彩的种植体验与科学探究活动，让幼儿们在一日生活中处处有实践劳动的机会，每个人都成为一个爱劳动的幼儿。

活动一：萝卜篇。

和萝卜见面（集体）。

图3-3-3

9月，我们带着很多问题，认领了蔬果园里大四班自己的种植地；10月，午后散步时，我们常常看望自己的蔬菜朋友，还用速写本画下它们变化的样子；11月，没想到小小的叶子变得又高又大，泥土里还冒出了红色的小脑袋，我们终于和红萝卜见面了！

拔萝卜比赛（小组）。

萝卜成熟了，要怎么拔出来才好呢？大家经过激烈讨论，最后得出了两个拔萝卜的办法：拉萝卜组——左手拔萝卜叶，右手拔萝卜茎；挖萝卜组——先用小铲子松一松泥土，再用绳子绑好萝卜，戴上手套拔。最重要的是，队伍里所有的人，都要齐心协力一起拔！

图 3-3-4

活动二：柿子篇。

午后散步时，幼儿园小山坡上的柿子树引起了孩子们的强烈兴趣，于是就利用这个好机会，开展了采摘柿子的系列活动。

首先，制订采摘计划。

想要摘到高高的柿子树上的柿子可不是容易的事情。在行动之前，我们一起讨论了摘柿子的各种方法，并选择自己认为最容易摘到柿子的方法，形成不同摘柿子小组，分别做了详细的采摘计划。

图 3-3-5

然后，开始行动。

孩子们根据自己的计划，商量分工，在教室、仓库等幼儿园的各个角落收集所需要的材料，组成了梯子组、垫子组、爬树组、用球砸组、摇树组、水桶组、跳摘组、棍子组……并各自进行尝试。

图 3-3-6

最后，总结经验。

在采摘过程中，有的任务是一个人完成的，有的任务是合作完成的。

孩子们通过分享和记录，形成了属于自己的"采摘小秘诀"。在富有自然野趣和挑战性的活动中，一起体验了劳动的辛苦，更收获了劳动的果实与采摘的快乐。

图 3-3-7

场景三：品尝收获

孩子们的种植劳动应不仅仅是在幼儿园"玩"得不亦乐乎，劳动教育的活动形式隐藏在一日生活中，生活健康教育离不开家庭的参与。

● 思考与分析

① 种植劳动缺少家园共育：家长更重视孩子们知识技能的培养，对于健康生活中的劳动教育不够重视。

② 缺少靠双手创造美好生活的体验感：较为优渥的物质生活，让孩子们难以体验靠自己劳动创造的幸福感。

下一步计划

针对家园共育的薄弱环节，我们以孩子的兴趣带动家庭的重视，重点从情感层面上，帮助孩子培养劳动习惯，树立以劳动为荣的意识。

活动一：全家一起尝美味。

利用线上平台，邀请家长和孩子一起品尝采摘的收获，在美味中一起感受劳动创造幸福生活的快乐。

活动二：全家一起聊丰收。

通过新闻播报、绘画等形式，让家长和孩子们能有机会一起坐下来，面对面聊一聊在种植劳动中体验到的收获，在分享中增进亲子情感，培养劳动意识。

反思总结

种植活动是幼儿园常见的一种活动形式，是幼儿与植物、泥土、水以及各类工具相互作用的过程，也是幼儿加深对植物的生长发展以及植物与泥土、阳光、空气、水等要素相互关系的认识的过程。

在本学期的种植劳动活动中,我们和幼儿们一起,体验从种植到采摘,再到品尝与分享的完整过程。我们尊重幼儿的认知规律和行为习惯,从儿童视角出发,让幼儿在操作的过程中体验劳动的快乐。

以上是幼儿园为培养幼儿劳动能力开展的各项活动,劳动并不仅仅局限于幼儿园内,教师还需要拓展幼儿的劳动空间,联合家长资源,在家里也开展适宜的种植活动,真正将"家园共育"落到实处。

撰写者:普陀区豪园幼儿园

(二)"健康的便便"主题

"健康的便便"活动方案

1. 设计背景

■ 设计意图

如厕是幼儿生活中的重要环节,能反映幼儿的生活自理能力和卫生习惯。幼儿如厕的问题有:在集体中有时会憋尿,不主动上厕所,上完厕所需要在教师的提醒下整理衣服,自己擦屁股有困难等。造成这类现象的原因有很多,如环境的改变,紧张焦虑的情绪,个别幼儿没有养成良好的生活习惯,家长在家没有培养幼儿健康如厕的意识等。因此,我们设计组织了各种如厕相关活动,创设良好的如厕环境,在环境中展示了一些如厕的小常识,引导幼儿观察自己的小便,辨别自己的小便,知道透明色、浅黄、深黄色的尿液分别代表什么情况,并且注重家园共育,与家长一同帮助幼儿共建良好的如厕习惯,帮助幼儿掌握健康如厕的方法和知识。

■ 方案特质

健康与体能:★★

习惯与自理:★★★★

营养与饮食行为:★★

安全意识与自我保护:★★

自我与适应性:★★★

方案框架

表3-3-2 "健康的便便"活动方案框架

名称	年龄	活动目标	活动内容	健康元素	整合领域
健康的便便	小班	**认知**：知道自己有大小便时要及时上厕所 **情感**：愿意在幼儿园上厕所，不憋尿，不憋便 **行为**：能够在有便意时主动上厕所	活动一： 尿尿真神奇 活动二： 我想便便 活动三： 我会上厕所 活动四： 拉便便 活动五： 便便，便便	● 健康与体能 ● 习惯与自理 ● 自我与适应性 ● 安全意识与自我保护	主题活动： 小宝宝
	中班	**认知**：认识不同状态的大便和小便，知道小便和大便与健康息息相关 **情感**：知道有便意时及时如厕，养成不憋屎、尿，不尿湿裤子，不随地大小便的习惯 **行为**：掌握擦屁股的正确方法，愿意自己将屁股擦干净	活动一： 出发，尿尿消防队 活动二： 便便的奥秘 活动三： 上厕所要赶紧 活动四： 擦屁股 活动五： 便便调查表	● 健康与体能 ● 习惯与自理 ● 自我与适应性 ● 安全意识与自我保护	主题活动： 身体的秘密
	大班	**认知**：掌握大小便与身体健康之间的关系 **情感**：愿意主动观察自己的如厕情况，知道如厕和身体健康息息相关 **行为**：熟练掌握正确的如厕方法	活动一： 肚子里的火车站 活动二： 呀！屁股 活动三： 每个人都会"噗" 活动四： 糊糊·臭臭·便便·球球 活动五： 食物旅行棋	● 健康与体能 ● 习惯与自理 ● 自我与适应性 ● 安全意识与自我保护	主题活动： 我自己

2. 方案总目标

掌握一定的如厕知识，知道健康如厕的好方法。

3. 方案设计

【小班】

活动(1)：尿尿真神奇

■ **活动形态**

生活活动（渗透）。

■ **活动目标**

知道多喝水能使尿液颜色变淡，能主动饮水，保持身体健康。

■ **活动材料**

小便相关的视频。

■ **活动过程**

① 联系生活经验导入

教师：今天程程小朋友突然发现他的尿从浅浅的黄色变成深深的黄色了。

提问：你们知道小便的颜色为什么会变深吗？你的小便是什么颜色？

② 引导幼儿小便时观察尿液颜色

教师：小朋友去尿尿的时候，看看自己的尿是什么颜色。

幼儿讨论小便是浅黄色还是深黄色。

教师：小便变黄了是因为水喝少了，也有可能是生病吃药了。

③ 保健教师介绍平时多喝水的益处

④ 引导幼儿在饮水后，观察小便的颜色

■ **活动提示**

教师鼓励幼儿在平日的生活中多关注自己尿液的颜色，如果发黄就要多喝水。

活动(2)：我想便便

■ **活动形态**

生活活动（渗透）。

■ **活动目标**

敢于大胆向老师表达自己有便意的需求，知道有便意时应及时如厕，不尿湿裤子。

■ **活动准备**

故事PPT。

■ **活动过程**

① 故事导入

教师讲述故事——玩游戏的时候，小朋友玩得很开心，有的在搭积木，有的在捏橡皮泥，还有的在画画,可是只有小刚一个人坐在旁边低着头,双腿夹得紧紧的,飞飞看见了说:"小刚,你快过来玩啊!"小刚低声说:"我小便快来不及了。""那你快跟老师说,可别尿裤子了。"小刚终于鼓起勇气大声说:"老师,我想小便了!"

② 理解故事内容

提问:故事里的小刚想干什么?如果小刚不跟老师说会怎么样?(尿裤子)

教师:你尿过裤子吗?尿在裤子里会有什么感觉?

小结:如果尿裤子了裤子里会冰冰凉凉的、湿湿的,让人很不舒服,而且如果大便拉到裤子里了还会很脏、很臭。

引导幼儿不嘲笑尿裤子的同伴,知道接纳理解对方。

提问:那小刚后来是怎么做的?

教师:你们认为小朋友如果想要小便或者大便的时候应该怎么做?

小结:小朋友们如果感觉想要小便或者大便的时候都可以马上跟老师说,及时去上厕所。

③ 联系生活

提问:那我们可以在什么时候主动去小便或者大便呢?

小结:小朋友们在运动前后、吃饭和点心之前、午睡之前都可以去上厕所,自由活动的时候如果想小便或者大便了也都可以自己去上厕所。

■ 活动提示

教师平时可以在幼儿主动要求大、小便的时候及时肯定和鼓励。

活动(3):我会上厕所

■ 活动形态

生活活动。

■ 活动目标

会用正确的方法如厕,愿意遵守上厕所的规则。

■ 活动准备

PPT课件。

■ 活动过程

① 出示标记,引起兴趣

出示 PPT 中的小脚印,提问:你们在哪里见过这个小脚印?

提问:小便池旁的小脚印有什么用呢?

小结:上厕所的时候踩在小脚印上,就不容易把小便弄到外面了。

② 出示图片示范正确的如厕方法

教师：小脚印就是小便时小脚踩的地方，可即使踩对了位置，还是有小朋友把小便弄到外面。

教师：男孩子先来说说，你们是怎样小便的？

教师：裤子拉到膝盖下，小肚子往前挺起来，眼睛瞄准小便池，弟弟小便好了。

教师：女孩子是怎样小便的？

教师：裤子拉到膝盖下，身体慢慢蹲下去，小手拉住小裤子，妹妹小便好了。

■ **活动提示**

日常生活中教师要关注幼儿如厕的方法，及时提醒和帮助。

活动(4)：拉便便

■ **活动形态**

亲子活动。

■ **活动目标**

- 知道每天大便有利于身体健康，愿意养成每天大便的好习惯，不憋便。
- 了解坐便与蹲便的区别，愿意使用不同厕具排便。

■ **活动过程**

① 家长可以与幼儿一起阅读关于大便的绘本，如《拉便便》《拉粑粑》《呀！便便》等。和幼儿一起讨论每天大便对身体健康的影响。

② 家长和幼儿一起讨论观察坐便与蹲便的不同，帮助幼儿了解不同厕具的使用方法。

③ 家长和幼儿共同设计"每日便便打卡记录表"，记录每天大便的次数和形状。

■ **活动提示**

- 在活动中鼓励幼儿尝试用不同的厕具如厕。
- 便便打卡记录表可以设计成周次表，当幼儿完成一周的便便打卡时，家长可以给予一定的奖励。

活动(5)：便便，便便

■ **活动形态**

个别化学习。

■ **活动目标**

- 幼儿知道不能憋大小便。
- 幼儿和同伴共同讲故事，学习与同伴合作。

■ 活动材料

图书、点读笔。

■ 活动过程

① 用点读笔听故事,知道不能憋尿。

② 和朋友互相讲故事,角色扮演,学说"我要小便/尿尿"。

■ 活动提示

● 教师在活动前指导幼儿学会使用点读笔。

● 根据幼儿表演故事的情况提供相应的头饰。

【中班】

活动(1):出发,尿尿消防队

■ 活动形态

学习活动。

■ 活动目标

● 激发幼儿在活动中能够大胆向老师表达自己有便意的需求,培养良好的卫生习惯。

● 知道有便意时及时如厕,养成不憋屎、尿,不尿湿裤子,不随地大小便的习惯。

■ 活动材料

绘本《出发,尿尿消防队》。

■ 活动过程

① 故事导入

教师讲述故事《出发,尿尿消防队》。

集体讨论:你尿过裤子吗?尿在裤子里会有什么感觉?

小结:现在是冬天,天气很冷,有了大小便不及时去上厕所或不告诉老师就会拉在裤子里,像刚才毛巾放在胳膊上那样,冰冰凉凉的、不舒服,而且拉到裤子里会很脏、很臭。

引导幼儿说一说有了大小便该怎么做。

② 引导幼儿观看课件,激发幼儿在活动中能大胆表达自己有便意的需求

提问:小朋友们在干什么?他怎么啦?他是怎么做的?你喜欢刚才的小朋友吗?为什么?

小结:当你想尿尿的时候,这就是厕所向你发出的"求救信号"。是厕所需要你,所以要变身为"尿尿消防队"去厕所"放水"。

③ 学习如厕好方法

看图一起学一学如厕的方法。

■ **活动提示**

男女生如厕方法不同,可以分开开展教学活动。

活动(2):便便的奥秘

■ **活动形态**

学习活动。

■ **活动目标**

- 简单了解食物消化吸收并转化成粪便的过程。
- 观察几种不同的便便,知道便便与健康息息相关。

■ **活动材料**

故事《苹果旅行记》、食物转化成粪便的卡通图片课件。

■ **活动过程**

① 幼儿观察图片,导入活动

幼儿观察图片(一幼儿坐在马桶上排便)。

提问:小朋友每天都排便吗?为什么我们每天都要排便呢?

② 苹果旅行记

出示视频,教师:今天有个苹果它想去我们的身体里旅行,让我们一起来看看它来到了身体的哪些部位?

提问:刚才苹果宝宝先来到了哪里?它和谁在一起玩游戏?

教师:咽下去的食物经过了哪里?你们知道食道有什么本领吗?食道有运输功能,被运输的食物会来到哪里呢?(胃)你们知道胃宝宝有什么功能呢?(能够把苹果消化掉)

教师:经过胃部的消化,食物变成糊状了,糊状的食物又来到了哪里旅行呢?(可请幼儿猜一猜这是什么——小肠)小肠有什么本领呢?(小肠会帮助我们吸收食物中的各种营养)

教师:身体将食物中的营养吸收后,剩下的残渣会去哪里旅行呢?(可请幼儿猜一猜这是哪里——大肠)大肠将食物残渣中的水分吸收掉,最后将没用的残渣——大便通过肛门排出去。这就是大便形成的过程。

③ 不同的便便

提问:你们观察过自己的大便吗?它是什么样的呢?

引导幼儿交流自己排出的不同大便及排便时的感受,如干干的,稀稀的,不干不稀的,有时排便会肚子疼,有时很费劲等。

提问:为什么会排出不同的大便呢?(幼儿根据已有经验展开讨论)

引导幼儿观察图片,讨论哪种大便是正常的。

小结:正常的大便是棕黄色的,稀稀的大便说明肠胃出问题了,大便干说明便秘了,墨绿色大便说明蔬菜吃多了……

④ 活动延伸:吃健康的食物才可排出正常的大便

教师:今天老师带来了很多好吃的东西,请大家去分一分,怎么吃才能让自己的身体变得棒棒的,排出的大便是正常的,请小朋友一起回去配一份营养午餐吧!

幼儿可在个别化学习活动时配营养菜谱。

活动(3):上厕所要赶紧

■ **活动形态**

生活活动(渗透)。

■ **活动目标**

有便意的时候要及时去厕所,不憋尿。

■ **活动材料**

绘本《如果不赶紧上厕所》、PPT课件、一件湿湿的小衣服。

■ **活动过程**

① 阅读绘本,理解故事内容

教师读故事:明一珍惜一切玩耍的时间,哪怕是想上厕所也要等一等再去。今天明一盼望已久的参观科技馆活动开始了。他和同学们看到了各种新奇的科技成果。明一正兴致勃勃时,却因尿裤子错过了"太空旅行"中最重要的部分。沮丧的明一知道了想上厕所时是不能拖延的,否则会更麻烦,并且也学会了合理安排时间。

提问:故事里的明一小朋友遇到了什么问题?

小结:原来上厕所是不能拖延的,否则会更麻烦。

② 幼儿经验共享

提问:我们有没有遇到过上厕所很着急的时候呢?在幼儿园都是什么时候去上厕所呢?

小结:我们在运动前、午睡前、吃饭前、离园前都会留出时间做准备工作,这个时候是可以上厕所的。不管是什么时候,如果真的感觉想小便了,要及时去厕所,不要憋尿。

③ 活动延伸

请幼儿回家后为自己设计一张家庭作息时间表,按照作息表的时间作息。

建议:作息表要包括洗漱时间,提示自己如果有大小便要及时去。

活动(4)：擦屁股

■ **活动形态**

个别化学习。

■ **活动目标**

● 掌握擦屁股的正确方法。

● 愿意自己动手将屁股擦干净。

■ **活动材料**

椅子一把、气球两个、巧克力酱、厕纸若干。

■ **活动过程**

① 将厕纸对折，对准两个气球中间的巧克力酱，用厕纸从里往外擦。

② 擦完一次把厕纸折一下，再擦一次。

③ 每张厕纸最多擦两次。如果没有擦干净，需要再拿一张厕纸继续擦，直到擦干净。

■ **活动提示**

● 教师请幼儿分享能擦干净且不弄脏手的好方法，可以用记录纸记录下来。

● 教师也可以投放不同材质的厕纸，让幼儿体会用不同的厕纸把"屁股"擦干净。

图 3-3-8

活动(5)：便便调查表

■ **活动形态**

亲子活动。

■ **活动目标**

能通过记录大便的次数和颜色、形状了解身体健康状况，及时调整饮食。

■ **活动过程**

① 幼儿可以和家长一起讨论大便的颜色和形状，了解不同大便颜色和形状的成因。

② 鼓励幼儿尝试做便便调查表，观察大便颜色、形状，排便次数的不同意义，并根据便便调查表调整饮食。

■ **活动提示**

● 家长可以与幼儿一起讨论大便的颜色和形状，找到导致大便颜色和形状不同的原因。

● 家长可帮助幼儿做一周便便调查表记录，并根据不同的大便情况改变进餐习惯，还可以拍摄一些进餐相关的视频、照片，并发送到家园共育平台上进行分享。

【大班】

活动（1）：肚子里的火车站

■ 活动形态

学习活动（集体）。

■ 活动目标

- 欣赏故事，初步了解食物在体内的消化过程。
- 学会选择健康的食物，愿意养成良好的饮食习惯。

■ 活动材料

《肚子里有个火车站》课件。

■ 活动过程

① 出示绘本《肚子里有个火车站》，引导幼儿观察封面，猜测故事情节，激发幼儿欣赏故事的兴趣

提问：小朋友看看，图上有什么？（大草莓、小人、火车）

引导幼儿猜测：这是在什么地方？发生了什么事情？

小结：这是一个火车站，让人奇怪的是这个火车站在一个小朋友的肚子里，想知道发生了什么事情吗？跟我一起走进故事《肚子里有个火车站》吧！

② 教师声情并茂地讲述绘本故事《肚子里有个火车站》，帮助幼儿初步理解故事内容

教师逐页讲述绘本故事，一边讲一边引导幼儿观察画面。

借助提问帮助幼儿理解故事内容。

提问：朱莉娅的肚子里为什么会发出"咕噜噜"的声音？肚子里的精灵们的工作是什么？朱莉娅吃午餐的时候，肚子里的精灵们为什么会那么生气？肚子里的精灵们把食物装进火车车厢后，火车会开往哪里？火车站里的温度为什么会越来越低？后来朱莉娅的肚子为什么会疼起来？你有没有过像朱莉娅一样肚子疼的经历？最后朱莉娅的肚子为什么又不疼了？

③ 欣赏绘本《肚子里有个火车站》PPT，让幼儿初步了解食物在体内的消化过程

请幼儿欣赏绘本《肚子里有个火车站》PPT，再次熟悉故事，提醒幼儿重点观察食物在朱莉娅肚子里的消化过程。

提问：朱莉娅吃的食物到了肚子里以后，小精灵会怎么做？小精灵把火车开到小肠里，又会做什么？

小结：食物进入肚子里以后，小精灵们会把食物弄成泥状，再运到小肠里。小肠里有很

多血管,会把"泥"中的营养输送到血液里,剩下的没有用处的东西,就会被运到大肠,再通过一个小门出来到马桶里。

④ 幼儿讨论:如何正确饮食

教师:每个小朋友都跟朱莉娅一样,肚子里也有一个火车站和许多小精灵,我们平时怎样做才能让肚子里的小精灵高高兴兴地工作,让自己不生病?如果你是肚子里的小精灵,你会对小朋友们说什么?

幼儿结合自己的生活经验,分组进行讨论。

小结:小朋友平时吃东西的时候,一定要细嚼慢咽,少喝饮料,少吃甜食和生冷食物,多吃蔬菜,多喝白开水,这样我们肚子里的小精灵才能快乐地工作,我们的身体才能健健康康!

活动(2):呀!屁股

■ **活动形态**

亲子活动。

■ **活动目标**

与家人一起阅读《呀!屁股》,了解屁股的作用。

■ **活动过程**

① 幼儿与家长一起阅读绘本《呀!屁股》,了解屁股的相关知识。

② 家长和幼儿共同探讨有关屁股的话题,了解屁股的作用,养成保护自己身体的好习惯。

■ **活动提示**

家长可以结合日常生活让幼儿进一步了解身体的各种器官的作用。

活动(3):每个人都会"噗"

■ **活动形态**

学习活动(集体)。

■ **活动目标**

- 积极探究和了解关于放屁的一些知识,知道放屁是正常的生理现象。
- 能比较清楚地用语言表达探究中的体会与感受。

■ **活动材料**

课件、图书。

■ **活动过程**

① "噗"声导入,引出讨论话题

提问：找找身体的什么部位可以发出声音？

播放"噗"的声音。

提问：今天老师带来了一本书，讲的就是我们的身体和身体中的声音。在看书之前先来听一个声音，听听这是什么声音？

② 讲述故事，知道放屁是正常的生理现象

出示PPT，引入故事，知道"噗"是忍不住的。

教师讲述故事开头——小强忍住不"噗"。

提问："噗"能忍得住吗？"噗"到底是什么？怎么形成的？真的有那么奇怪吗？

知道每个人都会放屁以及屁的形成原因。

提问：家里谁会"噗"？你们"噗"过吗？生活中你发现谁也"噗"过？

出示图片。（有肠和肛门的生物都会"噗"）

小结：原来我们有肠和肛门，可以帮助我们顺利地"噗"。

猜测、观看动画了解屁是如何形成的。

③ 积极探究，探索关于屁的知识和秘密

引发幼儿猜测人每天要"噗"多少次。

提问：谁来猜一猜，我们人类每天要"噗"多少次呢？

小结：我们不但每天要"噗"，而且"噗"的次数还不少呢。差不多10次左右。

激发幼儿继续探究的兴趣。

幼儿自主观看探究图片（食物与放屁行为以及身体的关系）。

提问：你们都看懂图片了吗？谁来说说"噗"的秘密呢？

小结：原来"噗"和我们吃的东西有关系。有些食物吃了后"噗"会有特殊味道，有些食物吃了后"噗"会变得很臭很臭，有些食物吃了以后"噗"会变得很多很多，"噗"有时还会告诉我们身体不舒服了。小强这下搞清楚了，"噗"一点都不奇怪。

共同探讨：有什么方法可以让自己在放屁的时候不那么尴尬？

小结：当你的"噗"影响到别人的时候，别忘了说句对不起。

④ 出示图片，激发幼儿再探索的愿望

出示海葵、珊瑚和水母图片。

提问：它们是什么？它们会"噗"吗？世界上所有的动物都会"噗"吗？（幼儿猜测）

激发幼儿继续探究的愿望。

教师：阅读区角有关于"噗"的科学图画书,你们可以去寻找答案。

活动(4)：糊糊·臭臭·便便·球球

■ **活动形态**

亲子活动。

■ **活动目标**

- 了解大便与身体健康的关系,知道不同大便状态表示不同的身体健康情况。
- 能在生活中关注自身排便情况,出现问题时能及时寻求帮助。

■ **活动过程**

① 幼儿与家长一起阅读绘本《糊糊·臭臭·便便·球球》,了解大便的不同状态。

② 家长和幼儿共同探讨：怎样的生活习惯会导致怎样的大便？

■ **活动提示**

家长与幼儿共同设计准备一张便便记录表,幼儿可记录每天大便的形状、颜色等,鼓励幼儿健康生活。

活动(5)：食物旅行棋

■ **活动形态**

个别化学习。

■ **活动目标**

- 了解食物在身体内经过的路线,以及身体内一些器官的作用。
- 知道一些简单的饮食健康知识,分享保护器官的方法。

■ **活动材料**

棋盘、骰子、棋子、器官图、机会卡、任务骰子、记录本。

■ **活动过程**

① 根据棋子的提示正确地进行数字与器官的配对,然后开始下棋。配对正确并说出器官名称的幼儿摸一张"答对机会卡",反之则摸一张"答错惩罚卡"。也可选难度,掷挑战骰子,完成挑战内容则可摸一张"答对机会卡",反之则摸"答错惩罚卡"。

② 答对了就根据提示将器官图贴在相应部位,将器官图贴好,游戏结束。

■ **活动提示**

- 在游戏过程中,幼儿可自定参与人数,2—4人均可。
- 游戏中幼儿可以自定游戏规则,只要游戏参与者均认可即可。

■ 活动资源

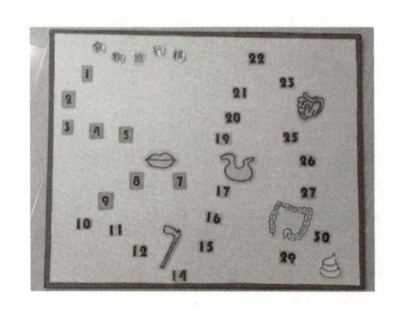

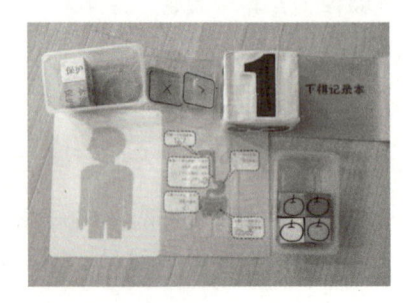

图 3-3-9

撰写者：普陀区豪园幼儿园　普陀区教育学院　董莉莉

【成效与感悟】

便便与健康

教师如何支持大班幼儿更好地在生活中积累自我保护、爱护自己身体的经验呢？我们着手实践与探索。

场景一

盥洗结束，保育老师突然进到教室询问："刚才谁大便了？"

无人回应。

"怎么了？"我问。

"刚才有人大便了，虽然冲了，但残留的痕迹像是拉肚子了。"保育老师回答。

我再次询问孩子们："刚才谁大便了？是不是有什么不舒服？"

幼儿依旧面面相觑、无人回应。

分析

随着年龄增长，大班幼儿的生活自理能力逐步提高，尤其在如厕方面，幼儿能够自主如厕、穿脱裤子以及使用便纸，较少需要教师的帮助。可正因为幼儿的生活自理能力提升，部分与幼儿健康息息相关的如厕观察却变得不方便了。幼儿大便后自主擦拭、自主冲洗，教师较少有机会能够通过大便的状态判断幼儿的健康状况。一旦幼儿出现拉肚子的情况，而如果教师无法及时发现，就很容易加重病情，这甚至还有可能是传染病的发生前兆。

从心理角度来说，大年龄段幼儿自我意识开始增强，会羞于和老师讲述大便的经历，所以，没有幼儿愿意"承认"刚才大便了。

● 思考与分析

如何让"大便"这件事变得寻常，使得幼儿愿意"自然"谈论？同时，如何支持幼儿了解大便与健康的关系呢?

轻松谈话,化解幼儿"羞于"谈论的心理。

如何化解幼儿"不愿谈论"和"害羞"的想法呢?我发现,家庭和幼儿园都无意识中让幼儿们觉得"大便"是个不太文明的话题,不适合在集体面前谈论,导致幼儿不愿意谈论。必须先打通心理上的"结"。

场景二

我与幼儿进行了一次个体"闲聊",说说为什么不愿意在集体中说大便这件事?我听到了幼儿不同的声音:

甜甜:妈妈说过,不能一直说大便大便,很不礼貌的。

浩浩:我觉得说自己大便了会很不好意思的。

扬扬:我每次大便好了就直接冲走了,不知道是不是我的,就没举手。

修曼:我也不知道什么样子的大便是不太好的呀。

涵涵:有时候我看到自己的大便烂烂的,我不知道该怎么办……就冲走了。

● 思考与分析

通过谈话,我发现了行为背后的不同原因:有的出于害羞,有的直接冲走并未注意,还有的感觉到便便和平时不同,但不知所措。

于是,一场关于"便便了怎么办?"的讨论在班中开始了。经过讨论,大家认识到:大便很正常,虽然是隐私,但是一旦"有问题"或"不健康",需要立刻和老师私下说明,寻求帮助。

讨论后,我进一步思考如何支持幼儿对自身大便情况进行关注,丰富相关知识,同时又避免这"不雅"话题的尴尬。

下一步计划

绘本支持,引发幼儿对于大便的关注。

我在班级图书角投放了图画书《糊糊·臭臭·便便·球球》,里面有关于不同状态的大便与身体健康的关系的内容。幼儿通过自由自主阅读,关注大便与健康的关系。

图 3-3-10

环境创设,支持幼儿自主观察大便。

在盥洗室小马桶区域,我创设了"便便与健康"环境,准备了呈现各类大便情况的图片。发挥环境的教育作用,帮助幼儿即刻对比了解自己的身体状况。通过看一看、贴一贴等与环境的互动加深对不同大便状态的了解。借助环境,教师也解决了无法观察幼儿大便情况的"烦恼"。

图 3-3-11

反思总结

① 通过行为,寻找背后的缘由

"一对一倾听"让我获悉了幼儿真实的想法,进而有针对性地开展集体交流,消除幼儿的畏难情绪。正确地、积极地面对自己的身体健康。

② 因材互动,体验式积累经验

从幼儿的年龄特点、学习特点出发,发挥环境的教育价值,使得健康教育不是枯燥的传授,而是自主体验中的自然习得。

③ 健康生活,自然衔接终身受益

健康生活受益终身,伴随年龄的增长,幼儿走出家庭,有了更多独立生活的机会,为此对自身生理状况的关注尤为重要。

"如厕"是件小中见大的事,通过环境支持,幼儿不仅提升了自我保护能力,更为后续走入小学、走入社会打下健康生活的基础。

撰写者:普陀区豪园幼儿园　普陀区教育学院　周骏蔚

四、"自我与适应性"篇

"护蛋行动"主题

"护蛋行动"活动方案

1. 设计背景

■ **设计意图**

《3—6岁儿童学习与发展指南》健康领域中明确指出:愉快的情绪是幼儿身心健康的重要标志,是其他领域学习与发展的基础。关怀是爱的教育的重要部分,幼儿关怀他人、他物或接受他人的关怀,有助于其保持良好的情绪状态。新小班阶段的幼儿,由于年龄特点对于"关怀"的认知少;中大班幼儿对"关怀"的认知也容易知行不合一。

实践中,我们发现:虽然幼儿对外界事物充满好奇,渴望独立参加实践活动,但他们从事独立活动的经验及能力水平远跟不上他们的需要。这使得我们在开展健康教育活动时,首先应考虑"以游戏为主",寓教育于游戏,对幼儿产生潜移默化的影响。其次,健康教育的内容应尽可能具体化、形象化,并具有新颖性。

基于上述分析,"护蛋行动"应运而生。护蛋过程就是游戏的过程,我们选择了生活中常见的、孩子们非常熟悉且经常吃的"蛋",作为游戏"伙伴"。小小的鸡蛋对孩子来说本无太大的意义,仅仅是食物,但是当它们成了孩子们的"蛋宝宝",孩子们成为"蛋宝宝"的"爸爸妈妈"时,一场有意义的感悟生命的"游戏"开始了。"护蛋行动",借助家园互动、专题活动和基础型课程整合实施,覆盖小、中、大三个年龄段,具体活动内容有:护蛋行动、我爱蛋宝宝、怎样保护蛋宝宝、编蛋网、送蛋网、关怀身边的人等。通过"护蛋行动",帮助幼儿形成积极稳定的情绪,体验关怀所带来的满足和快乐;促进健康情感、态度、认知能力等各方面的发展。

■ **方案特质**

健康与体能:★★★

习惯与自理:★★★

营养与饮食行为:★★

安全意识与自我保护:★★★

自我与适应性:★★★★

■ **方案框架**

表3-4-1 "护蛋行动"活动方案框架

名称	年龄	活动目标	活动内容	健康元素	整合领域
护蛋行动	小班	认知: 在成人的引导下,探索保护鸡蛋的方法 情感: 保持较稳定的情绪,关爱自己的蛋宝宝,体验护蛋行动带来的满足和快乐 行为: 愿意模仿爸爸妈妈照顾自己,去关心爱护好蛋宝宝,在成人引导下努力完成"护蛋"任务	活动一: 鸡蛋营养好 活动二: 怎样保护蛋宝宝 活动三: 拾鸡蛋 活动四: 护蛋真快乐	• 营养与饮食行为 • 自我与适应性 • 习惯与自理能力 • 健康与体能	科学:知道鸡蛋营养价值高。了解保护蛋宝宝的各种方法,想办法保护蛋宝宝 社会:喜欢承担一些小任务。在成人的提醒下,爱护蛋宝宝。愿意和小朋友一起游戏。为自己的良好行为和活动成果感到高兴 提示: 可创设心情墙作为环境支持,运用公众号等进行家园互动
	中班	认知: 探索运用不同材料保护鸡蛋的方法 情感: 经常保持愉快稳定的情绪,用适当的方法表达自己对蛋宝宝的关心,分享关怀蛋宝宝所带来的满足和快乐 行为: 愿意和成人一起想办法保护自己的蛋宝宝,努力完成"护蛋"任务	活动一: 有营养的鸡蛋 活动二: 保护蛋宝宝 活动三: 找蛋 活动四: 我会关心你	• 营养与饮食行为 • 健康与体能 • 自我与适应性 • 习惯与自理能力	科学:知道鸡蛋相关的基本常识和营养价值。了解生鸡蛋易碎的特性,尝试运用多种方法保护蛋宝宝 社会:愿意与主动参加群体活动,敢于尝试有一定难度的活动和任务,知道接受了的任务要努力完成。能体会到父母为养育自己所付出的辛劳,有关心、体贴父母、亲人的表现 提示: 可创设心情墙作为环境支持、运用线上平台进行家园互动

续表

名称	年龄	活动目标	活动内容	健康元素	整合领域
	大班	认知： 知道鸡蛋能给人提供丰富的营养，蛋宝宝是一个幼小的生命，需要被关怀和保护 情感： 保持愉快、稳定的情绪，能用适当的方式表达情绪；感悟关怀他人所带来的满足和快乐 行为： 探索保护生鸡蛋的不同方法，并能创造性地运用辅助材料，坚持完成"护蛋"任务	活动一： 保护蛋宝宝 活动二： 关心家人 活动三： 传蛋接力 活动四： 编蛋网	● 营养与饮食行为 ● 自我与适应性 ● 习惯与自理能力 ● 健康与体能	科学： 知道鸡蛋能做成各种蛋制品，营养价值高。了解生鸡蛋易碎的特性，尝试运用多种方法保护蛋宝宝 社会：主动承担任务，遇到困难能够坚持而不轻易求助。产生关怀体贴家人的意识。认真负责地完成任务 艺术：通过自主学习、合作探究，掌握最基本的绳结编织法，编织蛋网 提示： 可创设心情墙作为环境支持，运用线上平台进行家园互动

2. 方案总目标

探索保护生鸡蛋的不同方法，在"护蛋行动"中情绪积极稳定，体验关怀他人所带来的满足和快乐。

3. 方案设计

【小班】

活动（1）：鸡蛋营养好

■ 活动形态

学习活动（集体）。

■ 活动目标

● 通过说蛋、剥蛋、吃蛋、找蛋、品尝美味的鸡蛋菜肴等，进一步了解蛋的营养价值。
● 让幼儿在积极、愉快的情绪中拓展经验、分享快乐。

■ 活动准备

生、熟鸡蛋（无菌蛋），各种餐具，美味的鸡蛋菜肴，课件等。

■ 活动过程

① 说蛋

出示鸡蛋，提问：鸡蛋里面什么样？

幼儿猜测、验证。

② 吃蛋

提问:鸡蛋煮熟后有什么变化?

让幼儿通过动手剥蛋了解蛋的结构。(蛋壳、蛋清、蛋黄)

通过吃蛋让幼儿知道鸡蛋的多种吃法。(煮、炒、煎、蒸等)

提问:你喜欢吃蛋糕吗?(引出含有鸡蛋的食品)

通过课件展示含有鸡蛋的食品。

③ 找蛋游戏

通过课件上的图片,让幼儿找出图片中的鸡蛋或含有鸡蛋的食品。

④ 了解鸡蛋的营养

提问:生活中为什么大家都喜欢吃鸡蛋,而且还这么喜欢吃鸡蛋做的食物?

保健教师介绍鸡蛋的营养价值。

⑤ 品尝鸡蛋的菜肴

幼儿观看老师带来的食物。(虎皮蛋、蛋饼、鸡蛋炒西红柿等)

品尝美味的鸡蛋菜肴。

⑥ 活动延伸

每人准备一个鸡蛋壳,制作蛋壳宝宝。

活动(2):怎样保护蛋宝宝

■ **活动形态**

学习活动(集体)。

■ **活动目标**

● 了解保护蛋宝宝的各种方法,想办法保护蛋宝宝。

● 有初步的关心、爱护蛋宝宝的情感。

■ **活动准备**

PPT 课件。

■ **活动过程**

① 出示鸡蛋,引起兴趣,幼儿自由讨论

小结:蛋宝宝一摔就会碎,我们要想办法不让蛋宝宝破碎。

② 看一看、说一说保护鸡蛋的方法

出示用吸管、海绵制作的蛋宝宝保护罩图片。

提问：哥哥、姐姐们是怎么保护蛋宝宝的？用了什么好方法？

教师分享自己的方法：用快递纸盒与海绵包装，把蛋宝宝装在盒子里并用海绵保护，不让蛋宝宝摇晃。

提问：老师是怎么保护蛋宝宝的？用了哪些材料保护鸡蛋？

小结：不要让蛋宝宝碰到硬的东西，不摇晃蛋宝宝，这样就能保护蛋宝宝。

③ 护蛋行动

亲子任务：和爸爸、妈妈一起保护蛋宝宝，参加护蛋行动。

活动(3)：拾鸡蛋

■ 活动形态

运动游戏。

■ 活动目标

- 听指令按指定方向来回跑，锻炼腿部肌肉的力量。
- 遵守游戏规则，体验护蛋的快乐。

■ 活动准备

模拟鸡窝1个、海洋球40个，大篮子1个，音乐，与小鸡相关的视频。

■ 活动过程

① 热身运动——师幼进行律动活动"小鸡出壳"

鸡蛋鸡蛋圆溜溜，小鸡宝宝住里头，小鸡宝宝要出壳，它要怎么做？

小脚蹬一蹬，蹬一蹬，蹬一蹬；

屁股顶一顶，顶一顶，顶一顶；

翅膀推一推，推一推，推一推；

小嘴啄一啄，啄一啄，啄一啄。

哇，小鸡出壳啦！

② 基本活动

幼儿自主尝试用各种方式从老师身边到鸡窝旁。

提问：鸡妈妈生了许多蛋，请小朋友帮忙去拾鸡蛋，想一想、试一试我们可以怎样到鸡窝那边？

幼儿自主活动。

请个别幼儿演示自己的方式。（走过去、跑过去、爬过去、跳过去）

观察比较各种运动方式，师幼共同寻找速度最快的方式。

教师交代跑步的相关要领，全体幼儿听指令按照指定方向跑步。教师定点站位，幼儿听到"跑"的指令后从原点跑向教师，教师喊"停"时幼儿停止跑步。

③ 游戏：拾鸡蛋

交代游戏规则：教师喊"跑"时幼儿开始从"家里"跑到鸡窝旁边，拾一个鸡蛋，把拾回来的鸡蛋轻轻地放进教师的篮子里。

请个别幼儿示范游戏一次。

集体游戏2—3次。（每次变化不同的地点）

④ 放松运动

播放音乐做放松运动。

活动(4)：护蛋真快乐

■ **活动形态**

生活活动。

■ **活动目标**

讨论在幼儿园里关心蛋宝宝的好方法。

■ **活动准备**

- 收集宝宝在幼儿园关心蛋宝宝的照片。
- 幼儿带来幼儿园的蛋宝宝。

■ **活动过程**

① 活动导入，引起兴趣

教师：看看我们的蛋宝宝，它们今天高兴吗？听听蛋宝宝为什么这么开心？（蛋宝宝：小主人每天都来关心我）

小结：小主人非常关心蛋宝宝，无论做什么事情都会想到蛋宝宝，所以蛋宝宝很开心。

② 观看照片，介绍方法

提问：你是怎么关心你的蛋宝宝的？

小结：宝贝们每天都会在自由活动的时候去看看蛋宝宝，中午吃好饭带着蛋宝宝去散步、晒太阳，有的宝贝还会摸摸蛋宝宝、和它说说话呢！

出示幼儿关心蛋宝宝的照片，提问：其他人是怎么关心蛋宝宝的呢？

小结：原来我们除了可以陪着蛋宝宝晒太阳、做游戏、聊天，还可以在吃饭的时候、睡觉的时候把蛋宝宝放在身边，陪着它们，有了你们的陪伴和关心，蛋宝宝们的心情都很愉快。

【中班】

活动(1)：有营养的鸡蛋

■ **活动形态**

学习活动(集体)。

■ **活动目标**

- 了解鸡蛋的营养价值。
- 乐意自己动手剥蛋、品尝鸡蛋，体验劳动的快乐。

■ **活动准备**

生、熟鸡蛋(无菌蛋)，美味的鸡蛋菜肴，课件等。

■ **活动过程**

① 认识生鸡蛋

引导幼儿观察生鸡蛋的外形特征：颜色、形状、触摸后的感觉。

让幼儿预测鸡蛋剥壳以后是什么样子。

教师：打开鸡蛋，看看鸡蛋里面到底是什么样子的。

② 比较生、熟鸡蛋的不同

共同讨论：生鸡蛋怎样才会变成我们平时吃的样子？

出示煮熟的鸡蛋，观察比较生鸡蛋和熟鸡蛋的不同。

幼儿观察煮熟的鸡蛋，自己动手剥鸡蛋，观察蛋白和蛋黄并品尝味道。

③ 生活中的蛋制品

出示几种食品，请幼儿帮助辨别哪种食品中有鸡蛋的成分。

讨论：你还知道生活中有哪些蛋制品？

活动(2)：保护蛋宝宝

■ **活动形态**

学习活动(集体)。

■ **活动目标**

了解生鸡蛋易碎的特性，尝试运用多种方法保护蛋宝宝。萌发关心蛋宝宝的情感。

■ **活动过程**

① 幼儿说一说、做一做

提问：妈妈送给贝贝什么礼物？贝贝为什么哭了？蛋宝宝为什么破了？

讨论：蛋宝宝除了掉到地上会破，还有什么情况也会破？

小结：蛋宝宝特别脆弱，碰到地面、桌子、石头等硬的东西就特别容易破，我们用力攥着它的时候也会破。我们一起想办法保护蛋宝宝吧。

② 幼儿自由讨论保护蛋宝宝的方法

③ 幼儿动手操作：保护蛋宝宝

教师出示神秘的材料盒（里面有棉花、小石头、网袋、托盘、橡皮泥、报纸、碎布等），玩"摸宝"的游戏，幼儿逐一摸出材料，师幼共同将辅助材料按软硬分类。

幼儿动手操作，记录试验结果。用笑脸标记能保护蛋宝宝的材料，用哭脸标记不能保护蛋宝宝的材料。

教师观察幼儿运用同种材料的不同方法，指导幼儿运用不同方法保护蛋宝宝。

④ 分享交流：鼓励幼儿大胆讲述自己的想法与做法

⑤ 活动延伸：护蛋任务

每名幼儿拿一个生鸡蛋，选择合适的方法保护蛋宝宝一天，鼓励幼儿为完成任务而努力。

活动(3)：找蛋

■ 活动形态

运动游戏。

■ 活动目标

- 锻炼平衡、攀爬能力。
- 能遵守游戏规则，体验帮助鸡妈妈找到蛋宝宝的快乐。

■ 活动准备

轮胎、乒乓球、盘子、竹梯、大型滑梯等。

■ 活动过程

① 热身运动

老师带领幼儿用轮胎做器械操。

② 基本活动

教师：黄鼠狼把鸡妈妈的蛋（乒乓球）偷走了，需要中班小朋友帮忙，把鸡蛋找回来。

分组练习：幼儿分成两组，用轮胎铺成两条路分别到达滑梯下方的不同攀爬区。分组进行练习，从不同路线攀爬，到达滑梯后滑下。两组交换路线进行练习。（把乒乓球和盘子分别放在滑梯的两旁）

③ 集体游戏:找蛋

玩法:分两组竞赛。找回鸡蛋多的队伍获胜。

规则:按照规定路线找蛋,不遗漏。

④ 放松运动

幼儿放松活动,并整理物品。

活动(4):我会关心你

■ 活动形态

生活活动。

■ 活动目标

尝试用自己的行动关心身边的亲人。

■ 活动准备

幼儿带来的蛋宝宝。

■ 活动过程

① 回顾活动

教师:我们已经带着蛋宝宝第三周了。你们来说说照顾蛋宝宝的感受。

小结:大家觉得照顾蛋宝宝要十分小心,这不是一件简单的事情。

② 关心家人

提问:在家里谁最关心你?是怎么关心你的?

小结:虽然照顾蛋宝宝只有三周,但是我们明白了关心需要时间,需要耐心和细心。就像爸爸、妈妈、爷爷、奶奶照顾我们一样。

讨论:如果请你把蛋宝宝送给家人,你最想给谁?说一说理由。

小结:因为家人很关心我们,所以我们想把蛋宝宝送给他们表达我们的爱。

③ 活动延伸

请幼儿回家用行动关心身边的亲人。

【大班】

活动(1):保护蛋宝宝

■ 活动形态

学习活动。

■ 活动目标

● 通过探索、操作、讨论,积累一些保护鸡蛋的好方法。

- 了解妈妈爱护宝宝的辛苦,感受并体验保护事物时秉持的关怀之心。

■ **活动准备**

生鸡蛋若干(无菌蛋)、大米、纸巾、绳、布、纸盒等辅助材料,介绍鸡蛋的PPT。

■ **活动过程**

① 出示蛋宝宝,引起幼儿兴趣

讨论:你们发现鸡蛋有什么秘密吗?(鸡蛋是圆的,会滚动,蛋壳很薄很脆、容易碎)

小结:所以我们要非常小心,动脑筋用一些好方法保护蛋宝宝。

② 通过实验,验证结果

提问:刚才,你们说鸡蛋掉下来不会碎,到底行不行呢?让我们一起来试试吧!

自选材料,分小组进行操作,呈现操作结果。

幼儿分组实验,教师拍摄短视频,记录。

实验结束,请幼儿大胆在集体面前一边操作一边介绍自己的方法。

小结:比较柔软的物体可以保护鸡蛋,让鸡蛋不那么容易碎。

③ 使用材料,保护蛋宝宝

幼儿讨论护蛋的方法。

幼儿利用各种辅助材料,用自己喜欢且有效的方式保护鸡蛋。

引导幼儿可以用棉花包裹鸡蛋放在纸盒里,或用手帕包好放在口袋里,装进蛋网,用鸟窝装蛋,用铺有稻草的篮子装蛋,用布包蛋等。

幼儿展示介绍自己的护蛋方法。

小结:每一颗鸡蛋都是鸡妈妈的宝贝,鸡蛋被保护好就不那么容易碎了,我们要像妈妈照顾我们一样,关心爱护自己的鸡蛋,你们想了很多好办法把自己的鸡蛋保护起来,希望你们能成功地完成护蛋行动。

④ 游戏:传蛋接力

玩法规则:以竞赛的形式分成两队,幼儿排成一排听音乐完成指定动作进行传蛋接力。每成功将一个鸡蛋送至终点得一分,如鸡蛋破损则不得分,分数高的队伍胜利,如两队送蛋数量一样,则速度快的队伍获胜。

游戏小结:肯定幼儿小心运蛋的行为,并对幼儿进行关怀意识教育。

⑤ 活动延伸:护蛋任务

提问:玩了刚才的游戏,你们觉得在护蛋行动中我们需要注意什么?

小结:在接下来的活动中,你们要保护好自己的蛋宝宝,时刻关心了解蛋宝宝的情况,照顾好它。等到护蛋行动活动结束后,看谁的鸡蛋完好无损,这次的护蛋行动才算圆满成功。

活动(2):关心家人

■ **活动形态**

生活活动。

■ **活动目标**

从保护鸡蛋中感悟家人的好,从而产生关怀体贴家人的意识。

■ **活动准备**

关心家人的图片。

■ **活动过程**

① 交流自己在"保护蛋宝宝"活动中的体会

② 引发关爱家人的意识

讨论:小朋友平时可以怎样关爱爸爸妈妈呢?

③ 幼儿自由观看图片,讨论、讲述图片内容

教师提醒幼儿把看到的图片内容讲述给小伙伴听,如果不明白可以相互讨论。

幼儿交流。

教师小结。

活动(3):传蛋接力

■ **活动形态**

运动游戏。

■ **活动目标**

- 在传蛋接力中,尝试控制躯干、手、眼的协调,平稳地传递鸡蛋。
- 喜欢竞赛游戏,体验保护鸡蛋的不易。

■ **活动材料**

生鸡蛋若干(无菌蛋)、记分牌、音乐。

■ **活动过程**

① 热身活动

热身操:扭扭脖子、扭扭腰、压压腿、转转手腕、脚腕。

② 开始部分

游戏玩法规则:以竞赛的形式分成两队,幼儿排成一排听音乐完成指定动作进行传蛋接

力。每成功将一个鸡蛋送至终点得一分,如鸡蛋破损则不得分;分数高的队伍获胜,如两队送蛋数量一样,则速度快的队伍获胜。

传蛋接力竞赛,统计得分,交流得分的经验。

调整玩法:也可分四队进行游戏。

③ 结束部分

游戏后放松、拉伸,自由分享。

活动(4):编蛋网

■ **活动形态**

学习活动。

■ **活动目标**

● 在多媒体课件的辅助下,激发幼儿编网袋的兴趣,并通过自主学习、合作探究,掌握最基本的绳结编织法,编织一个小网袋。

● 在学习、交流、动手操作的过程中,发展思维能力、想象能力、创新能力,培养做事认真细致的良好习惯及合作意识、审美情趣。

■ **活动过程**

① 出示蛋袋,了解寓意

教师:这个就是立夏的蛋袋,孩子们挂在脖子上,迎接夏天,它还有极好的寓意——可保佑孩子整年平平安安,健健康康。

② 认识网袋,了解编织技巧

出示网袋实物引导幼儿观察。

提问:它是用什么材料编织的呢?(绳、线)是怎么编织的呢?(打结)结与结之间有什么规律?(距离相等)

教师示范,幼儿试打单结。

③ 看视频,一边看一边思考,了解编织网兜的步骤

④ 幼儿自主编网袋,教师巡视,对有困难的幼儿个别指导

小结:使用工具时注意安全,废物入筐,技术交流时小声细谈,实践操作时技术到位,伙伴合作同舟共济。

⑤ 作品展示与评价

教师选取若干幼儿作品展示,幼儿互动交流。

可提示幼儿注意网格均匀、绳结结实、收尾牢固、整体美观。

⑥ 延伸活动

幼儿可在个别化学习活动中继续编蛋网。

撰写者：普陀区汇丽幼儿园彭虹　王燕秋

【成效与感悟】

送蛋宝宝回家

人文关怀是一种"内隐"的教育，幼儿往往"说与做"不匹配。因此，我尝试寻找幼儿的身边事物，设计"护蛋行动"主题活动，让幼儿在真实的护蛋活动中体验关怀的情感，引发关怀行为。

场景一："它是假的！"

比赛开始了，久久一马当先翻过轮胎山、爬上滑滑梯、很快地找到一枚鸡蛋宝宝。他快速往斜挎的小竹篓中一丢，沿滑梯滑下，走过竹梯路来到鸡妈妈家随手把鸡蛋宝宝一放，击掌交接后排到队伍最后。这一情况并不只是出现在久久一人身上，而是大部分孩子。我说："鸡蛋宝宝真痛呀，都摔疼了。"凯文随口接了一句："它是假的呀！"

● 思考与分析

一句"假的"道破了活动失败的原因。不能简单判定孩子们缺乏关怀之心，而是活动材料无法激发幼儿的真实情感。可见，幼儿同理心、关怀行为的培养离不开真实的情境。

下一步计划

材料调整：把乒乓球改为真的生鸡蛋。同时，为了确保运动中的安全，也为了适当降低运送生鸡蛋过程中的难度，我将竹篓里垫上一层厚厚的棉花，确保鸡蛋放入不会强烈晃动。

场景二："我送你回家"

又一次游戏开始，看见真鸡蛋的那刻，孩子们的情绪有了明显波动，纷纷议论："哎呀，这要轻轻拿，会碎的。""不能走太快啊！""可这是比赛，不快要输的。""想想办法。"……面对孩子们的议论，我保持"沉默"。

一样的玩法、一样的规则，玩游戏的画面全然不同了。

全体孩子的动作变得轻柔，异常专注。

只见同同以绝对的优势到达终点，正当他为自己的胜利兴奋不已时，"哎呀！"蛋宝宝取出那刻破了，同同愣在了原地。我赶忙上前安慰，平复情绪。

分享时，同同说了自己的感受和困惑："我刚才很小心地运蛋宝宝，它不知道怎么回事破了，我很难过。"

子杰说："蛋宝宝估计没塞牢。跑的时候撞到了。得把蛋宝宝塞到棉花里面。"

小杜说:"那个竹篓我是放在前面的,越到终点越要注意。"

小花说:"我抱住竹篓,不让它动。还有,拿出来时不能用力。"

同同听着伙伴的话,连连点头。

反思总结

对比两次游戏,较明显发现:材料的调整,使幼儿置身在真实情境中,情感瞬间被激发,"关怀行为"自然显现;教师退后的观察,使每一个幼儿有充足、平等的实践机会去积极探索保护蛋宝宝的方式;活动后的分享交流,使幼儿人人可说、有话可说,将自己的亲身感受、想法与同伴交流。

这是一个运动游戏,但不只是运动,还蕴含了人文关怀教育。由此,我认识到:这类内隐的教育,前提是教师必须"看见"幼儿,感受幼儿的喜怒哀乐,捕捉幼儿的兴趣需要,了解真实困难,辨析他们正在发生的学习。幼儿只有自己经历挑战、困难,才会获得完整的发展。

撰写者:普陀区教育学院　周骏蔚　普陀区汇丽幼儿园　卞励

五、"健康与体能"篇

"我健康 我运动"主题

"我健康 我运动"活动方案

1. 设计背景

■ **设计意图**

3—6岁幼儿处于感知、运动能力发展的关键阶段,其身体动作的发展是认知、个性、社会性发展的桥梁。本区幼儿园教师在集体运动游戏的设计、不同天气情况下幼儿的运动实施以及家庭亲子运动指导方面相对薄弱。为促进幼儿健康体魄和运动素质形成,我们开展探索,使上午区域运动与下午体育游戏相互补充,支持幼儿个性化发展。

此外,幼儿的健康生活习惯养成不仅限于园内,家庭成员陪伴运动也是培养幼儿喜欢运动、养成健康生活习惯的重要组成部分。因此,我们围绕本区幼儿健康发展目标与建议,结合幼儿的年龄特点,依据幼儿健康发展的需要,优化家庭亲子运动游戏方案,在好玩的运动游戏中,促进幼儿学习保护自己,遵守运动规则,体验亲子运动的快乐。

■ **方案特质**

健康与体能:★★★★★

习惯与自理:★★★

营养与饮食行为:

安全意识与自我保护:★★★★

自我与适应性 ⭐⭐⭐

■ 方案框架

表 3-5-1　幼儿园(一日)上午区域运动和下午集体运动互促互进安排表

运动核心经验	上午区域运动常用器械	年龄	下午集体运动内容	健康元素	整合领域
身体移动能力	平衡木 轮胎 竹梯 攀岩墙 攀爬网 羊角球 跨栏 垫子 蹦床 滑梯	小班	活动一： 独木桥勇士(集体运动活动) 活动二： 小飞侠过山坡(集体运动活动) 活动三： 弹力小兔(体育游戏)	● 健康与体能 ● 自我与适应性	社会：在教师的鼓励、陪伴下乐意接受一些有挑战性的运动任务。遇到困难时，除了在鼓励下继续活动外，还乐意积极尝试，不轻易放弃，或与同伴合作共同完成任务 生活：在运动中不做危险动作，能选择安全的运动方式，保护好自己 语言：乐意和同伴一起探讨，如安全运动或解决运动问题的方法。乐意用语言表达自己运动的方式或与同伴合作的过程等
		中班	活动一： 蜘蛛侠(集体运动活动) 活动二： 小小快递员(体育游戏)	● 健康与体能 ● 自我与适应性	
		大班	活动一： 压路机(集体运动活动) 活动二： 蜘蛛侠大作战(体育游戏)	● 健康与体能 ● 安全与自我保护 ● 自我与适应性	
身体控制和平衡	平衡木 平衡凳 竹梯 独轮车 吊环 垫子 秋千 转椅 高跷 单杠	小班	活动四： 蚂蚁宝贝(集体运动活动) 活动五： 杂技小人(体育游戏)	● 健康与体能 ● 安全与自我保护	
		中班	活动三： 平衡凳乐翻天(集体运动活动) 活动四： 好玩的风筝(集体运动活动)	● 健康与体能 ● 安全与自我保护 ● 自我与适应性	
		大班	活动三： 挑战过长凳(集体运动活动) 活动四： 一二三，木头人(体育游戏)	● 健康与体能 ● 自我与适应性 ● 安全与自我保护	

续表

运动核心经验	上午区域运动常用器械	年龄	下午集体运动内容	健康元素	整合领域
器械（具）操控	软球 足球 篮球 摇摇车 自行车 小推车 滑板车 拖拉玩具 沙包 飞盘 丝巾 绳子	小班	活动六： 好玩的面条棍(集体运动活动) 活动七： 小老鼠的奶酪(集体运动活动) 活动八： 运西瓜(体育游戏)	● 健康与体能 ● 自我与适应性 ● 安全与自我保护	
		中班	活动五： 沙包不掉落(集体运动活动) 活动六： 神投手训练营(体育游戏)	● 健康与体能 ● 安全与自我保护 ● 自我与适应性	
		大班	活动五： 运轮胎(集体运动活动) 活动六： 花式传球(体育游戏)	● 健康与体能 ● 自我与适应性	

表 3-5-2　雨天运动安排表

形式	年龄	活动目标	活动场地与材料	健康元素	整合领域
雨天活动	中大班	**中班：**乐意在雨天外出运动，体验雨天玩耍的快乐 **大班：**乐意在雨天外出运动，体验和同伴一起玩耍的快乐	硬场地、草坪 摇摇车、自行车、三轮车、攀爬网、秋千、小桥 沙水池、塑胶场地 蓄水池、水桶、绳子、树叶、水枪、雨伞、轮胎、收集雨滴的容器、白色篮球架、小船玩具、各类球、颜料、盘子、塑料瓶、棉花等 塑胶场地 大型结构材料、轮胎、水枪、转椅、平衡木、圈、砖块、负重沙包 种植园地 抹布、水桶、拖把等劳动工具	● 健康与体能 ● 习惯与自理 ● 安全意识与自我保护 ● 自我与社会性	**中班** **语言：**乐意用语言和同伴交流下雨天活动时的感受 **生活：** ● 能在雨天时坚持户外活动半小时 ● 知道下雨天外出活动时要注意安全 **科学：**感知下雨天温度的变化，体验对自己活动的影响 **大班** **语言：**乐意和同伴探讨雨天活动的方法 **生活：** ● 能在雨天时坚持户外活动半小时以上 ● 知道下雨天外出活动时要保护好自己 **科学：**能探索和发现水形态产生的条件或影响因素

表 3-5-3 亲子游戏设计表

形式	年龄	游戏价值	游戏内容	健康元素	整合领域
亲子运动游戏	小班	发展上肢及下肢力量,锻炼手眼协调能力及专注力 能听信号进行游戏,发展方位感和平衡能力	游戏一: 球球搬运工 游戏二: 走迷宫	● 健康与体能 ● 自我与适应性 ● 习惯与自理 ● 生活与自我保护	社会:能听懂开始与结束的信号,在家长的引导下理解指令并作出反应 生活: ● 游戏结束后,乐意和家长一起收拾材料 ● 在家长的提醒下,用安全的方式进行活动
	中班	尝试双手撑地、脚不沾地朝前爬,发展手臂力量和身体的控制能力 发展身体的柔韧性、灵敏性及手眼的协调能力	游戏一: 快乐小推车 游戏二: 勇过电绳	● 健康与体能 ● 自我与适应性 ● 习惯与自理 ● 生活与自我保护	社会:能遵守游戏规则,尝试和家长合作共同完成任务 生活: ● 活动结束后能主动整理活动中使用的材料 ● 在运动中能选择安全的运动方式,不给自己造成危险
	大班	发展眼与下肢的协调能力,提升腹部核心力量 发展手眼协调能力和身体灵活性 遵守游戏规则,体验和家长合作共同完成任务的快乐	游戏一: 有趣的夹娃娃 游戏二: 好玩的气球	● 健康与体能 ● 自我与适应性 ● 生活与自我保护	社会: ● 主动和家长合作,共同完成任务 ● 遇到困难时乐意不断尝试,直到成功 生活:能选择安全的运动方式,保护好自己
幼儿发起设计的亲子运动游戏	中班 大班	体验自主设计实施游戏的快乐 增进师幼、亲子、同伴之间的交往互动,激发幼儿主人翁的意识	游戏一: 幼儿可以选择自己以前玩过的游戏,在此基础上改变游戏的玩法和规则,变成自己想玩的新游戏 游戏二: 幼儿也可以和家人共同设计自己喜欢的运动游戏;通过"云"聚会,班级群里、小组内分享交流自己喜欢的亲子运动游戏	● 健康与体能 ● 自我与适应性 ● 习惯与自理 ● 生活与自我保护	社会:遇到问题,能和同伴一起多次尝试,作简单分析,愿意做适当调整 语言:乐意用语言表达,和同伴交流自己设计游戏时的想法 科学: ● 乐于在动手、动脑中寻找问题的答案,并感到高兴和满足 ● 在家长的帮助下,采用图或图文的形式,制订简单的游戏计划 生活: ● 游戏时注意休息和放松 ● 创设安全的游戏环境,在活动中保护自己

2. 方案总目标

促进幼儿健康情感、态度、认知能力等各方面的发展,使幼儿身体强健、情绪积极、习惯良好、适应环境并具有一定的自护能力。

3. 方案设计

【小班】

活动(1):独木桥勇士

■ 活动形态

集体运动活动。

■ 活动目标

- 能在窄道上行进一定距离,并能在通过障碍时保持身体平衡。
- 愿意参与一些有挑战性的运动任务,感受挑战成功的快乐。

■ 活动材料

长条凳、软积木、面条棍、毛绒动物等。

■ 活动过程

① 热身活动

教师:一起去探险吧!在探险之前我们要活动身体,做好准备。

② 第一关:勇士过独木桥

教师介绍运动情境:可爱的小动物被大风刮到很远的地方。勇士们要营救这些小动物,但营救时要走过独木桥。

幼儿尝试、讨论出发和回来的路线,分为三队,自由选择不同宽度的独木桥行走。提醒幼儿注意前后距离,不拥挤。

幼儿过独木桥后快速返回,分享有什么好方法能稳稳地通过独木桥。

根据大家分享的过桥方式,再次加快速度,又快又稳地过独木桥。

③ 第二关:勇士翻越高山、丛林

翻越"小山"。

教师介绍新的情境:有很多的小石块从山上掉落到桥上变成了小山坡,需要稳稳地翻过"小山"。

幼儿个别探索安全通过这些"小山"后快速返回的不同方法。(教师观察并个别示范,确保幼儿动作的正确性和安全性)

翻越"高山"。

继续变化障碍物,"小山"变"高山"。

幼儿讨论:怎么通过这些"高山"?

小结:碰到"高山"时,两条腿轮流抬高,站稳再走,这样才能安全通过。

翻越"丛林"。

变化独木桥的长度和形状:丛林有些长,而且弯弯的,激励幼儿穿越"丛林"。

幼儿讨论通过丛林的时候要特别注意什么,然后幼儿个别练习。(观察并引导幼儿根据桥的形态调整走路的速度,直的地方可以快走,弯的地方慢一点,站稳了再走)

④ 放松活动

营救小动物成功,和小动物一起坐在垫子上放松一下。

活动(2):小飞侠过山坡

■ 活动形态

集体运动活动。

■ 活动目标

- 能在一定的高度,以双脚跳跃的动作安全落地。
- 愿意参与一些有挑战性的运动任务,感受挑战成功的快乐。

■ 活动材料

桌子若干、软垫若干、圈若干、音乐。

■ 活动过程

① 热身运动

幼儿模仿小飞侠飞的动作,做热身运动。(展开双手起飞,降落,滑行等)

② 小飞侠跳山坡

自主探索挑战连续飞跃小路。

运动场景为一条有小河和陷阱的小路,提问:我们要飞过小河和陷阱到达目的地,怎么飞过去?

幼儿尝试正确地双脚并拢跳,跳过小河。(教师提醒幼儿起跳动作要领:站在石头上膝盖蹲一蹲再跳,"飞"过去的时候要轻轻地落地)

挑战从桌子上"飞"到山坡上。

增加小路的难度,和幼儿讨论:在桌子上的小飞侠应该怎么飞过去?

请个别幼儿示范跳桌子的动作,鼓励幼儿勇于尝试跳过桌子。(教师观察幼儿的心理情绪,并指导个别幼儿掌握起跳动作要领,向上、向前蹬腿跳跃)

挑战从桌子上"飞"到更高的"山坡"上。

和幼儿一起讨论,跳过更高的高度时,如何稳稳地落地?

幼儿自由探索练习,并注意落地时的保护动作。(落地时膝盖微微弯曲,稳稳地站住)

拉开桌子的距离,把小河变宽,挑战从桌子上"飞"到山坡上。(教师观察幼儿起跳的姿势,并引导幼儿起跳时用力蹬腿跳跃)

挑战连续"飞跃"山坡。

③ 整理放松

教师带着幼儿一边跟着音乐做放松动作,一边说一说自己在做小飞侠跳山坡时的感受和情况。

活动(3):弹力小兔

■ **活动形态**

体育游戏。

■ **活动目标**

- 在游戏中,练习双脚并拢向前行进跳。
- 提高幼儿身体的协调能力,体验跳蹦活动的快乐。

■ **活动材料**

黑色、白色、黑白相间三只小兔子玩偶,小兔贴饰,利用废旧地垫制作的大萝卜。

■ **游戏玩法**

① 热身后,教师和幼儿扮演兔妈妈和小兔子,观察场地中的萝卜地。

② 兔妈妈介绍去萝卜地的方式与规则。

小兔子自己练习双脚并拢跳的动作要领:双腿并拢,膝盖弯曲,用力向前跳,前脚掌轻轻落地,不要用后脚跟落地,不然容易让小脚受伤。

小兔子从兔子家往萝卜地方向连续行进跳。到萝卜地后,摘一个萝卜,再原路返回,大家一起吃萝卜。

游戏可反复多次,提醒幼儿在行进途中,如果发现不同的障碍,要双脚并拢跳过障碍,不能跨过或绕过。到萝卜地里后,要听兔妈妈的指令拔相应形状的萝卜。

③ 游戏结束后,数一数一共拔了多少萝卜,并说说自己是怎么跳过障碍的。

活动(4):蚂蚁宝贝

■ **活动形态**

集体运动活动。

■ 活动目标
- 能以手膝着地的爬行动作安全通过系列障碍。
- 了解游戏的基本规则,乐于积极参与游戏。

■ 活动材料

软垫若干、呼啦圈、跳箱、蚂蚁头饰等。

■ 活动过程

① 热身活动

教师和幼儿模仿蚂蚁的形态,一边听音乐一边活动身体。

② 蚂蚁宝贝爬爬

幼儿模仿蚂蚁出门找食物在垫上爬行,教师放音乐观察幼儿的爬行动作有哪些。

请个别幼儿示范爬行的动作,引导幼儿关注手和膝盖着地以及臀部保持一定的高度。

幼儿一边听音乐一边练习爬一爬的本领,准备出发。(提示幼儿手膝着地爬的要点:两只小手和膝盖要着地,小屁股要抬高,这样才能迅速地通过软垫)

③ 越过小山

幼儿观察新的爬行路线:两条长长的小路,跳箱是小山,爬到小山时要翻过小山,呼啦圈是陷阱,爬到陷阱时注意手和膝盖不能碰到圈掉进去,抵达终点后返回。

幼儿爬行,教师观察幼儿对手膝着地爬行的掌握情况,特别是头和臀部保持一定的高度,以利于爬过障碍避开陷阱。(提醒幼儿爬行时和前面的幼儿保持距离,注意安全)

④ 爬过大山

观察新的大山障碍,讨论在翻越高山时可以怎么爬?并请个别幼儿示范试试。

幼儿反复爬行,体验爬高山的动作要领。

稳稳地爬过高山的要领:上山时腿部要用力往上爬,下山时双手先着地,撑住地面,膝盖慢慢落地,这样才能安全地爬过高山。

⑤ 放松活动

大家一起坐在垫子上放松,一起甩甩手臂、敲敲腿。

活动(5):杂技小人

■ 活动形态

体育游戏。

■ 活动目标

- 在游戏情境下,探索与尝试保持平衡的方法,提升身体的平衡能力。

- 乐于参与活动,愿意和同伴一起游戏,体验游戏的乐趣。

■ **活动材料**

绳子、过河石、平衡木、小篮筐、音乐。

■ **游戏玩法**

① 热身后,教师出示放置在地上的绳子,介绍杂技小人的杂技表演内容

教师:双脚前后一字站立,脚后跟对脚尖站立,手自然放置在身体两侧。看看你可以站立多久,身体尽量不晃动。

幼儿扮演杂技小人,双脚横踩在绳子上从一头走到另一头,要求不掉落绳下。

幼儿双脚继续竖踩在绳子上从一头走到另一头,保持身体平衡不掉落绳下。

② 幼儿可单独游戏,也可分小组共同游戏

教师注意观察指导幼儿用不同方法保持身体平衡。当幼儿熟练后可鼓励幼儿进一步挑战,提升杂技难度(闭上眼睛,或后退走)。

活动(6):好玩的面条棍

■ **活动形态**

集体运动活动。

■ **活动目标**

- 探索双手玩软棍的不同方法,练习挥臂、抛投等动作。
- 能听口令做动作,在玩软棍游戏中体验运动的快乐。

■ **活动材料**

泡沫面条棍。

■ **活动过程**

① 热身环节

幼儿模仿会飞的小鸟做热身活动,挥动翅膀,原地转圈,往下飞,往上飞,往前加速,最后慢慢地停在树枝上。

② 会发出声音的面条棍

请幼儿一起来和软棍做游戏,使用手臂力量让软棍发出响亮的声音。

观察幼儿用哪些动作让软棍发出声音,并鼓励幼儿想象发出的声音像什么(如鞭炮声,打雷声等)。

幼儿交流分享自己让软棍发声的动作,鼓励同伴间互相模仿学习不同的发声方法。

③ 会飞起来的面条棍

人手一根软棍做"放烟花"的游戏,探索如何抛投软棍到空中。

观察指导幼儿向不同方向挥臂来进行抛投。

幼儿交流分享自己如何将软棍抛高,鼓励同伴互相模仿。

④ 放松整理

深呼吸,舒展上肢。

活动(7):小老鼠的奶酪

■ **活动形态**

集体运动活动。

■ **活动目标**

- 发展投掷动作,促进大肌肉和小肌肉的发展。
- 体验与同伴游戏的快乐。

■ **活动材料**

呼啦圈两个、不同颜色的小布球若干、太空棒一个、长布一条、纸篓四个。

■ **活动过程**

① 热身活动

幼儿扮演小老鼠,跟着老鼠妈妈一起跳舞,动一动手和脚做热身活动。

② 找回我们的奶酪

教师介绍活动情景:小老鼠有很多奶酪,但老鼠全家一起出去郊游的时候,奶酪被小魔王偷走了,我们要帮助小老鼠夺回奶酪。

介绍运动规则和注意事项:每个幼儿从起点线出发跑至奶酪(小布球)摆放处,拿一只奶酪回来放在篮子里;奶酪分四种颜色,按照教师口令要求拿取相应颜色的奶酪;行进时,幼儿说清楚行进路线与颜色要求;注意安全。

③ 藏奶酪

继续介绍新的运动要求:为了不让小魔王再次拿走奶酪,我们要把奶酪藏起来。

介绍运动规则和注意事项:教师手拿呼啦圈,幼儿站立在规定的投掷线后,将小布球丢进呼啦圈中。教师可移动手中的呼啦圈,尽量让幼儿扔进呼啦圈,提高幼儿自信心;注意安全。

④ 躲避小魔王

介绍运动规则和注意事项:将长布两端固定(可找两位老师帮忙拉住),幼儿钻过长布去拿奶酪,教师扮演小魔王,在长布后拿太空棒敲击幼儿,幼儿需绕过小魔王,拿到奶酪后从长布两边回到起点位置将奶酪放入篮子内。

教师扮演魔王时应站在长布后方有一定距离的位置,避免幼儿快速钻过长布后有撞击情况出现。提醒幼儿注意安全。

⑤ 放松运动

放松律动或在慢口令提示下用手按摩四肢。

活动(8):运西瓜

■ **活动形态**

体育游戏。

■ **活动目标**

- 练习双手朝不同方向抛软球,并尝试接弹起的球。
- 喜欢运动游戏,感受运动游戏的快乐。

■ **活动准备**

弹性软球与幼儿人数相等。

■ **游戏过程**

① 热身后,教师出示弹性软球,介绍游戏玩法

比跳高:幼儿双手捧住弹性软球两侧,用力朝地面扔,比一比谁的小球弹跳得高。

抱西瓜:把球当成西瓜,幼儿将球朝不同方向投掷,跟随球的方向用双手去接球,看谁的西瓜被接住了。

运西瓜:将球减去一半数量当作西瓜,由女孩抛西瓜,男孩伸手去接西瓜;然后再由男孩抛出西瓜,女孩接西瓜。

② 幼儿在抛接球时,教师注意观察幼儿双手控制球的力度以及对躯干、四肢的控制能力,引导幼儿根据球的运动方向,探索主动伸手接球的方法

【小班】

游戏(1):球球搬运工

■ **活动形态**

亲子运动游戏。

■ **活动目标**

发展幼儿上肢及下肢力量,锻炼幼儿的手眼协调能力及专注力。

■ **活动准备**

适合在宽敞的场地进行,收集一些家中的书本、小球(如果没有球,可以用玩具、仿真水

果等材料代替),小筐。

■ 活动过程

① 家长和幼儿各自在书本上放置小球,双手平稳地拿着书本向前移动运送小球。

② 家长和幼儿分别拿着书本的一侧,将小球放在书本上,双人合作带着球前进。

③ 家长和幼儿各自拿一个小球,双腿夹紧小球往前跳跃。

■ 活动提示

- 在游戏前选择较为宽敞的场地,注意周边环境的安全。在游戏前做好手腕、手肘、腿部等身体部位的热身活动。游戏结束后,做好手腕、手肘、腿部等身体部位的放松活动。
- 在运送小球的过程中,家长要提醒幼儿双手保持平稳,不要着急。
- 在夹球的过程中,家长要提醒幼儿双腿将小球用力夹紧。
- 在游戏的过程中,家长要关注幼儿的意志品质,鼓励幼儿勇于尝试有难度的挑战。
- 游戏结束后,家长提醒幼儿一起收拾物品,让幼儿养成良好的习惯。

游戏(2):走迷宫

■ 活动形态

亲子运动游戏。

■ 活动目标

能听信号进行游戏,发展方位感和平衡能力。

■ 活动材料

室内宽敞平坦的地面、材质不同的纸张(手工纸、纸巾、报纸……)、不大于幼儿手掌的毛绒玩具等。

■ 活动过程

① 地面贴泡沫纸,幼儿根据家长指令的快慢、方向,踏步行进。

② 地面放置不固定的纸张,家长发出行走指令(包括方向、颜色、动作为走或跳等),因该环节对幼儿的平衡性要求较高,家长要提示幼儿不要因为追求速度而忘记安全(容易滑倒)。

③ 地面贴不同色彩和形状的迷宫线,幼儿从某一条起点出发,找到指定的物品,没有找到物品则重新走迷宫。

■ 活动提示

- 活动开始前,家长可以和幼儿一起进行场地和材料准备。(场地略微宽敞一些,四周尽可能没有桌、椅、茶几等易碰撞的物品)
- 在游戏前做好手腕、手肘、肩膀、腰部、臀部等身体部位的热身活动。

- 游戏中可以让幼儿听家长指令,独自来回运送,也可以和家长(兄弟姐妹)竞赛,提高趣味性。
- 探索行进中由于纸张质地的不同,踩踏的力量和速度也应有所不同。
- 在不固定的纸张上行走时,家长指令要放慢速度和减小步伐,照顾到幼儿的安全,在下达略有挑战性的指令时,家长要在旁边及时保护。
- 走迷宫时,交叉、重叠线路可以略微多一些,给幼儿多制造一些练习的机会,根据指令从起点出发,找到指定的物品。
- 在游戏后做好手腕、手肘、肩膀、腰部、臀部等身体部位的放松活动。
- 游戏后及时补充水分,用毛巾擦汗;和幼儿一起整理游戏材料。

【中班】

活动(1):蜘蛛侠

■ **活动形态**

集体运动活动。

■ **活动目标**

- 在不同情境下,探索与尝试以手脚并用的方式爬行,提升上下肢的协调性。
- 初步感受身体重心与身体平衡的关系。

■ **活动材料**

垫子、箭头标记、架子、音乐等。

■ **活动过程**

① 热身游戏

幼儿扮演蜘蛛侠,模仿蜘蛛侠在地面上爬行。两手在绳圈内,两脚在绳圈外爬行;两手在绳圈外,两脚在绳圈内爬行;一手一脚在绳圈内,一手一脚在绳圈外爬行。(运动热身,唤醒肌肉)

② 游戏:平面爬行

玩法:幼儿以蜘蛛爬的动作在绳圈内自由爬行,爬行过程中不能碰到同伴。

讨论:怎样在爬行中避开同伴?

小结:可以从同伴之间的缝隙快速通过,也可以控制自己的身体的方向,躲避其他同伴。

幼儿扮演蜘蛛侠手脚着地再次练习在地面上快速爬行并避让同伴。

③ 游戏:爬越峭壁

出示叠高的垫子,探索垂直翻爬过障碍。

幼儿自己先个体探索,然后集中交流:在地面爬行不算难,在"峭壁"上该怎么爬才不会掉下来呢?

提醒幼儿看清楚箭头指示的方向,幼儿分两组再次尝试翻爬的动作要领。

幼儿个别示范并介绍自己是怎么爬过去的,用了什么方法。

小结:在爬倾斜的"峭壁"时,要用到手和脚一起帮忙,手要用力扒住"悬崖"最上面,小腿要紧紧贴住"崖壁",并保持自己的身体在墙壁的中间,这样才不会掉下去。

幼儿再次尝试。

④ 游戏:翻过高山

将垫子再叠高两层与幼儿身高持平,鼓励幼儿尝试用刚才的方法翻越高山。

提醒幼儿助力奔跑后,要飞跃起身扒住垫子的最上端,双脚蹬地后收紧全身,将重心转移到垫子上,以翻越高山。

⑤ 放松活动

教师带领幼儿做简单的拉伸动作,放松身体肌肉。

活动(2):小小快递员

■ **活动形态**

体育游戏。

■ **活动目标**

● 尝试在跑动中练习避让的能力。

● 喜欢运动游戏,感受运动游戏的快乐。

■ **活动材料**

框、起点线、终点线、皮球、垫子、若干障碍物、小铃等。

■ **游戏过程**

① 幼儿热身运动后,教师出示皮球、障碍物等道具,介绍游戏情景。

② 游戏:躲避汽车

幼儿站在场地中间,小汽车(皮球)从大桥上滚向幼儿,幼儿灵活躲闪,躲避开过来的小汽车。随着幼儿躲避的熟练程度提升,逐步增加球的数量和滚球的方向(一个方向—同时从两个不同的方向—同时从三个不同的方向),幼儿练习一边奔跑一边躲避障碍物。

注意事项:奔跑时注意安全,避免碰撞。

③ 幼儿反复游戏,引导幼儿讨论:怎样才能不被大桥上开下来的小汽车撞到

梳理奔跑躲避的方法:跑的时候眼睛看着小汽车和其他快递员过来的方向,当小汽车将

要过来时,快速调整身体位置躲开。

活动(3):平衡凳乐翻天

■ **活动形态**

集体运动活动。

■ **活动目标**

● 探索平衡凳的各种玩法,提高身体的平衡能力和协调能力。
● 乐意遵守游戏的规则。

■ **活动材料**

平衡凳、软棍、音乐。

■ **活动过程**

① 热身活动

介绍凳子森林场景,幼儿在凳子森林内自由跑动熟悉环境,提醒幼儿跑动时注意避让,并且用身体的不同部位触碰凳子的不同部位。

② 自由探索凳子的玩法

幼儿自主探索用凳子进行运动的不同方式(如往前走、倒退走、交叉走、侧身走、一边旋转身体一边走、还可以一只脚或者双脚站在凳子里面拖着凳子走等)。

个别幼儿示范分享自己的创意。

幼儿可以尝试一下别人的玩法。

③ 独木桥集体游戏

幼儿将凳子分成三组,每组用八张凳子拼成一座桥。

幼儿自发一个接着一个,从桥上快速通过。(观察幼儿用哪些方法通过)

提升难度:老师用软棍在幼儿身后追赶,幼儿避让并加快走的速度。熟练后,在教师的软棍干扰中用侧着走、倒着走的方法通过。

也可以间隔排列凳子,幼儿行走通过;或将凳子倒着放,幼儿行走通过。

④ 合作游戏

规则:每人拿一张凳子,找一个好朋友手拉手,两人各一只脚踩在凳子里一起走。

幼儿讨论:和朋友合作要注意哪些安全事项?不同的脚踩在凳子里会影响速度吗?

小结:每人拿一张凳子排成两队,每队六人。每名幼儿找一个好朋友手拉手,各一只脚踩在凳子里,然后两人一起出发走到终点。

提醒幼儿遵守规则:看到前面两人过了终点线,后面两人才能出发,前面过了终点线的人注意让开、不妨碍别人。

讨论:和朋友一起走的时候要怎样合作走,才能走得快?

再次练习。

⑤ 放松活动

随着音乐,找个好朋友互相捶腿放松。

活动(4):好玩的风筝

■ 活动形态

集体运动活动。

■ 活动目标

● 在游戏中,探索灵活跑动的方法,发展幼儿身体的协调性。

● 体验与同伴合作挑战成功后的喜悦。

■ 活动材料

丝巾、障碍标志桶四个、哨子、软球。

■ 活动过程

① 热身活动

教师:今天我要带着宝贝们去公园里玩,我们一边听音乐一边活动一下身体吧。

② 出示纱巾,介绍游戏:放风筝(探索快速跑的方式,提高身体的协调性)

幼儿自由探索怎样让风筝飞起来。教师观察幼儿跑的动作是否正确。

提问:为什么有的小朋友风筝飞不起来?有什么办法能让自己跑起来?怎样跑得快一些?

小结跑的动作要领:跑步的时候腿要用力蹬,膝盖要抬高,步子要大一些,落地要轻一些。

③ 继续游戏:好玩的风筝(探索尝试,体验绕障碍物跑的方法)

幼儿分成四组,每位幼儿把丝巾当作风筝,绕过障碍物安全跑到终点,跑动时让风筝飞起来。教师观察幼儿绕障碍物跑的不同方式。

分别请跑歪的幼儿、跑得慢的幼儿示范,组织幼儿讨论:在奔跑中如何快速绕过障碍物?

引导幼儿发现奔跑时的正确姿势:跑的时候双手要前后摆臂,双眼盯准目标,双脚朝目标障碍物方向交替迈步;快到障碍物时,身体重心稍倾斜,绕过障碍物接着往前跑。

④ 继续游戏:风筝接力

幼儿分四队,前一个幼儿带着风筝绕过障碍物回队后,将自己的风筝夹在下一个跑的幼儿风筝上,看哪队的长风筝能飞起来。

⑤ 整理活动——放松

活动(5):沙包不掉落

■ **活动形态**

集体运动活动。

■ **活动目标**

● 掌握用双脚内侧夹包掷远的动作要领,提高操控器械的能力。

● 体验玩沙包活动的乐趣,有初步的竞争意识。

■ **活动材料**

沙包、音乐、呼啦圈。

■ **活动过程**

① 热身活动:自由做热身操

② 自由探索沙包的玩法

幼儿人手一个沙包,观察幼儿用下肢玩沙包的不同方法。

请1—2个幼儿示范,说说自己是怎么玩的。(如:夹着沙包跳、像踢毽子一样踢……)

③ 游戏:夹包掷远

讨论刚才示范夹包掷远的幼儿的动作要领。

双脚将沙包夹紧,膝盖弯曲,双手打开。然后起跳把沙包掷出去。

幼儿自由练习(也可两两比赛),请个别幼儿示范强调要求。

分两队比一比:幼儿站在距地面横线一步远的距离,试着把沙包投过这条线。

讨论:怎么才能将沙包扔得远?教师请掷得最远的幼儿做示范展示经验。(可以是一至两名幼儿)

④ 游戏:发射炮弹

介绍练习要求:我们的沙包就是炮弹,现在要发射炮弹啦!前面有一些碉堡(呼啦圈),如果能发射到前面的碉堡里,就说明你的炮弹发射成功啦!你们能行吗?谁来试试?

幼儿四散练习双脚夹住沙包对准目标投掷。请投进的幼儿说一说经验。

幼儿分成四列,拉开距离,每队一个沙包,依次接力夹沙包投掷。

⑤ 放松活动

随着音乐,原地坐下,按摩自己的小腿,也可以通过同伴互助的形式互相按摩放松。

活动（6）：神投手训练营

■ **活动形态**

体育游戏。

■ **活动目标**

- 巩固正确的投掷方法，提高手眼协调、器械操控的能力。
- 积极参与有挑战性的运动任务，体验不同投掷方式的趣味性。

■ **活动材料**

宽阔的室外场地、音乐、幼儿自制纸球、大垫子、透明伞等。

■ **游戏玩法**

① 幼儿热身活动后，教师介绍游戏场地和内容

② 游戏玩法

对战投掷：六人一组，两组对战，用大垫子作为两方的"营地"，一分钟时间内，哪方营地中被投进纸球少的即获胜。

移动投掷：六人一组，分成两队，轮流游戏，互相观察投掷的数量。教师手持倒置透明雨伞，幼儿隔一定距离进行投掷，教师可随机上下左右或旋转（根据现场幼儿能力和个体差异调整难易程度）移动伞。一分钟时间内，哪队投入的球多即获胜。

快速投掷：六人一组，分成两队，将纸球投掷到三米远的纸箱中（纸箱放在油桶上，有一定高度），在一分钟时间内，哪一队投入的纸球多即获胜。

③ 游戏中幼儿讨论改变游戏的规则，反复游戏

投掷的目标物距离，移动的线路，投掷的方向，使用哪个肢体部位，投掷人数等都可以改变。

④ 游戏中幼儿可以分享投掷得又准又远的好方法

提问：怎么才能准确投到对方的营地？要注意些什么？

⑤ 放松活动

【中班】

游戏（1）：快乐小推车

■ **活动形态**

亲子运动游戏。

■ **游戏目标**

尝试双手撑地、脚不沾地朝前爬，发展手臂力量和身体的控制能力。

■ 游戏准备

宽敞的、铺有木质地板的场地，毛绒玩具或垫子等柔软的材料充当的障碍物三至四个。

■ 游戏过程

① 幼儿将双手支撑在地板上，家长抬起幼儿双脚，让幼儿身体悬空。幼儿双手撑地，悬空身体朝前爬行，直到终点。

② 幼儿双手撑地，家长抬起幼儿双脚，幼儿悬空身体越过障碍物朝前爬行。

■ 活动提示

- 在游戏前做好手腕、手肘、肩膀、腰部、臀部等身体部位的热身活动。游戏结束后，做好放松活动。

- 这个游戏需要家长有一定的手臂力量，建议爸爸和幼儿一起玩。如果幼儿体重较轻，也可以妈妈和幼儿一起玩。

- 家长抓住幼儿的脚踝帮助幼儿悬空身体爬行。在幼儿爬行的过程中，家长要提醒幼儿抬高身体爬行。

- 游戏后及时擦汗、补充水分，防止幼儿受凉。

游戏(2)：勇过电绳

■ 活动目标

发展幼儿身体的柔韧性、灵敏性及手眼的协调性。

■ 活动准备

较为宽敞的场地，一根长绳等。

■ 活动玩法

① 家长拉住绳子两端，将绳子拉直。通过调节绳子两端的高度，幼儿从绳子下方用自己的方式越过或钻过绳子并不碰到绳子。

② 根据绳子的不同高度，幼儿用不同的方式双脚同时跳过绳子。

③ 绳子上绑障碍物，幼儿尝试用脚踢向目标物。

■ 活动提示

- 运动开始前带领幼儿一起弯弯腰，活动手腕，转转肩膀，抬抬腿等，做一做这几个部位的热身活动，让身体充分舒展开。游戏结束后，做好手腕、手肘、肩膀、腿、臀部等身体部位的放松活动。

- 当幼儿越过或钻过绳子时，家长在旁可适当提醒幼儿尝试调整自己的身体姿势，注意不要碰到绳子。

- 家长在活动中可以说一些鼓励幼儿的话语,如"宝贝你真棒,能把头压低不碰到绳子"等。
- 在幼儿爬行的过程中,家长要关注幼儿,发现幼儿出现体力不支的现象时,应缩短游戏时间或立即停止游戏。
- 在跳跃的过程中,家长提醒幼儿双脚同时起跳并同时落地。
- 游戏后及时擦汗、补充水分,防止幼儿受凉。

【大班】

活动(1):压路机

■ 活动形态

集体运动活动。

■ 活动目标

- 大胆尝试直体侧滚动作,提高身体的平衡与协调能力。
- 在游戏中愿意与他人合作,体验运动的快乐。

■ 活动材料

音乐、垫子(泡沫垫、海绵垫)、障碍物等。

■ 活动过程

① 热身活动——活动肢体

② 幼儿练习快速通过垫子铺成的"马路"

幼儿分成两组,每组两张垫子连接成一条长长的"马路"。

幼儿自主探索,运用身体的不同部位安全、快速地通过马路。

(教师观察幼儿通过马路的不同方式,动作的协调性,肢体的平衡性)

③ 幼儿将自己身体"变"成压路机上的大滚轮,探索直体侧滚通过垫子马路的方法

幼儿两两结伴,每组一张海绵垫子。探索用直体侧滚的动作,顺利在垫子上滚动。

幼儿讨论要点:大滚轮怎么才能翻滚起来?

教师:你觉得身体的哪些部位需要用力?还要注意什么?

教师观察幼儿直体侧滚时,手臂是否伸直、腿是否夹紧。幼儿在垫子上直体侧滚时如遇到困难滚不起来,教师可推其肩、髋部,帮助滚动。

小结:双脚夹紧,双手放在身体两侧或双手抱胸或双手伸直保护耳朵,用腹部的力量让身体滚动起来。

④ 两人合作滚轮子

幼儿两两结伴,每组两张海绵垫子铺成一条马路。进一步运用直身侧滚的方法进行双人组合游戏。

幼儿一边翻滚一边探索怎样进行合作,以滚得又快又直。

教师:你们是怎么配合的?

小结:两个人商量好,同时开始,保持一样的速度。

⑤ 幼儿尝试集体一起合作翻滚过垫子

教师观察幼儿集体翻滚时能否除了控制自己的身体保持直线翻滚,还关注到前后伙伴,保持相同的速度和间距。

⑥ 整理活动——放松

伴随舒缓的音乐,跟教师一同进行肢体及情绪的放松。

活动(2):蜘蛛侠大作战

■ 活动形态

体育游戏。

■ 活动目标

● 在悬空爬的过程中协调地做出躲避动作,提高身体控制能力和在一定范围内躲闪的能力。

● 喜欢与同伴一起玩爬行游戏,体验合作游戏的快乐。

■ 活动材料

红、绿两种颜色的臂章,攀爬运动器具,绳圈。

■ 游戏玩法

① 幼儿做热身游戏:看谁反应快

幼儿绕着攀爬架快走,听教师(或领头幼儿)口令快速变化动作,如:教师(领头幼儿)可发出口令突然停下并变换动作,如单脚站立、蹲下、蹲着走、跳上攀爬架等。

② 幼儿分组爬行进行躲闪与抓捕

幼儿戴上臂章,并根据臂章的颜色分成红、绿两组。

游戏玩法:幼儿分成两组,一组是进攻组,另一组是防守组。40秒内,进攻组要用悬空爬的方法爬到对面防守组的区域内。防守组要用悬空爬的方法爬行,并想办法抓住进攻组的同伴。

规则:幼儿把手掌和脚掌撑在地面上,让身体撑起来,手脚并用地爬行,爬行中保持手脚着地,只要身体的某个部位碰到对方身体就算"抓住对方",在规定时间内完成任务则获胜。

③ 幼儿反复游戏两次,并讨论游戏中躲闪的好方法

教师:你们有什么好方法进行防守(躲闪)或者进攻(捕抓)?

④ 幼儿自己商量改变游戏的玩法和规则继续游戏

⑤ 放松活动

活动(3):挑战过长凳

■ **活动形态**

集体运动活动。

■ **活动目标**

- 在游戏中,探索用不同方法保持平衡、安全并通过长凳。
- 体验与同伴合作挑战成功后的喜悦。

■ **活动材料**

长凳两条、海绵垫两块、哨子、秒表。

■ **活动过程**

① 热身活动

幼儿绕长凳一边行走一边观察教师的动作变化,做相同动作。如:跳上长凳、跨过长凳、单脚站立在长凳上等。

② 游戏:过小桥

幼儿依次快步走过长凳拼成的小桥,教师利用身体形成障碍阻挡于小桥上,引导幼儿运用不同方式通过障碍。(教师观察幼儿面对不同障碍时调整身体通过小桥的不同方式)

提问:当遇到障碍时,有什么好办法保持平衡过桥?

小结:当我们遇到障碍时,可以根据障碍的特点,改变身体的各种姿势以通过,甚至可以牢牢抓住障碍荡过去。

③ 探索相对而行过桥的方法

要求:两人为一组,每组幼儿相对而行,探索到达对岸的方法。

教师观察幼儿相互配合的程度,以及合作协商的情况。

幼儿分享在实践中遇到的困难和协商解决的办法。

提问:当两个人在桥中间相遇过不去了怎么办?你们是怎么成功过桥的?

④ 快速互换过桥

提问:两组队员要快速通过独木桥到达对面,但是又不能掉下桥,有什么方法呢?

教师观察幼儿在实践探索中保持身体平衡并快速互换通行的方法。

幼儿探讨并尝试提升移动速度的不同方法。(如更好地衔接、加快步伐、留出移动的空间等)

幼儿集体游戏,体验共同合作快速过桥的喜悦。

⑤ 整理活动—放松

伴随舒缓的音乐,跟教师一同进行肢体及情绪的放松。

活动(4):一二三,木头人

■ 活动形态

体育游戏。

■ 活动目标

- 大胆尝试用身体做不同的动作保持平衡。
- 尝试协商游戏规则,在活动中体验成功与坚持的乐趣。

■ 活动材料

球若干只。

■ 游戏过程

① 幼儿念儿歌做传统游戏"我是木头人"进行热身。当念到"不许讲话不许动"时,幼儿自己做一个动作并保持不动。

② 教师介绍游戏新玩法:念儿歌,当念到"不许讲话不许动"时,幼儿要根据教师的动作做相反的动作(如教师下蹲时幼儿要踮脚站立,教师右腿单腿站立时幼儿要左腿单腿站立等)。幼儿做错动作或没能保持住平衡就算输。(可以请输了的幼儿出下一次模仿动作,其他幼儿做相反动作)

③ 重复游戏两次后,幼儿进一步商量新的游戏玩法和规则继续游戏,还可增加皮球等材料,增加游戏的挑战性(如,幼儿扮作木头人站在原地后,教师向某一幼儿滚球,幼儿一只脚不能离地,同时要想办法躲避球等)。

④ 游戏结束放松身体。

活动(5):运轮胎

■ 活动形态

集体运动活动。

■ 活动目标

- 尝试多种方式移动轮胎,发展幼儿上臂肌肉力量,提高四肢协调性以及控制轮胎的能力。

● 了解游戏的基本规则,学习合作,体验合作成功的快乐。

■ 活动材料

轮胎人手一只。

■ 活动过程

① 热身活动

出示轮胎,介绍活动内容。教师带领幼儿活动四肢热身,准备运轮胎。

② 玩转轮胎

提问:每人从架子上移动一个轮胎,怎么让轮胎"听你的话"到场地中间?

幼儿按照自己的办法运一个轮胎到场地中间,然后再试试同伴移动轮胎的方法,讨论哪种移动方法又快又方便。

③ 运轮胎比赛

规则:分成两组(或三组)用刚才大家的方法把轮胎运到对面。比一比哪一队的速度最快。比赛过程中轮胎倒在地面或滚歪出了边界都算失败,要重新开始。先完成任务的小组获胜。

提问:你觉得哪种方法最省力?

再次运轮胎,要求每组幼儿不能用滚的方式将轮胎运到目的地。

幼儿分小组协商尝试后分享经验:这轮比赛中你们觉得获胜的关键是什么?

小结:要控制好运送轮胎时手臂的力度,掌握平衡,避免自己摔倒或者跑到对方的跑道上。

④ 轮胎叠叠乐

游戏规则:每一队都有七个轮胎,把轮胎运到目标位置后要将轮胎叠起来,至少要叠六个轮胎,在规定的时间内完成,看谁叠得高。无论用哪种运动的方法和叠法都可以。

幼儿比赛,教师放音乐观察各组幼儿之间的协商与配合。

提问:在叠轮胎时要注意些什么?你们碰到哪些困难?是怎么解决的?

⑤ 放松活动

幼儿互相按摩手臂肌肉,放松身体。

活动(6):花式传球

■ 活动形态

体育游戏。

■ 活动目标
- 尝试用身体的各个部位操控皮球,提高四肢和躯干的协调控制能力。
- 体验与同伴合作游戏的乐趣。

■ 活动材料

皮球人手一个。

■ 游戏过程

① 幼儿拍皮球热身

② 教师介绍游戏玩法

双手传球:幼儿分三组,排成三列纵队,从第一个幼儿开始,用双手把球往后传,先传到最后一个幼儿手上的小组获胜。幼儿协商制定新的向后传球方式(如用头顶传球、从胯下传球、用双脚传球等)。

两两合作传球:幼儿分三组,三组幼儿中,两人结伴为一对,合作用躯干夹球运送到篮筐内,先运送完球的一组获胜。幼儿在运球时要商量好用身体的哪个部位一起夹住球运送。球掉落需重新开始。

多人同时传球:幼儿分三组,每组幼儿围成一个圆圈,每人手上拿一个球,当教师数到三时,每个圆圈内的幼儿同时将手上的球往上抛,并移动身体向右走一步接住掉下的球,如果有幼儿没有接住球则要重新开始,40秒内完成接球次数最多的小组获胜。

③ 幼儿反复游戏,可以协商修改游戏的规则

【大班】

游戏(1):有趣的夹娃娃

■ 活动形态

亲子运动游戏。

■ 活动目标

发展幼儿手眼协调能力,提升幼儿腹部核心力量。

■ 活动准备

2m×2m左右适合运动的区域,瑜伽垫或软垫,娃娃或其他软质物体若干个,两个空可乐瓶。

■ 游戏过程

① 家长和幼儿面对面坐好,保持适当距离,将可乐瓶放在中线处,将娃娃放在可乐瓶右侧。

② 幼儿和家长双脚伸直,双手撑于臀部后方两侧,身体微微后仰,抬起双脚越过可乐瓶,双脚夹起娃娃至另一侧。

③ 家长和幼儿谁先夹完,谁获胜。

④ 还可玩"大家一起来接力":全家人并排坐成一字形,抬起双脚,进行运输接力;将可乐瓶放在两人中间,每次抬起双脚的时候注意不要碰到;从第一个人开始,越过重重阻碍把娃娃送到终点。

■ **活动提示**

- 在游戏中尽量提醒幼儿腿部伸直。
- 家长视幼儿运动情况控制瓶子的高度。
- 在游戏中幼儿可能会觉得累或者困难,家长可以和幼儿讨论,探索控制身体的要领,给予幼儿适当的鼓励。
- 提醒幼儿做好运动前、后的准备和放松。

游戏(2):好玩的气球

■ **活动形态**

亲子运动游戏。

■ **活动目标**

发展幼儿的全身动作灵活性和对气球的操控能力。

■ **活动准备**

一处空旷的场地、纸盘、气球。

■ **活动玩法**

① 不落地的气球:两人一组,用纸盘传递气球;孩子之间或亲子间也可以来一场"气球赛",两人传球,争取不让气球落地,用计时或计次的方式竞赛。

② 抛气球:幼儿将气球高高抛起,然后听家长的指令用相应的身体部位接气球(如家长说头,幼儿就用头顶气球);幼儿和家长相互抛接气球。

③ 拍气球快走:幼儿左右手交替向上拍气球;幼儿根据家长口头指令一边拍气球一边移动到指定地点(如口令是"窗前",则幼儿一边拍球一边走到窗前)。

■ **活动提示**

- 气球不要吹得太大,以防突然爆掉。
- 幼儿运动前、后做热身和放松活动。
- 进行玩法①时只能用纸盘拍,传球的时候,手不能接触气球。

- 如果家里没有气球,则可以鼓励幼儿替换材料,如羽毛球、乒乓球等,也可以用于游戏。
- 每天运动时间为 30 分钟左右,也可分两次,每次 15—20 分钟。

撰写者:普陀区绿地世纪城幼儿园　高静　普陀区教育学院　杜志珺

【成效与感悟】

独木桥勇士

区域运动中我发现小班的孩子们很喜欢走平衡木,但普遍不能平稳地行进一段距离。部分幼儿为了不掉落,索性直接手膝着地爬行通过。我提醒"身体站直了,试试……",可孩子们总是担心"我不行"。

随后,在日常生活中也发现新入园的部分孩子上下楼梯时不能双腿交替,难以持物行走(如"拿水杯喝水"不稳等)。

● 思考与分析

之所以会出现这些现象,我觉得有以下两点原因:

- 小班幼儿的小腿肌肉不够发达,虽然喜欢平衡类游戏,但尚缺保持平衡的方法。
- 幼儿生理、心理发展各具差异,面对挑战时的畏难情绪因人而异。

我思考是否能发挥上下午活动的互补作用,通过高结构的针对性活动让幼儿得以锻炼,为低结构活动时的自由活动奠定基础,增强自信心。

下一步计划

以问题为导向,我设计了集体运动活动"独木桥勇士"。

活动目标:能在窄道上行进一定距离,保持身体平衡;愿意参与有挑战性的运动任务,感受挑战成功的快乐。

保持身体平衡是一项最基本的运动能力。在运动方面,对功能性运动技能来说,保持平衡和姿势控制是必不可少的。平衡能力的强弱直接关系到人们的各项活动能力强弱,提高平衡能力则可提高人们活动的能力。平衡能力差的个体在进行各种活动时容易摔倒,直接影响到生活和安全。第一条目标针对平衡这一运动技能,使幼儿在窄道行进时,学习掌握保持身体平衡的方法;第二条目标则是指向发展幼儿的身心健康,培养主动、乐观、积极的态度。

活动包含三个环节。

第一环节:创设"勇士过独木桥"的情境,幼儿初步感知平衡,在较短的窄道上,尝试用正确方式行进,为后续环节做铺垫。

第二环节：延长平衡木，让幼儿逐步延长行进路线，巩固练习。

第三环节：穿越"丛林"，增加弯曲的平衡木，幼儿注意观察路线的变化，根据变化的路线安全到达终点，锻炼身体平衡性。

场景一：活动实施

游戏开始，幼儿自由选择自己喜欢的独木桥通过，多数幼儿选择了较短的独木桥。

只见幼儿们慢慢地站上独木桥，两只手臂夹得紧紧的，身体在晃动，通过自己的调整逐渐让身体平稳，随后慢慢地挪动双脚，但脚并没有抬高，几乎贴着桥面，神情紧张。

尝试了几次后，幼儿们的小脸开始放松，通过的时间一次次缩短，脚也从挪动变为抬起行走。几个选择短独木桥的幼儿开始更换器械，踏上长长的独木桥。

● 思考与分析

充足的时间下，幼儿自由探索过独木桥的方法，会通过对自己身体的调整慢慢保持平衡，顺利通过独木桥。几次练习后幼儿们的熟练程度越来越高，很自然地开始不满足，打算挑战更长的路。可见，平衡能力的锻炼需要时间，通过自身体验来积累方法。随后，幼儿基于对自身能力的评估，逐步培养大胆挑战的品质。

图 3-5-1

下一步计划：创设情境，巩固保持平衡的方法

有了集体运动的经验，区域运动时幼儿们对"走小路"的游戏兴趣越来越高。我们的"小路"也从"长短变化"发展到"高度变化""弯曲度变化"等，不断支持幼儿挑战自己，巩固保持平衡的好方法。

场景二

两周后，我发现区域运动时"走小路"的幼儿日渐减少。我问："怎么不去走小桥呀？""不好玩，我能很快走过去了。"

● 思考与分析

借助集体运动游戏，幼儿初步积累了保持平衡的方法，使他们在区域运动时挑战各种"小路"的兴趣高涨，自信心、运动能力都处于提升阶段。

图 3-5-2

但是，当幼儿熟练掌握后，这些一成不变的"小路"失去了吸引力。教师需要依据幼儿的实际情况适时调整。

下一步计划

- 重视情绪带给幼儿的发展

对年幼儿童而言,情绪体验对其运动行为具有重要影响。成人觉得简易的独木桥,对幼儿来说可能是一个很大的挑战。幼儿运动的表现固然受生理条件的限制,但积极的情绪体验连接的是自信的建立,使其走出害怕,建立"我行""我勇敢"的自信,这也是一种重要的教育支持。为此,集体运动游戏的设计帮助幼儿打破了最初的"畏难情绪",为后续的运动提供了可能。

激发兴趣固然重要,保持兴趣更为重要,直接影响幼儿能否持续提升能力。为此,教师需要持续观察幼儿在活动中的情绪,适时予以行为跟进。

- 调整材料满足幼儿的需求

为了保持幼儿"走小路"的兴趣,我不再摆放那些固定的"小路",而是把各种木桥、石头、长绳、泡沫积木等摆放在一边,区域运动时幼儿们可自由选择材料搭建"小路",尝试多种器械组合玩。

"小路"在幼儿的手中"变变变",不仅重新获得了幼儿的喜爱,"小路"的不确定性、难度也大大增加。别看是小班幼儿,但他们越玩越勇,哪怕是半路"掉下来"也会重新上"路"。玩得兴起时还会叫:"孙老师,你来试试!"

反思总结

区域运动"走小路"还在持续,回归现实生活,我发现新小班幼儿上下楼梯已经自如得很。喝水、搬椅子等生活活动也能锻炼幼儿控制身体的能力,幼儿的生活自理能力伴随运动能力的提升得以同步提升。

从低结构区域运动、日常生活中发现幼儿平衡能力弱是因为缺乏方法;从而组织集体运动游戏针对性练习,使幼儿初步习得方法;到回归区域运动,挑战不同难度、巩固提升能力;再到放大空间,幼儿自由组合材料尝试多种玩法。我们不难发现上下午两类运动活动互为补充,支持幼儿差异发展。幼儿健康教育一定不能拘泥于某一类活动,需要自然渗透于一日生活,发挥各类活动的相辅相成作用。

图 3-5-3

撰写者:普陀区教育学院　周骏蔚　普陀区绿地世纪城幼儿园　孙丽勤

附录一

上海市普陀区幼儿健康教育总目标、分年段目标

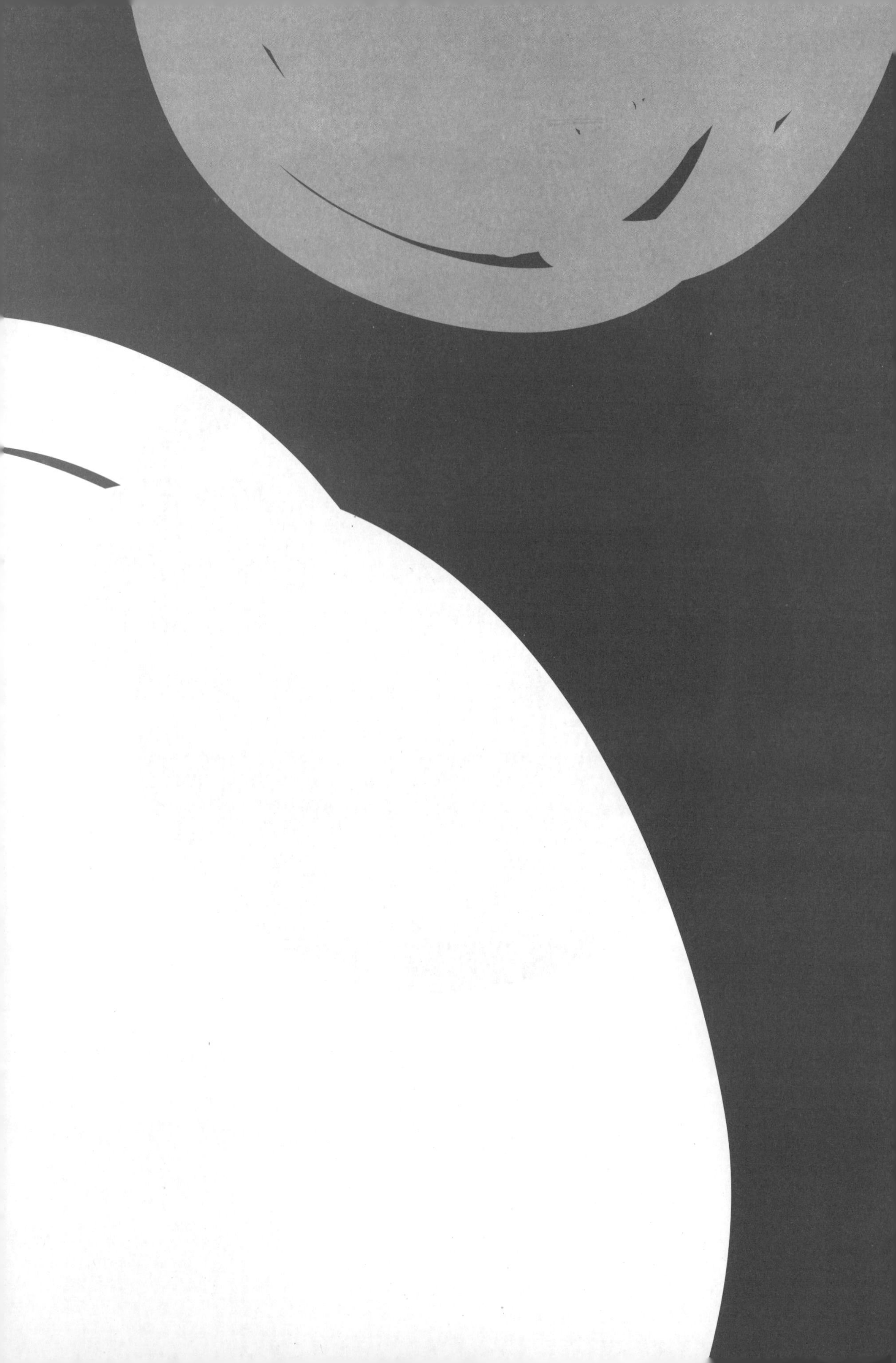

一、总目标

贯彻《幼儿园教育指导纲要（试行）》《3—6岁儿童学习与发展指南》《上海市学前教育课程指南》，基于幼儿终身健康发展的需求，通过普陀区学前健康教育课程的实施，促进区域幼儿健康情感、态度、认知能力等各方面的发展，使幼儿身体强健、情绪积极稳定、习惯良好、适应环境且具有一定的自护能力。

二、具体目标

1. 身体健康，情绪安定，愿意大胆表达自己的情绪，并尝试调节情绪，形成良好的个性品质，有一定的适应能力

小班

➢ 体重适宜，在成人提醒下身体能自然挺直和坐直。

➢ 能保持较稳定的情绪，愿意用简单的语言表达自己高兴、害怕、难过的情绪和需求；情绪过激时能在安抚下逐渐缓和。

➢ 在新环境中情绪能较快趋于稳定，知道遵守集体生活中的基本常规，愿意接受成人的建议和指示。

中班

➢ 体重适宜，在提醒下能保持良好的站姿、坐姿和走路姿势。

➢ 经常保持愉快、稳定的情绪，能在较短时间内缓解消极情绪；愿意把自己的情绪告诉亲近的人，一起分享快乐或求得安慰；情绪过激时，能在提醒下逐渐缓和。

➤ 逐步适应人际环境中发生的变化，换新环境时身体状况基本正常，较少出现身体不适。理解和遵守日常生活中的规则，学习控制自己的情绪和不宜行为。

大班

➤ 体重适宜，能经常保持良好的站姿、坐姿和走路姿势。

➤ 经常保持愉快、稳定的情绪，知道引起自己某种情绪的原因，自我缓解消极情绪；能用适当的方式表达情绪，不随意发脾气。

➤ 较快融入新的人际关系环境，天气变化或季节交替时较少生病。有良好的自我意识、规则意识，学习评价自己和同伴。

2. 喜欢运动，自主地投入各类运动，充分活动身体，动作协调灵活，有一定的运动能力和维护自身安全的能力

小班

➤ 喜欢参加体育活动，能在教师鼓励、陪伴下用各种材料和器械活动身体，学习一些基本的运动方法。

➤ 在教师提醒下运动中不做危险动作。

中班

➤ 积极、快乐地参加体育活动，能用自己喜欢的器械和材料锻炼身体，动作轻松、自然、协调，有一定的运动能力。

➤ 运动中了解一些保护自己的方法，能主动躲避危险。

大班

➤ 主动参加体育活动，了解运动与健康的关系。

➤ 乐于尝试不同的运动器械和材料，在新奇、有野趣、有挑战性的活动中充分活动身体，获得身体活动的经验，动作协调、灵活。

➤ 运动时能注意安全，不给他人造成危险；了解一些自我调节运动量的方法，注意休息和放松。

3. 愿意了解健康生活所必需的基本知识，初步养成良好的生活与卫生习惯及态度，具有基本的生活自理能力和安全自护能力

小班

➢ 有独立做事的愿望，尝试自己的事情自己做。

➢ 在提醒下每天早晚刷牙，饭前便后洗手，餐后漱口；在帮助下穿脱衣服，自己如厕大小便；愿意独立进餐，进餐时能保持愉快的情绪，熟练使用小勺；认识一些常见的食物，在引导下不偏食、不挑食；愿意喝白开水。

➢ 爱护玩具和物品，学习收拾、整理玩具和物品，在成人提醒下能把使用后的玩具和物品物归原处。

➢ 基本了解周围生活中的安全规则，知道不跟陌生人走，不乱穿马路；在成人提醒下不做玩火、碰插座等危险的事；在成人提醒下爱护自己的身体，不用脏手揉眼睛，不将异物放入口、鼻、耳中等。

中班

➢ 知道自己的事情自己做，有自理意识，对自己能做的事表现出自信。

➢ 学会正确地刷牙和使用筷子、手帕、毛巾、便纸等；能自己穿脱衣服、折叠衣服，并将衣服摆放整齐；进餐时情绪愉快，能够独立进餐；进一步认识各类常见的食物，不偏食、不挑食、不暴饮暴食，常喝白开水，逐步形成良好的饮食习惯。

➢ 愿意尝试做值日生，有初步的责任意识，完成力所能及的任务。

➢ 了解人的身体和年龄变化，不让陌生人触碰自己身体的隐私部位；感觉不舒服时能及时告诉成人，能配合疾病的预防和治疗；认识常见的安全标志，能遵守安全规则，对危险的标志与信号能及时做出反应，知道简单的求助方式。

大班

➢ 有基本的生活自理能力，养成良好的饮食、睡眠、排泄、盥洗、整理物品等生活习惯，独立自信地做力所能及的事。

➢ 主动喝白开水；根据自己的冷热感受增减衣服；知道合理、均衡饮食与健康的关系，了

解多元的饮食文化。

> 能保持个人卫生，并注意周围环境的卫生，参加力所能及的劳动，自己整理生活场所。

> 具有安全意识和初步的自我保护能力。能自觉遵守基本的安全规则和交通规则，知道一些基本的防灾知识；进一步认识人体主要器官及其功能，了解保护方法；注意自己的健康情况，积极预防疾病。

研制者：周骏蔚　陈瑞廷　杜志珺　董莉莉　彭虹　吴莹　周晓虹　俞文珺　王娴婷　王璐菲

附录二

上海市普陀区幼儿健康发展教师观察评估使用手册

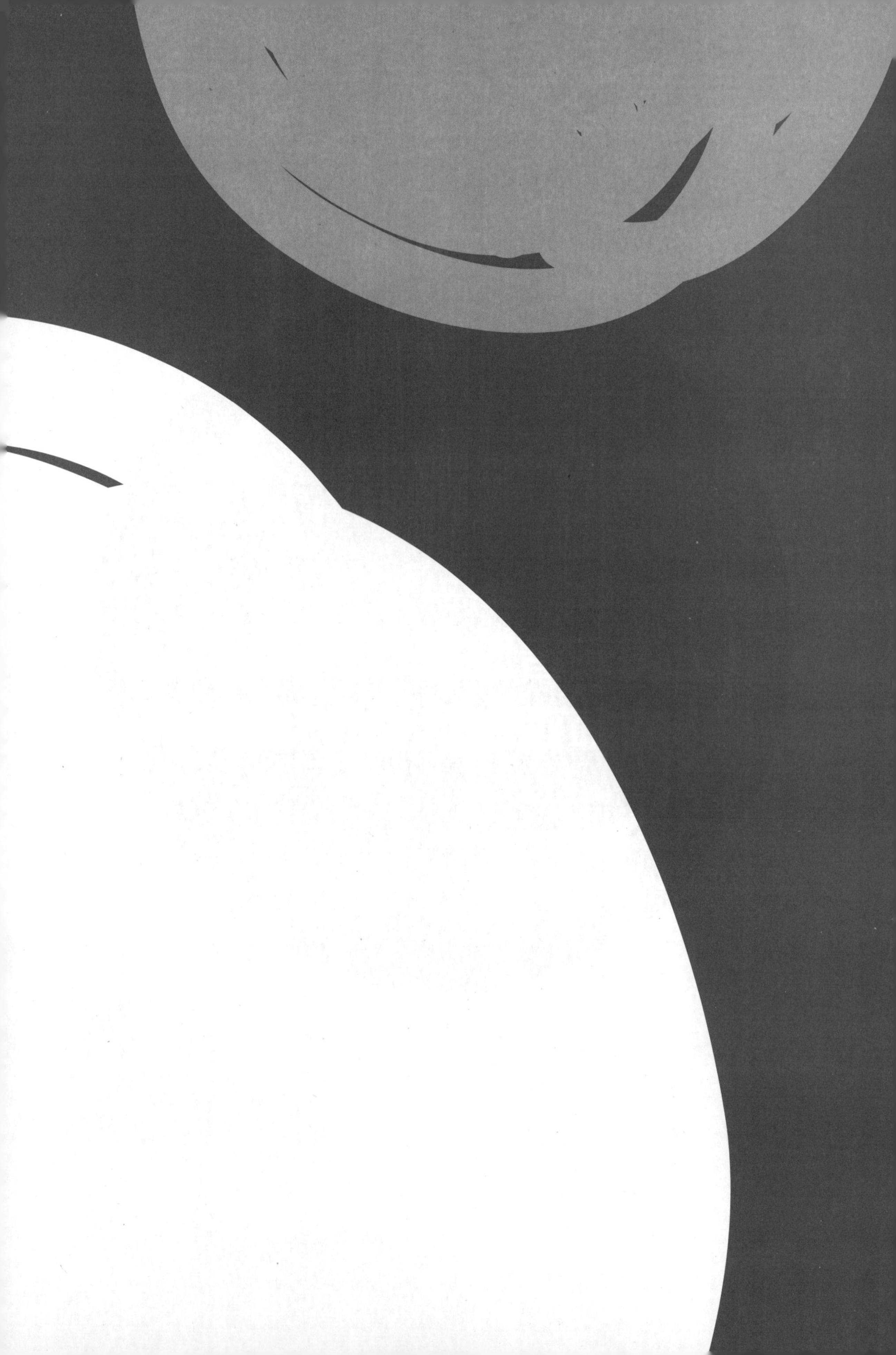

一、理念

《普陀区幼儿健康发展评估指标》作为《健康教育理念下区域幼儿健康教育活动的优化研究》的相关成果与工具，本指标的作用与价值在于：通过评估指标的运用让教师在组织与实施活动的过程中能真正"看见、读懂"幼儿；让教师逐渐掌握构建园本、班本化课程的有力工具；让评估指标能成为教师开展科研工作的有力参考。

本指标主要围绕幼儿"身心健康""习惯良好""环境适应""安全保护"四大健康领域进行制定，其中涉及"运动""饮食""情绪""自然""心理"等十个子领域内容。

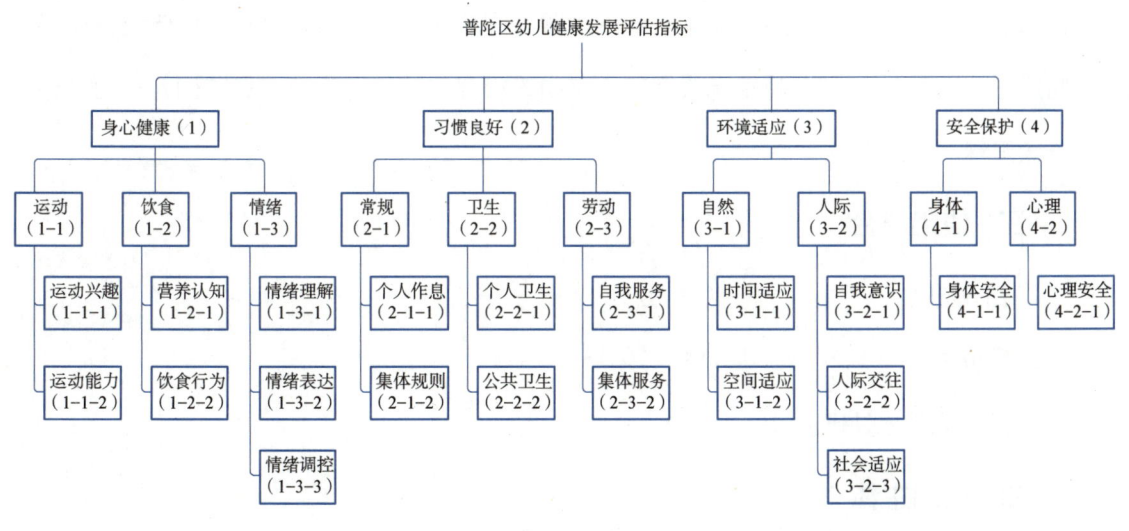

```
                        普陀区幼儿健康发展评估指标
    ┌───────────────┬──────────────┬──────────────┬──────────────┐
  身心健康(1)      习惯良好(2)     环境适应(3)     安全保护(4)
 ┌────┬────┬────┐ ┌────┬────┬────┐ ┌────┬────┐ ┌────┬────┐
 运动  饮食  情绪   常规  卫生  劳动   自然  人际    身体  心理
(1-1)(1-2)(1-3)  (2-1)(2-2)(2-3) (3-1)(3-2)  (4-1)(4-2)
```

运动兴趣 (1-1-1)	营养认知 (1-2-1)	情绪理解 (1-3-1)	个人作息 (2-1-1)	个人卫生 (2-2-1)	自我服务 (2-3-1)	时间适应 (3-1-1)	自我意识 (3-2-1)	身体安全 (4-1-1)	心理安全 (4-2-1)
运动能力 (1-1-2)	饮食行为 (1-2-2)	情绪表达 (1-3-2)	集体规则 (2-1-2)	公共卫生 (2-2-2)	集体服务 (2-3-2)	空间适应 (3-1-2)	人际交往 (3-2-2)		
		情绪调控 (1-3-3)					社会适应 (3-2-3)		

图 5-1-1

二、使用

本使用手册将围绕《普陀区幼儿健康发展评估指标》的具体使用理念、使用时间、使用场合、使用主体、使用对象以及使用方法作简要阐述，希望能够帮助教师、家长更顺利地基于指标对幼儿进行相关健康发展的观察。

（一）使用理念

1. 本指标的建立是为帮助教师更好地了解幼儿健康发展情况，从而提供基于幼儿的教育支持，真正读懂幼儿；使教师在构建园本、班本化的特色工作过程中拥有有利的辅助工具；更是为了成为开展科学研究的有利参考，而非根据指标内容给幼儿贴标签。

2. 评估原则

（1）客观性

（2）真实性

（3）灵活性

（4）立体翔实

（二）使用时间

本指标的使用应基于对幼儿的持续观察而进行，本指标多运用扫描法，针对每位被观察对象每三分钟观察一次，每位被观察对象的观察时间是三分钟。可以是基于评估内容在某一特定活动场景中的观察（特定场景会在下文中进行详细阐述），也可以是对幼儿一日生活的连续观察。

（三）使用场合

1. 幼儿园内

2. 家庭内

3. 幼儿园外公共场合

（四）使用主体

1. 幼儿园内观察时使用主体为教师

2. 家庭内观察时使用主体为家长

3. 幼儿园外公共场合观察时教师与家长共同参与

（五）使用对象

对于评估对象的选择，可有以下几种情况。

1. 随机取样班级幼儿三分之一人数，男孩女孩人数均等，每次取样评估对象原则上不可重复

2. 基于评估指标，针对观察项内容指定选择班级幼儿三分之一人数，男孩女孩人数均等

3. 在活动中有较大变化的幼儿

（六）使用方法

1. 评估前

（1）基于评估目标选择适合的评估表，并对相关指标内容了然于心

- 记录表具体编号情况见前文图5-1-1中的编号。

- 记录表中"1"表示幼儿表现出观察项的具体内容，"0"表示幼儿未表现出观察项的具体内容。

- "*"表示观察者不确定，在空格内以文字描述简要说明内容。

- 简要说明内容主要包括但不仅限以下几种情况：

① 观察过程中幼儿出现过程性、变化性、有别于常态的表现内容

② 观察过程中幼儿的轶事趣闻

③ 在不同关系中的情绪表现与行为表现

注：观察内容可用文字进行简要描述，但并非每次一定要进行简要说明。

（2）确立目标：明确评估对象与观察项

2. 评估中

（1）观察原则

教师要保证观察的完整性，即对幼儿的行为表现作持续观察，忌仅通过碎片式观察或只针对某些特定事件的观察，就对幼儿下结论。

（2）观察工具

① 如果想观察同一情境下不同幼儿的表现，教师可使用录像方式进行记录，便于后期复盘、回顾

② 录像建议

第一次录像前，教师（或者正在录像的人）需要与幼儿开展一次"对话"，以便幼儿知晓被录像的原因。幼儿可以提出任何有关录像的问题，教师耐心互动。尽管幼儿在最初可能会受到一定干扰，但绝大多数幼儿很快会忘记摄像机的存在；

将摄像机放置在教师和绝大多数幼儿都可以被拍摄到的地方。通常我们会将摄像机架在侧边，这样可以较为有效地同时记录教师的面部表情和幼儿的表情、行为。在需要时挪动三角架，尽量不要用手拿摄像机，因为图像可能会因此出现晃动；

如果活动范围过大，为确保所有幼儿都能进入拍摄范围，可尝试使用多个机位组合拍摄，确保更全面地获得现场活动信息，供观察者后期观察分析。

③ 教师可使用手册中提供的记录表格进行观察，也可根据自己的观察需要，制定相关的观察记录表

3. 评估后

（1）共享交流

观察的结果只是教师单方面的一种思考，建议在观察后和更多的人就观察感受进行共享交流。一方面，可以与同班老师（保育员）进行沟通，共同分享关于幼儿的理解；另一方面，教师可在观察后与家长建立沟通，以便更好地达成家园协同一致的教育理念。

（2）基于观察的教育支持

观察的结束不代表思考的结束，建议教师要将观察、思考带来的发现，融入到未来的课程规划与实施中。

三、各年龄段具体评估表（部分）

表 5-3-1　普陀区幼儿健康发展评估指标—身心健康（小班）

观察内容	1. 喜欢参与各种运动，有参加运动活动的意愿。 2. 来到运动场地或看到运动器械时能积极投入活动。
观察对象	小班年龄段（3—4岁） 总人数 10 人（随机挑选 5 名男孩，5 名女孩）
观察情景	环境一：幼儿园操场 时间段：幼儿园区域运动 时长：自幼儿自主运动开始 20 分钟 材料：滑梯、摇摇车、西瓜球、软棍 环境二：幼儿园操场 时间段：幼儿园集体运动游戏 时长：自幼儿自主运动开始 20 分钟 材料：大垫子、呼啦圈 环境三：家长常带幼儿活动的健身场地或小区花园、公园的空地 时间段：平时离园至晚间睡前的时间段或双休日、节假日 时长：自幼儿自主运动开始 20 分钟 材料：健身场地的各种健身器械、球、飞盘、小车等家中现成的、幼儿喜欢的材料
指导语	环境一：幼儿园操场 幼儿区域运动时教师指导语：宝贝们，我们要去操场运动了，你们想去吗？

编者注：由于篇幅所限，本节内容仅呈现部分评估表。

续表

	环境二：幼儿园操场 幼儿集体运动游戏时教师指导语： 1. 热身活动 指导语：今天我们变成小蚂蚁！一起去玩小蚂蚁爬！ 2. 蚂蚁爬爬爬 （1）蚂蚁爬行 指导语：学一学小蚂蚁，看着谁爬得又快又稳。 （2）蚂蚁爬山 指导语：小蚂蚁要去爬高高的山了，你们想去玩吗？ （3）蚂蚁过河 指导语：小蚂蚁们，前面有一条小河，怎么过河呢？ （4）顽皮的蚂蚁 指导语：蚂蚁妈妈和小蚂蚁做游戏啦，不要被妈妈捉住哦！ 3. 放松活动 指导语：小蚂蚁们，和妈妈一起甩甩手、扭扭腰，休息一下！ 环境三：家长经常幼儿活动的健身场地或小区花园、公园的空地 家长带幼儿活动时指导语： 宝贝，今天我们要带着**（家长告知幼儿玩什么材料）到外面去玩，你想玩吗？如果活动当天缺少小伙伴，家长可以说：如果需要爷爷和你一起玩，你可以告诉我。
提示	1. 评估对象的人数为班额的1/3，需注意男女比例均衡，并选择不同运动水平或性格类型的幼儿。 2. 为了便于评估人员进行全面观察，评估前需做以下准备。 （1）在幼儿胸前、背后贴好数字。 （2）观察次数为2次，每次观察5位幼儿。 （3）参与评估工作的人员为4人，2人为现场评估人员，另2人为现场拍摄人员。 （4）现场评估人员需事先熟悉评估工作的流程和要求。现场评估时，站在正对幼儿的地方进行观察。

续表

(5) 现场拍摄人员,需面向幼儿正面进行拍摄,并保证拍摄到每位幼儿 2—3 分钟的连续活动状态。
(6) 评估幼儿在家中的运动前,教师要对家长做好评估前的解释指导工作。
(7) 幼儿运动时,家长需面向幼儿正面进行拍摄,并保证拍摄到幼儿 10—15 分钟的连续活动状态。
3. 2 位评估人员现场评估时,根据观察项的内容分别去观察幼儿的行为,用描述性语言将幼儿的行为记录下来。
4. 评估人员观察记录时不要受对方的干扰,复盘时对照活动拍摄视频,根据幼儿的表现进行判断,完成《幼儿健康行为表现观察记录表》。
5. 幼儿活动时,家长要明确自己的主要任务是拍摄幼儿自然运动的状态,不要主动介入、干扰幼儿活动。当幼儿主动寻找家长互动时可做适当回应。
6. 活动结束后,家长将拍摄的视频发给评估人员进行评估。
7. 该指标的运用除了手册中描述的三种环境状态,建议所有的教养人员结合一日生活作息中的不同自然活动状态,开展常态观察,并对观察到的信息做综合评估,以体现对幼儿发展状态了解的全面性和真实性。

表 5-3-2　幼儿健康行为表现观察记录表

子领域	领域一：身心健康 观察项	评价	幼儿 男 ①	②	③	④	⑤	⑥	女 ⑦	⑧	⑨	⑩
运动兴趣	1. 愿意按照指令做小蚂蚁的动作，表情愉悦、开心。	1/0 * （简要说明）										
	2. 面对飞盘、球类等运动器械时能主动拿取，并参与运动活动。	1/0 * （简要说明）										

注："1"表示幼儿表现出观察项的具体内容；"0"表示幼儿未表现出观察项的具体内容；"*"表示观察者不确定，在空格内简要说明内容。

附录二　上海市普陀区幼儿健康发展教师观察评估使用手册

表 5 - 3 - 3　普陀区幼儿健康发展评估指标——身心健康(中班)

观察内容	1. 运动活动中能积极参与各种运动,能主动尝试。 2. 能用自己喜欢的器械和材料尝试锻炼身体。
观察对象	中班年龄段(4—5岁) 总人数 10 人(随机挑选 5 名男孩,5 名女孩)
观察情景	环境一:幼儿园操场 时间段:自幼儿园区域运动 时长:自幼儿自主运动活动开始 20 分钟 材料:巨龙滑梯、滑板车、皮球、钻洞半球 环境二:幼儿园操场 时间段:幼儿园集体运动游戏 时长:自幼儿自主运动活动开始 20 分钟 材料:各种纸球、软球 环境三:家长常带幼儿活动的健身场地或小区花园、公园的空地 时间段:平时离园至晚间睡前的时间段或双休日、节假日 时长:自幼儿自主运动活动开始 20 分钟 材料:健身场地的各种健身器械、球、飞盘、小车等家中现成的、幼儿喜欢的材料
指导语	环境一:幼儿园操场 幼儿区域运动时教师指导语:你们看,那里有许多材料,你们想去玩吗? 快去玩一玩吧! 环境二:幼儿园操场 幼儿集体运动游戏时教师指导语: 1. 热身活动 指导语:今天我们来到了神投手的训练营,看看你们是不是能坚持到底,成为真正的神投手!

续表

2. 神投手训练营
(1) 对战投掷
指导语：大家来做神投手，看看谁能投到对方的营地！
(2) 移动投掷
指导语：你们看到哪个小投手百发百中？他是怎么投的？
(3) 快速投掷
指导语：小投手们，我们来一次实战演练吧！看谁一分钟内投进最多。
3. 放松活动
指导语：神投手们，我们一起放松一下身体！

环境三：家长常带幼儿活动的健身场地或小区花园、公园的空地
家长带幼儿活动时的指导语：
宝贝，今天你想带什么玩具到外面玩呀？你想怎么玩？去试试吧！
如果活动当天缺少小伙伴，家长可以说：妈妈需要我和你一起玩，你可以告诉我。

表 5-3-4　幼儿健康行为表现观察记录表

领域一：身心健康			幼儿										
子领域	观察项	评价	男						女				
			①	②	③	④	⑤	⑥	⑦	⑧	⑨	⑩
运动兴趣	1. 在运动活动中能积极参与投掷活动，能表现出主动尝试。	1/0										
		*（简要说明）										
	2. 面对滑板车、飞盘等运动器械物品能进行自主选择，再参与运动活动。	1/0										
		*（简要说明）										

注："1"表示幼儿表现出观察项的具体内容；"0"表示幼儿未表现出观察项的具体内容；"*"表示观察者不确定，在空格内简要说明内容。

表 5-3-5 普陀区幼儿健康发展评估指标—身心健康（大班）

观察内容	1. 运动活动中能主动发起运动，积极地参与，坚持每天运动。 2. 能主动尝试用不同的运动器械和材料，开展不同的身体活动，锻炼身体各部位。
观察对象	大班年龄段（5~6岁） 总人数10人（随机挑选5名男孩、5名女孩）
观察情景	环境一：幼儿园操场 时间段：幼儿园区域运动 时长：自幼儿自主运动活动开始20分钟 材料：秋千、脚踏车、足球、篮球、软棍 环境二：幼儿园操场 时间段：幼儿园集体运动游戏 时长：自幼儿自主运动活动开始20分钟 材料：呼啦圈 环境三：家长常带幼儿活动的健身场地或小区花园、公园的空地 时间段：平时离园至晚间睡前的时间段或双休日、节假日 时长：自幼儿自主运动活动开始20分钟 材料：健身场地的各种健身器械、球、飞盘、小车等家中现成的、幼儿喜欢的材料
指导语	环境一：幼儿园操场 幼儿园区域运动时教师指导语：你们看，那里有许多材料，你们想去玩吗？你们想和谁一起玩？ 环境二：幼儿园操场 幼儿集体运动游戏时教师指导语： 1. 热身活动 指导语：今天我们要和呼啦圈做游戏，看看你们能不能完成任务，挑战成功！ 2. 奔跑吧呼啦圈 （1）你追我赶 指导语：今天我们和呼啦圈来比赛，看看谁跑得快！

附录二 上海市普陀区幼儿健康发展教师观察评估使用手册

续表

	(2) 奋勇争先 指导语：大家分成两组，看看哪一组追到的呼啦圈多。 (3) 急中生智 指导语：看看谁和朋友一起追到更多的呼啦圈。 3. 放松活动 指导语：找个朋友，和好朋友一起来放松一下身体吧！ 环境三：家长常带幼儿活动的健身场地或小区花园、公园的空地 家长带幼儿活动时的指导语： 今天你想带什么玩具到外面玩呀？你想怎么玩？和谁一起玩？ 如果活动当天缺少小伙伴，家长可以说：如果你需要我和你一起玩，你可以告诉我。
提示	1. 评估对象的人数为班额的 1/3，需注意男女比例均衡，并选择不同运动水平或性格类型的幼儿。 2. 为了便于评估人员进行全面观察，评估前需要做好以下准备。 (1) 需在幼儿的胸前、背后贴好数字。 (2) 观察次数为 2 次，每次观察 5 位幼儿。 (3) 参与评估工作的人员为 4 人，2 人为现场评估人员，另 2 人为现场拍摄人员。 (4) 现场评估人员要事先熟悉评估工作的流程和要求，现场评估时，站在面对幼儿正面的地方进行观察。 (5) 现场拍摄人员，需面向幼儿正面进行拍摄，并保证拍摄到每位幼儿 2～3 分钟的连续活动状态。 (6) 评估幼儿在家中的运动前，教师要对家长做好评估前的解释指导工作。 (7) 幼儿在家运动时，家长需面向幼儿正面进行拍摄，并保证拍摄到幼儿 10～15 分钟的连续活动状态。 3. 2 位评估人员现场评估时，根据观察项的内容分别去观察幼儿的行为，当观察到准确定的行为时，用描述性语言将幼儿的行为记录下来。 4. 评估人员观察记录时不受对方干扰，复盘对照拍摄活动拍摄视频，根据幼儿的表现进行判断，独自完成《幼儿健康行为表现观察记录表》。 5. 幼儿活动时，家长要明确自己的主要任务是拍摄幼儿自然运动的状态，不要主动介入、干扰幼儿活动。当幼儿主动寻找家长互动时适当回应。 6. 活动结束后，家长将拍摄的视频发给评估人员进行评估。 7. 除了手册中描述的三种不摄状态，建议所有的教师人员结合一日生活作息中的不同自然活动状态，开展常态的观察，并对观察到的信息做综合评估，以体现对幼儿发展状态的全面了解和真实性。

表 5-3-6 幼儿健康行为表现观察记录表

子领域	观察项	评价	幼儿									
			男					女			
			①	②	③	④	⑤	⑥	⑦	⑧	⑨	⑩
领域一：身心健康												
运动兴趣	1. 能将呼啦圈玩出各种不同的花样，表现出快乐的情绪，并能够坚持玩到最后。	1/0										
		（简要说明）*										
	2. 能主动尝试选择自己所需要的运动器械和材料，运用到自己的运动活动中。	1/0										
		（简要说明）*										

注："1"表示幼儿表现出观察项的具体内容；"0"表示幼儿未表现出观察项的具体内容；"*"表示观察者不确定，在空格内简要说明内容。

附录二　上海市普陀区幼儿健康发展教师观察评估使用手册

表 5-3-7　普陀区幼儿健康发展评估指标—身心健康(小班)

观察内容	1. 进餐时在成人提醒下能细嚼慢咽,不随意走动,不东张西望,安静独立进餐。 2. 会用勺吃饭,不吃掉在地上的食物。 3. 不偏食,不挑食,愿意白开水,在成人引导下愿意尝试不常吃的食物。
观察对象	小班年龄段(3~4 岁) 总人数 10 人(随机挑选学号为单数的 5 名男孩,5 名女孩)
观察情景	自然环境一:教室内 1. 时间段:午餐时间(11:00—11:30 共计 30 分钟) 2. 材料准备:桌子 3 张,椅子 10 把,每人勺子 1 把、碗 2 个、每桌骨盘一个、桌巾一块。 3. 食材内容:七彩炒饭、红烧猪舌、番茄面疙瘩汤。 4. 场景描述:幼儿在熟悉、安静的自然进餐环境中进餐。整间教室共 3 张桌子,观察对象坐 1~3 桌,其中随机 4 人坐 1 号桌,另随机 6 人坐 2~3 号桌(2,3 号两桌合并在一起)。 自然环境二:饮水区 1. 时间段:活动后的生活时间。(9:35—9:55 共计 20 分钟) 2. 材料准备:装满白开水的茶水桶一个,人手一个水杯。 3. 场景描述:盥洗室门口的茶水桶边排队喝水。 创设环境三:教室内 1. 时间段:早点(8:55—9:15 共计 20 分钟) 2. 材料准备:桌子 3 张,椅子 10 把,每人碟子 1 个、牛奶 1 杯。 3. 食材内容:疏果干。 4. 场景描述:教室共 3 张桌子,观察对象坐 1~3 桌,其中随机 4 人坐 1 号桌,另随机 6 人坐 2~3 号桌(2,3 号两桌合并在一起)。(注:也可选择牛泪果,香菇等色泽、味道有一定特殊性的食物,但选择时注意健康与安全,方便小班幼儿自主进食) 5. 食材选择原因:疏果干的食物种类丰富,大多数小班幼儿并未品尝过,对小班幼儿有一定挑战。
指导语	自然环境一:教室内 1. 幼儿吃饭说话时 指导语:宝宝安静吃饭不说话。

续表

	2. 幼儿吃饭过快时 指导语：我们要细细嚼，慢慢咽，饭一口、菜一口，才能对身体好。 3. 幼儿东张西望时 指导语：小手扶饭碗，小眼睛看饭碗，自己吃饭最棒！ 4. 幼儿食物掉在地上时 指导语：食物掉在地上了就不能吃了，我们捡起来放在骨盘里，下次要注意饭菜不落地。 自然环境二：饮水区 当幼儿不愿意喝水时 指导语：多喝白开水，对宝宝身体好。 创设环境三：教室内 当幼儿不愿尝试去吃蔬果时 指导语：蔬果干有营养，脆脆的，香香的真好吃。 指导语：小牙齿用力嚼一嚼，多吃蔬果身体好。
提示	自然环境一：教室内 1. 观察者在观察过程中尽量不频繁随意走动，以免影响幼儿进餐。 2. 当幼儿出现"走动、东张西望、进餐过快"情况三次以上时，再使用指导语进行提示，反之则静心观察，不介入指导。 3. 当食物掉在地上时，观察者不介入，观察幼儿表现行为。 4. 当幼儿将地上食物有意放入口中时，观察者应当及时介入，并使用指导语。 自然环境二：饮水区 1. 幼儿自主喝水，观察者不介入。 2. 仅在幼儿出现不喝白开水的情况时介入指导。 创设环境三：教室内 1. 幼儿自主进餐，观察者不介入。 2. 当幼儿用动作及语言表示不愿吃蔬果干时，观察者可以使用指导语进行介入。

表 5-3-8　幼儿健康行为表现观察记录表

领域一：身心健康			幼儿										
			男						女			
子领域	观察项	评价	①	②	③	④	⑤	⑥	⑦	⑧	⑨	⑩
饮食行为	1.1 会用勺吃饭。	1/0										
	1.2 不吃掉在地上的食物。	*（简要说明）										
		1/0										
		*（简要说明）										
	2.1 进餐时在成人提醒下能细嚼慢咽。	1/0										
		*（简要说明）										
	2.2 不东张西望，不随意走动，安静独立进餐。	1/0										
		*（简要说明）										

续表

子领域	观察项	评价	幼儿									
			男					女				
			①	②	③	④	⑤	⑥	⑦	⑧	⑨	⑩
领域一：身心健康	3.1 不偏食、不挑食。	1/0										
		*（简要说明）										
	3.2 愿意喝白开水。	1/0										
		*（简要说明）										
	3.3 在成人引导下愿意尝试不常吃的食物。	1/0										
		*（简要说明）										

注："1"表示幼儿表现出观察项的具体内容；"0"表示幼儿未表现出观察项的具体内容；"*"表示观察者不确定，在空格内简要说明内容。

表 5-3-9　普陀区幼儿健康发展评估指标—身心健康（中班）

观察内容	1. 会使用筷子，能按时按量进餐，不剩饭菜，不偏食，不挑食。 2. 进餐时专心，逐步建立安静、独立进餐的好习惯。 3. 不偏食，不挑食，能常喝白开水，在成人帮助与鼓励下，愿意尝试剥带壳类食物。
观察对象	中班年龄段（4—5岁） 总人数 10 人（随机挑选学号为单数的 5 名男孩、5 名女孩）
观察情景	自然环境一：教室内 1. 时间段：午餐时间（11:00—11:30 共计 30 分钟） 2. 材料准备：桌子 3 张，椅子 10 把，筷筒（一桌 4 双筷子），每人饭、菜、汤碗各一个，轻柔的背景音乐。 3. 食材内容：七彩炒饭、红烧猪舌、番茄面疙瘩汤、鹌鹑蛋。 4. 场景描述：3 张桌子分开摆放，每张桌子上放有筷筒，幼儿撒椅子洗手落座后自己拿取筷子，分辨筷子两头，自主进餐。 预设情景 1：有背景音乐的情景下幼儿安静、专注进餐。 预设情景 2：没有音乐背景的情景情况下幼儿安静、专注进餐。 自然环境二：饮水区 1. 时间段：运动后的生活时间（9:50—10:05 共计 15 分钟） 2. 材料准备：装满白开水的茶水桶，人手一个水杯。 3. 场景描述：自然生活活动中的饮水环境，幼儿排队自主倒水、喝水。
指导语	自然环境一：教室内 1. 幼儿筷子拿错，所拿筷子长短不一时轻声提醒：小筷子，对对齐。 2. 在幼儿多次停下筷子或嘴巴不咀嚼时提醒：筷子夹一夹，牙齿咬一咬。 3. 幼儿剥蛋壳出现困难状态的候教师可以进行指号：桌上敲一敲，鹌鹑蛋滚一滚，蛋壳碎了慢慢剥，一点一点剥下来。 自然环境二：饮水区 自然状态下不做任何提示。

续表

提示	自然环境一：教室内 1. 观察者在观察过程中尽量不频繁随意走动，以定点观察为主。 2. 幼儿进餐时，自然状态下观察者不做任何提示。 3. 当幼儿在剥蛋壳的过程中多次尝试（3次以上）都没能将蛋壳剥下时，教师可以主动给予指导：敲一敲、滚一滚、沿着裂开的缝剥一剥。 自然环境二：饮水区 1. 幼儿自主喝水，自然状态下观察者不做任何提示和指导。 2. 天气比较热的时候，可以适当提醒幼儿多喝些水。

附录二 上海市普陀区幼儿健康发展教师观察评估使用手册

表 5-3-10 幼儿健康行为表现观察记录表

领域一：身心健康				幼儿									
子领域	观察项	评价			男					女			
^	^	^	①	②	③	④	⑤	⑥	⑦	⑧	⑨	⑩
饮食行为	1.1 会使用筷子。	1/0										
^	^	*（简要说明）										
^	1.2 能按时按量进餐，不剩饭菜。	1/0										
^	^	*（简要说明）										
^	2. 进餐时专心，逐步建立安静、独立进餐的好习惯。	1/0										
^	^	*（简要说明）										

续表

子领域	观察项	评价	幼儿									
			男					女				
			①	②	③	④	⑤	⑥	⑦	⑧	⑨	⑩
领域一：身心健康	3.1 不偏食、不挑食。	1/0　*　（简要说明）										
	3.2 能常喝白开水。	1/0　*　（简要说明）										
	3.3 在成人帮助与鼓励下，愿意尝试剥带壳类食物。	1/0　*　（简要说明）										

注："1"表示幼儿表现出观察项的具体内容；"0"表示幼儿未表现出观察项的具体内容；"*"表示观察者不确定，在空格内简要说明内容。

附录二 上海市普陀区幼儿健康发展教师观察评估使用手册

表 5-3-11 普陀区幼儿健康发展评估指标—身心健康（大班）

观察内容	1. 能熟练地使用筷子进餐。 2. 进餐时能保持身上、桌面、地面的整洁。能认真参与值日生工作，参与餐后整理打扫。 3. 能根据自己需求盛添饭菜，自觉控制或增加饭量，不浪费食物。愿意自己剥壳、剥骨，有困难会求助别人。
观察对象	大班年龄段（5—6岁） 总人数10人（随机挑选学号为单号的5名男孩、5名女孩）
观察情景	创设环境一：教室内 1. 时间段：11:00—11:30 共计30分钟；午餐进餐过程中，观察时间主要集中在幼儿进餐前、中段，重点观察时间为进餐开始后的10—15分钟。 2. 材料准备：3张桌子、10把椅子、筷子10双、小碗30个。 3. 食材内容：米饭、红烧鳝筒、牛心菜炒油面筋、蘑菇浓汤。 4. 场景描述：一个安静、幼儿熟悉的日常进餐环境。 将被观察幼儿安排在班级全体幼儿中，被观察幼儿坐在第一排靠门口三张桌子，便于教师观察。教师不规定幼儿座位，10名幼儿可以在这三张桌子中自由选择座位入座。 创设环境二：教室内 1. 时间段：11:00—11:30 共计30分钟；观察时间主要为午餐后期11:20后至11:40 午餐结束后的10分钟。 2. 材料准备：抹布3块、小托盘3个、小拖把1个、湿纸巾若干。 3. 场景描述：创设一个幼儿熟悉的日常自然进餐和餐后整理环境；值日生工具材料摆放在班级原固定位置。 被观察幼儿坐在第一排靠门口三张桌子，10名幼儿中每一桌有1名幼儿为值日生，3张桌子共3名值日生。就餐结束后进行值日生工作，对照指标进行多次的连续性观察。 创设环境三：教室内 1. 时间段：11:00—11:30 共计30分钟；午餐过程前期、中期的10—20分钟。 2. 材料准备：3张桌子、10把椅子、筷子10双、小碗30个、勺2个。 3. 食材内容：米饭、红烧鳝筒、牛心菜炒油面筋、蘑菇浓汤。

续表

	4. 场景描述：创设一个安静、幼儿熟悉的日常自然进餐环境状态。被观察幼儿坐在第一排靠门口三张桌子，10名幼儿在这三张桌子中自由选择座位坐好。备餐桌上摆放饭、饭勺2个。 创设环境四：教室内 1. 时间段：午餐进行过程中11：00—11：30共计30分钟。 2. 材料准备：3张桌子，10把椅子，筷子10双，小碗30个。 3. 食材内容：米饭、红烧鳝筒、牛心菜炒油面筋、蘑菇浓汤。 4. 场景描述：被观察幼儿坐在第一排靠门口三张桌子。10名幼儿在这三张桌子中自由选择座位入座。
指导语	创设环境一：教室内 1. 自然状态下，建议教师不做任何干预。 2. 当幼儿出现"身上、桌面、地面"有较多饭菜掉落的情况时，进行指导：吃饭时椅子靠紧桌子，保持三净哦！ 创设环境二：教室内 1. 自然状态下，建议教师不做任何干预。 2. 当幼儿不能专注，认真地参与值日工作时，教师不做干预，观察其行为进行记录即可。 3. 当幼儿态度认真但餐后整理扫整能力较弱时，进行指导：看一看小伙伴是怎么做的哦，学一学他们的动作。 创设环境三：教室内 1. 自然状态下，建议教师不做任何干预。 2. 当幼儿漏盛或挑食不愿意盛某种食材时，提示幼儿：不要漏了哦！ 创设环境四：教室内 当幼儿发生困难请求助教师时可以进行指导：你可以想一想，也可以问一问好朋友有什么好的剥开的方法？
提示	创设环境一：教室内 1. 观察者在观察过程中尽量不频繁随意走动，以免影响幼儿进餐。 2. 当出现"身上、桌面、地面"有较多饭菜掉落的情况时，再使用指导语进行提示，反之则静心观察，不个人指导。

续表

3. 当幼儿食物掉在地上时,观察者不介入,观察幼儿表现行为。

创设环境二:教室内
1. 观察者在观察过程中注意与值日生保持一定距离,以免形成压迫感,造成幼儿紧张。
2. 当幼儿不能专注,认真地参与值日工作时,教师不做干预,观察其行为进行记录即可。
3. 当幼儿态度认真但餐后整理打扫能力较弱时,再使用指导语进行提示,反之则静心观察,不介入指导。

创设环境三:教室内
1. 幼儿自主进餐,观察者不介入。
2. 当幼儿漏盛时或挑食不愿盛某种食材时,使用指导语进行提示,反之则静心观察,不介入指导。

创设环境四:教室内
当天创设有需要剔骨的进餐情景。预设情景①:在教师不提示的情况下,幼儿是否会主动将骨头都放在骨盆中,并保持桌面整洁;预设情景②:在教师提示的情况下,幼儿的剔骨熟练度、剔骨方法、把剔下来的骨头放在哪里。

表 5-3-12 幼儿健康行为表现观察记录表

子领域	领域一：身心健康		幼儿									
			男					女				
	观察项	评价	①	②	③	④	⑤	⑥	⑦	⑧	⑨	⑩
饮食行为	1. 能够正确使用筷子进餐。	1/0										
		* (简要说明)										
	2.1 进餐时能保持身上、桌面、地面的整洁。	1/0										
		* (简要说明)										
	2.2 能认真参与值日生工作。	1/0										
		* (简要说明)										
	2.3 参与餐后整理打扫。	1/0										
		* (简要说明)										

续表

子领域	观察项	评价	幼儿										
			男					女					
			①	②	③	④	⑤	⑥	⑦	⑧	⑨	⑩
领域一：身心健康	3.1 能根据自己需求盛、添饭。	1/0										
		*（简要说明）										
	3.2 自觉控制或增加饭量，不浪费食物。	1/0										
		*（简要说明）										
	3.3 愿意自己剥壳、剔骨，有困难会求助成人。	1/0										
		*（简要说明）										

注："1"表示幼儿表现出观察项的具体内容；"0"表示幼儿未表现出观察项的具体内容；"*"表示观察者不确定，在空格内简要说明内容。

表5-3-13 普陀区幼儿健康发展评估指标——身心健康（小班）

观察内容	1. 在成人引导下能感知自己处于高兴、生气、伤心、害怕等情绪状态。 2. 初步识别高兴、生气、伤心、害怕等情绪的面部表情特征。 3. 在成人的引导下，尝试用简单的词汇描述自我与他人在情境中高兴、生气、伤心、害怕的情绪状态。 4. 在成人的引导下，关注自己的情绪变化。 5. 初步感知他人的情绪变化，发现来近的人身体或情绪不好时能表达关心。
观察对象	小班：5名男孩、5名女孩
观察情景	运动游戏，整个时间段为20分钟左右。 游戏情境：小兔乖乖情境（房子、萝卜地），大灰狼头饰、兔妈妈头饰、小兔头饰、萝卜若干、情绪插牌。
指导语	一、大灰狼第一次搞破坏 1. 兔妈妈带着兔宝宝造房子，在萝卜地里种萝卜啦。 教师指导语：兔宝宝，妈妈带你们一起去种萝卜好吗？——双脚行进跳。（感知自己种萝卜的愉快） 2. 凶狠的大灰狼来了，兔妈妈带着兔宝宝赶紧躲在家里——双脚行进跳，大灰狼狠狠地敲门，大声叫兔妈妈开门，兔妈妈不开门，大灰狼就破坏萝卜地，带着萝卜走了。（感知大灰狼来时会产生害怕情绪，萝卜地被破坏时会伤心的情绪） 教师指导语：大灰狼来了，我们赶快躲起来吧！ 教师指导语：××小兔宝宝，你怎么了？ 教师指导语：哎呀，萝卜地里的萝卜都被大灰狼带走了！ 二、大灰狼第二次搞破坏 1. 兔妈妈再次带领兔宝宝种萝卜——双脚行进跳。（感知再次种萝卜的愉快） 教师指导语：兔宝宝，我们一起再种萝卜好吗？ 教师指导语：萝卜都种好啦！你们心情怎么样？ 2. 凶狠的大灰狼又来破坏了。（感知大灰狼来时会产生害怕情绪，萝卜地再被破坏时会伤心的情绪，也能感知他人情绪表示关心；用语言表达自己情绪） 教师指导语：大灰狼又来搞破坏了，怎么办？ 教师指导语：××小兔宝宝，你怎么了？

续表

	3. 兔妈妈带领兔宝宝保护萝卜——双脚行进跳。与大灰狼发生冲突时大灰狼狠狠地推了兔妈妈，兔妈妈受伤了。（感知兔妈妈可能会疼痛，并用语言表达表示关心） 教师指导语：我们一起来保护萝卜！ 4. 兔妈妈带领兔宝宝们齐心协力赶走了大灰狼——双脚行进跳、投掷沙包。赶走大灰狼，保护萝卜成功。（进一步感知情绪，关注自我情绪变化，并用语言表述） 教师指导语：大灰狼被赶走了，我们保护了萝卜地，我们胜利啦！兔宝宝你们现在的心情怎么样？ 三、情绪插牌（识别、表述） 1. 老师出示和今天活动相关的图片（例如：兔妈妈的图片、大灰狼的图片、萝卜地被破坏的图片、兔妈妈摔倒受伤的图片），幼儿根据图片与情绪插牌用情绪插牌或同伴老师和说当时自己的情绪。 2. 教师指导语：看看这是什么？图片上有什么？当发生这些事情时，你的心情怎么样？请你们拿着情绪插牌去插一插。
提示	1. 拍摄者：事先熟悉游戏场景、游戏过程等，站位为面向幼儿，确保每位幼儿在各环节有三分钟特写。 2. 观察者：活动前充分熟悉与理解游戏组织实施的过程，各环节的观察评估要点，移动站位，面向幼儿，观察情绪的表现与变化。 3. 执教者：在游戏情景中，当幼儿出现过度害怕的情绪时，及时做好情绪安抚。

附录二 上海市普陀区幼儿健康发展教师观察评估使用手册　　299

表 5-3-14　幼儿健康行为表现观察记录表

子领域	观察项	评价	幼儿									
			男						女			
			①	②	③	④	⑤	⑥	⑦	⑧	⑨	⑩
情绪理解*	1.1 在成人引导下能感知自我高兴的情绪。	1/0										
		*（简要说明）										
	1.2 在成人引导下能感知自我生气的情绪。	1/0										
		*（简要说明）										
	1.3 在成人引导下能感知自我伤心的情绪。	1/0										
		*（简要说明）										
	1.4 在成人引导下能感知自我害怕的情绪。	1/0										
		*（简要说明）										

领域一：身心健康

续表

附录二　上海市普陀区幼儿健康发展教师观察评估使用手册　301

子领域	观察项	评价	幼儿										
			男							女			
			①	②	③	④	⑤	⑥	⑦	⑧	⑨	⑩
领域一：身心健康	2.1 初步识别高兴情绪的面部表情特征。	1/0 ＊ (简要说明)										
	2.2 初步识别生气情绪的面部表情特征。	1/0 ＊ (简要说明)										
	2.3 初步识别伤心情绪的面部表情特征。	1/0 ＊ (简要说明)										
	2.4 初步识别害怕情绪的面部表情特征。	1/0 ＊ (简要说明)										

续表

子领域	观察项	评价	幼儿									
			男							女			
			①	②	③	④	⑤	⑥	⑦	⑧	⑨	⑩
领域一：身心健康	3.1 在成人的引导下，尝试用简单的词汇描述自我在情境中高兴、生气、伤心、害怕的情绪状态。	1/0 * （简要说明）										
	3.2 在成人的引导下，尝试用简单的词汇描述他人在情境中高兴、生气、伤心、害怕的情绪状态。	1/0 * （简要说明）										
	4. 在成人的引导下，关注自己的情绪变化：高兴、生气、伤心、害怕。	1/0 * （简要说明）										
	5.1 初步感知他人的情绪变化。	1/0 * （简要说明）										

续表

子领域	观察项	评价	幼儿										
			男						女			
			①	②	③	④	⑤	⑥	⑦	⑧	⑨	⑩
领域一：身心健康	5.2 发现亲近的人身体或情绪不好时能表达关心。	1/0										
		*（简要说明）										

注："1"表示幼儿表现出观察项的具体内容；"0"表示幼儿未表现出观察项的具体内容；"*"表示观察者不确定，在空格内简要说明内容。

表 5-3-15　普陀区幼儿健康发展评估指标——身心健康（中班）

观察内容	1. 初步感知自我与他人高兴、生气、伤心、害怕的情绪。 2. 初步识别自我与他人高兴、生气、伤心、害怕情绪的面部表情及语言。 3. 尝试用语言描述出自我与他人在情境中高兴、生气、伤心、害怕的情绪状态。 4. 初步理解自我与他人高兴、生气、伤心、害怕情绪产生的原因。 5. 能在自己的行为或他人的表现中，感受自己与他人的情绪变化。
观察对象	中班：5 名男孩，5 名女孩
观察情景	时间段：自由活动 20—25 分钟左右 材料：幼儿自带玩具
指导语	一、自主拿玩具 1. 教师指导语：自由活动时间到了，孩子们去自己拿玩具吧！ 2. 教师事先藏起一名幼儿的玩具，该幼儿发现自己带来的玩具找不到了；其他幼儿可能发现同伴的玩具不见了。 教师指导语：你的玩具找不到了，你感觉怎么样？他的玩具找不到了，你感觉怎么样？ 3. 教师引导幼儿找到玩具。 教师指导语：怎么办呢？ 教师指导语：××的玩具找到啦，谢谢大家。 二、交换玩具 可能出现情景： 1. 幼儿和同伴交换玩具失败，没有得到自己心仪的玩具。 2. 交换玩具成功，互换到喜爱的玩具。 3. 互相观察对方的情绪，可以说出自己、同伴出现此情绪的原因。 教师指导语：你的情绪怎么样？你感到怎么样？为什么会这样？他的心情怎么样？他的情绪怎么样？你猜她（他）为什么会这样？
提示	1. 拍摄者：事先熟悉活动场景、游戏过程等，站位为面向幼儿，确保每位幼儿在各环节有三分钟特写。 2. 观察者：活动前充分熟悉与理解当日自由活动组织实施的过程、各环节的观察评估要点；移动站位，面向幼儿观察。

表 5-3-16 幼儿健康行为表现观察记录表

子领域	观察项	评价	幼儿									
			男						女			
			①	②	③	④	⑤	⑥	⑦	⑧	⑨	⑩
情绪* 情绪理解	1.1 初步感知自我与他人高兴的情绪。	1/0										
		*（简要说明）										
	1.2 初步感知自我与他人生气的情绪。	1/0										
		*（简要说明）										
	1.3 初步感知自我与他人伤心的情绪。	1/0										
		*（简要说明）										
	1.4 初步感知自我与他人害怕的情绪。	1/0										
		*（简要说明）										

领域一：身心健康

续表

子领域	观察项	评价	幼儿									
			男					女				
			①	②	③	④	⑤	⑥	⑦	⑧	⑨	⑩
领域一：身心健康	2.1 初步识别自我与他人高兴情绪的面部表情及语言。	1/0 * (简要说明)										
	2.2 初步识别自我与他人生气情绪的面部表情及语言。	1/0 * (简要说明)										
	2.3 初步识别自我与他人伤心情绪的面部表情及语言。	1/0 * (简要说明)										
	2.4 初步识别自我与他人害怕情绪的面部表情及语言。	1/0 * (简要说明)										

附录二　上海市普陀区幼儿健康发展教师观察评估使用手册

续表

子领域	观察项	评价	幼儿									
			男						女			
			①	②	③	④	⑤	⑥	⑦	⑧	⑨	⑩
领域一：身心健康	3. 尝试用语言描述出自我与他人在情境中高兴、生气、伤心、害怕的情绪状态。	1/0										
		*（简要说明）										
	4.1 初步理解自我：高兴、生气、伤心、害怕情绪产生的原因。	1/0										
		*（简要说明）										
	4.2 初步理解他人：高兴、生气、伤心、害怕情绪产生的原因。	1/0										
		*（简要说明）										
	5.1 能知道自己的情绪状态，感受自己的情绪变化。	1/0										
		*（简要说明）										

续表

子领域	观察项	评价	幼儿										
			男						女			
			①	②	③	④	⑤	⑥	⑦	⑧	⑨	⑩
领域一：身心健康	5.2 能注意到熟悉人的情绪状态。	1/0										
		*（简要说明）										

注："1"表示幼儿表现出观察项的具体内容；"0"表示幼儿未表现出观察项的具体内容；"*"表示观察者不确定，在空格内简要说明内容。

附录二　上海市普陀区幼儿健康发展教师观察评估使用手册　309

表 5-3-17　普陀区幼儿健康发展评估指标—身心健康（大班）

观察内容	1. 能感知自我与他人高兴、生气、伤心、害怕的情绪。 2. 能识别自我与他人高兴、生气、伤心、害怕的面部表情、肢体动作及语言。 3. 能用语言描述出高兴、生气、伤心、害怕的情绪状态。 4. 理解自我与他人高兴、生气、伤心、害怕情绪产生的原因。 5. 能在自己的行为或他人的表现中，感受自己与他人的情绪变化。
观察对象	大班：5 名男孩，5 名女孩
观察情景	时间段：表演游戏 20—25 分钟左右 材料：服装、面具、镜子、烟花棒等；音乐
指导语	一、感知 教师运用课件及绘本，讲述故事情节。幼儿分角色进行扮演。 二、识别、描述、理解 1. 教师引导幼儿讨论、互动过程如何？为什么呢？ 教师指导语：你现在的心情如何？为什么呢？ 教师指导语：你旁边的朋友心情如何？是什么原因呢？ 教师指导语：你发现了你的好朋友很高兴（生气、害怕、伤心），知道为什么吗？ 教师指导语：你们有什么想对他说的吗？为什么你会有这样的想法？ 2. 所有幼儿摘下面具、道具、服装。 3. 复盘：回放视频，感受与表达自己和同伴在情境沉浸式体验中的情绪变化。
提示	1. 拍摄者：事先熟悉活动场景、游戏过程等，站位为面向幼儿，确保每位幼儿在各环节有三分钟情绪特写。 2. 观察者：活动前充分熟悉与理解当日表演游戏组织实施的过程，各环节观察评估要点，移动站位，面向幼儿观察，观察幼儿各环节的情绪表现与变化。 3. 执教者：表演游戏中，生生互动，教师不引导干预。

表 5-3-18　幼儿健康行为表现观察记录表

子领域	观察项	评价	幼儿										
			男							女			
			①	②	③	④	⑤	⑥	⑦	⑧	⑨	⑩
领域一：身心健康													
情绪* 情绪理解	1.1 能感知自我与他人高兴的情绪。	1/0										
		*（简要说明）										
	1.2 能感知自我与他人生气的情绪。	1/0										
		*（简要说明）										
	1.3 能感知自我与他人伤心的情绪。	1/0										
		*（简要说明）										
	1.4 能感知自我与他人害怕的情绪。	1/0										
		*（简要说明）										

附录二 上海市普陀区幼儿健康发展教师观察评估使用手册　311

续表

子领域	观察项	评价	幼儿									
			男					女				
			①	②	③	④	⑤	⑥	⑦	⑧	⑨	⑩
领域一：身心健康	2.1 能识别自我与他人高兴的面部表情、肢体动作及语言。	1/0 * （简要说明）										
	2.2 能识别自我与他人生气的面部表情、肢体动作及语言。	1/0 * （简要说明）										
	2.3 能识别自我与他人伤心的面部表情、肢体动作及语言。	1/0 * （简要说明）										
	2.4 能识别自我与他人害怕的面部表情、肢体动作及语言。	1/0 * （简要说明）										

续表

子领域	观察项	评价	幼儿									
			男					女				
			①	②	③	④	⑤	⑥	⑦	⑧	⑨	⑩
领域一：身心健康	3 能用语言描述出高兴、生气、伤心、害怕的情绪状态。	1/0 ＊ (简要说明)										
	4.1 理解自我高兴、生气、伤心、害怕情绪产生的原因。	1/0 ＊ (简要说明)										
	4.2 理解他人高兴、生气、伤心、害怕情绪产生的原因。	1/0 ＊ (简要说明)										
	5.1 能在自己的行为或他人的表现中，感受自己的情绪变化。	1/0 ＊ (简要说明)										

续表

子领域	观察项	评价	幼儿									
			男						女			
			①	②	③	④	⑤	⑥	⑦	⑧	⑨	⑩
领域一：身心健康	5.2 能在自己的行为或他人的表现中，感受他人的情绪变化。	1/0 * (简要说明)										

注："1"表示幼儿表现出观察项的具体内容；"0"表示幼儿未表现出观察项的具体内容；"*"表示观察者不确定，在空格内简要说明内容。

表5-3-19 普陀区幼儿健康发展评估指标—环境适应(小班)

观察内容	1. 户外活动时在成人引导下，能根据当天的天气冷热情况穿适量的衣服活动。 2. 在较冷(<10°)或较热(>27°)的天气条件下，能坚持每天户外活动时间不少于15分钟。
观察对象	小班：5名男孩，5名女孩
观察情景	环境：午餐后户外活动
指导语	教师指导语：今天外面天气很好，我们要出去散步了，找找春天在哪里，穿好自己的外套，有困难找老师帮忙。 教师指导语：(观察幼儿的身体情况，提醒幼儿天太热了，你都出汗了，把衣服脱了吧。
提示	1. 观察的时间选择在当天气温相对比较高的时间段，如果测评时处于较冷或较热的情况下，请做好防寒防暑工作。 2. 观测者以及摄像人员站立在不影响幼儿活动的位置。 3. 散步的时间持续30分钟，选择观察的地点是阳光充足的地方。 4. 散步以自由活动形式为主，除安全问题，观测者不随意干涉幼儿活动。 5. 为幼儿准备好汗巾、纸巾等保育物品，也可以在之后为幼儿准备好替换的衣物。 6. 多名观测者互相不扰对方。 7. 观测者如果在观测时有遗漏，可以通过多次回看录像的方式进行观察补充。

附录二　上海市普陀区幼儿健康发展教师观察评估使用手册　315

表 5-3-20　幼儿健康行为表现观察记录表

子领域	观察项	评价	幼儿									
			男					女				
			①	②	③	④	⑤	⑥	⑦	⑧	⑨	⑩
领域三：环境适应												
自然 * 时间 适应	1. 户外活动时在成人引导下，能根据当天的天气冷热情况穿适量的衣服活动。	1/0									
		*(简要说明)									
	2. 在较冷(<10°)或较热(>27°)的天气条件下，每天能坚持户外活动时间不少于15分钟。	1/0									
		*(简要说明)									

注："1"表示幼儿表现出观察项的具体内容；"0"表示幼儿未表现出观察项的具体内容；"*"表示观察者不确定，在空格内简要说明内容。

表 5-3-21 普陀区幼儿健康发展评估指标—环境适应(中班)

观察内容	1. 户外活动时在成人提醒下,能根据天气冷热的变化增减衣服。 2. 在较冷(<10°)或较热(>27°)的天气条件下,能坚持每天户外活动时间不少于 25 分钟。
观察对象	中班:5 名男孩,5 名女孩。
观察情景	环境:午餐后户外活动
指导语	指导语一:今天外面天气很好,穿好自己的外套,我们要出去散步了,找一找春天在哪里。 指导语二:(观察幼儿的身体情况,提醒幼儿)你热吗?需要脱衣服吗?
提示	1. 观察的时间选择在当天气温相对比较高的时间段,如果测评时处于较冷或较热的情况下,请做好寒防暑工作。 2. 观测者以及摄像人员站立在不影响幼儿活动的位置。 3. 散步的时间持续 30 分钟,选择观察的地点是阳光充足的地方。 4. 散步以自由活动形式为主,除安全问题,观测者不随意干涉幼儿活动。 5. 为幼儿准备好汗巾、纸巾等保育物品,也可以在之后为幼儿准备好替换的衣物。 6. 多名观测者互相不干扰对方。 7. 观测者如果在观测时有遗漏,可以通过多次回看录像的方式进行观察补充。

表 5 – 3 – 22　幼儿健康行为表现观察记录表

领域三：环境适应			幼儿										
子领域	观察项	评价	男						女			
			①	②	③	④	⑤	⑥	⑦	⑧	⑨	⑩
自然﹡时间适应	1. 户外活动时在成人提醒下，能根据当天的天气冷热情况穿适量的衣服。	1/0										
		﹡（简要说明）										
	2. 在较冷或较热的天气条件下，能坚持每天户外活动时间不少于 25 分钟。	1/0										
		﹡（简要说明）										

注："1"表示幼儿表现出观察项的具体内容；"0"表示幼儿未表现出观察项的具体内容；"﹡"表示观察者不确定，在空格内简要说明内容。

表 5-3-23　普陀区幼儿健康发展评估指标—环境适应(大班)

观察内容	1. 在户外活动中，能主动根据季节和天气的冷热变化及时增减衣服。 2. 在较冷(<10°)或较热(>27°)的天气条件下，能坚持每天户外活动的时间不少于 30 分钟。
观察对象	大班:5 名男孩,5 名女孩。
观察情景	环境:午餐后户外活动
指导语	指导语:今天外面天气很好，穿好自己的外套，我们要出去散步了，找一找春天在哪里。
提示	1. 观察的时间选择在当天气温相对比较高的时间段，如果测评时处于较冷或较热的情况下，请做好防寒防暑工作。 2. 观测者以及摄像人员站立在不影响幼儿活动的位置。 3. 散步的时间持续 30 分钟，选择观察的地点是阳光充足的地方。 4. 散步以自由活动形式为主，除非安全问题，观测者不随意干涉幼儿活动。 5. 为幼儿准备好汗巾、纸巾等保育物品，也可以在之后为幼儿准备好替换的衣物。 6. 多名观测者互相不干扰对方。 7. 观测者如果在观测时有遗漏，可以通过多次回看录像的方式进行观察补充。

表 5-3-24　幼儿健康行为表现观察记录表

子领域	观察项	评价	幼儿 男 ① ② ③ ④ ⑤ ⑥ ⑦ ⑧ ⑨ ⑩ 女
自然* 时间适应	1. 在户外活动中，能主动根据季节和天气的冷热变化及时增减衣服。	1/0 *（简要说明）	
	2. 在较冷（<10°）或较热（>27°）的天气条件下，能坚持每天户外活动时间不少于30分钟。	1/0 *（简要说明）	

领域三：环境适应

注："1"表示幼儿表现出观察项的具体内容；"0"表示幼儿未表现出观察项的具体内容；"*"表示观察者不确定，在空格内简要说明内容。

表 5-3-25　普陀区幼儿健康发展评估指标—安全保护（小班—幼儿园用）

观察内容	1. 在成人的帮助下逐渐适应新的环境，喜欢参加群体活动，爱上幼儿园。 2. 愿意向亲近的人表达自己的需求和感受。 3. 为自己做的好事情或取得的活动成果感到开心。 4. 能按自己的兴趣选择活动，愿意做自己力所能及的事情，乐意接受一些小任务。 5. 感受到家庭生活的温暖，爱父母，亲近与信赖家庭中的长辈。
观察对象	小班：5名男孩，5名女孩
观察情景	情景一：新班级环境 新小班幼儿9月入园后进入一个新的环境（或幼儿不熟悉的环境），幼儿共同开展游戏，与教师带领幼儿熟悉园内各个区域及物品时，幼儿的自然表现。 情景二：生活活动 当幼儿遇到穿脱裤子、衣服，或者在生活中有如厕需要时的表现。 情景三：建构游戏、角色游戏 幼儿开展建构游戏、角色游戏中的表现。 情景四：家庭生活 幼儿周末与父母、祖辈居家自然生活状态。
提示	1. 教师可以从表情、动作、语言等多方面观察幼儿对新环境的适应情况。 2. 教师在游戏过程中更多以玩伴的形式出现，与幼儿共同开展游戏，观察幼儿接受任务等情况的表现。 3. 拍摄：家长需要固定摄像机进行拍摄，拍摄的角度尽可能包括家中房间所有角度，若有需要，可适当增加摄像机数量，拍摄时间建议至少一小时。家长尽可能呈现幼儿与日常日常互动的真实状态，可以在拍摄前与幼儿适当解释拍摄的目的。教师在拍摄前，需要将相关观察内容以及目的与家长进行沟通，做好相关家长培训工作。

表 5-3-26 幼儿健康行为表现观察记录表

子领域	领域四：安全保护		幼儿										
	观察项	评价	男					女					
			①	②	③	④	⑤	⑥	⑦	⑧	⑨	⑩
心理安全	1.1 在成人的帮助下逐渐适应新的环境。	1/0										
		*（简要说明）										
	1.2 喜欢参加群体活动。	1/0										
		*（简要说明）										
	1.3 爱上幼儿园。	1/0										
		*（简要说明）										

续表

子领域	观察项	评价	幼儿									
			男					女				
			①	②	③	④	⑤	⑥	⑦	⑧	⑨	⑩
领域四：安全保护	2. 愿意向亲近的人表达自己的需求和感受。	1/0 * （简要说明）										
	3. 为自己做的好事情或取得的活动成果感到开心。	1/0 * （简要说明）										
	4.1 能按自己的兴趣选择活动。	1/0 * （简要说明）										

续表

附录二 上海市普陀区幼儿健康发展教师观察评估使用手册

子领域	观察项	评价	幼儿										
			男						女			
			①	②	③	④	⑤	⑥	⑦	⑧	⑨	⑩
领域四:安全保护	4.2 愿意做自己力所能及的事情。	1/0 * (简要说明)										
	4.3 乐意接受一些小任务。	1/0 * (简要说明)										
	5. 感受到家庭生活的温暖、爱父母、亲近与信赖家中长辈。	1/0 * (简要说明)										

注:"1"表示幼儿表现出观察项的具体内容;"0"表示幼儿未表现出观察项的具体内容;"*"表示观察者不确定,在空格内简要说明内容。

表 5-3-27 普陀区幼儿健康发展评估指标—安全保护（小班—家庭用）

领域四：安全保护			
子领域	观察项	评价	幼儿
心理安全	感受到家庭生活的温暖，爱父母，亲近与信赖长辈。	1/0	
		*（简要说明）	

表 5-3-28 普陀区幼儿健康发展评估指标—安全保护（中班）

观察内容	1. 在幼儿园里，感到安定、愉快，面对新伙伴、新老师时能适应变化，愿意参与活动。 2. 能按自己的想法进行活动，愿意尝试有一定难度的活动。 3. 能乐观、积极愉快地参加集体活动。
观察对象	中班幼儿，5名男生，5名女生
观察情景	情景：分别带两个班级的幼儿，与一位新老师进行自我介绍，互相认识；开展《找朋友》的音乐游戏。 材料：音乐《找朋友》幼儿对该音乐熟悉
指导语	活动开场：你们好，我是××老师，是你们今天的新朋友。我很开心认识你们！你们来自不同的班级，认识新朋友时需要先进行自我介绍。请你们向新朋友介绍自己，说一说来自哪个班级？你喜欢自己的班级吗？自己有什么本领？ 音乐游戏前：接下来，我们要玩一个"找朋友"的游戏了。听清楚游戏规则：音乐开始，进行游戏，游戏中要找到三位不是自己班级的小朋友做朋友，并记住他们的名字。
提示	活动中，教师更多关注幼儿在自然状态下与新朋友的交往互动，并且基于对幼儿的观察进行相关分析。

表 5-3-29　幼儿健康行为表现观察记录表

子领域	领域四：安全保护 观察项	评价	幼儿 男 ①	②	③	④	⑤	⑥	女 ⑦	⑧	⑨	⑩
心理安全	1. 面对新的环境，表现出情绪稳定，表情放松。	1/0 *（简要说明）										
	2. 面对新伙伴、新老师时不局促不安，语言表达流畅，表情自然。	1/0 *（简要说明）										
	3. 对于教师组织的活动不排斥，能按照教师的引导参与活动。	1/0 *（简要说明）										

续表

子领域	观察项	评价	幼儿									
			男						女			
			①	②	③	④	⑤	⑥	⑦	⑧	⑨	⑩
领域四：安全保护	4. 对于教师在活动中提出的要求能够接受，并回应。	1/0										
		*（简要说明）										
	5. 遇到有难度的任务不退却，愿意尝试。	1/0										
		*（简要说明）										

注："1"表示幼儿表现出观察项的具体内容；"0"表示幼儿未表现出观察项的具体内容；"*"表示观察者不确定，在空格内简要说明内容。

表 5-3-30 普陀区幼儿健康发展评估指标—安全保护（大班）

观察内容	1. 有和谐、稳定的同伴关系，能较快适应新的人际环境，主动参与活动。 2. 积极向他人表达自己的想法，敢于坚持与别人不同的意见并说出自己的理由。 3. 尝试认识与评价自己，对自己充满信心，并正确看待自己的缺点。 4. 能主动发起活动，有信心和勇气接受新任务，敢于尝试有一定挑战性的活动，并设法努力完成自己的任务。 5. 信任并宽容同伴，愿意为集体服务，能为集体取得的成绩而高兴。
观察对象	大班幼儿，5名男生，5名女生
观察情景	情景一：新教师进入教室，幼儿向教师进行自我介绍。 情景二：共同开展闯关游戏，游戏分为个人赛和集体赛。
指导语	新教师进入：你们好，我是××老师，我想和你们做朋友，请你们自我介绍，可以说说你觉得自己哪里很棒，哪里还不够。 个人赛环节：今天老师带来了一些瓶子，但是里面有好多小积木，我没有办法拿出来，想请你们来帮忙。你们有信心帮助我拿出积木吗？如果觉得有信心的就来这边尝试，觉得可能完成不了的可以到另一试吧！ 集体赛环节：今天我们要分为两组，进行第二场闯关比赛。每人拿一个瓶子来搭高楼，看看哪一组搭得又快又高。你们先自己试一试吧！ 赛后分享：你们赢了，觉得为什么能赢呢？你们输了，觉得问题出在哪里？
提示	在活动过程中，执教教师可以基于幼儿的具体表现进行适当的指导，但更多让幼儿与同伴在自主、自由的氛围下开展比赛活动。

表 5-3-31　幼儿健康行为表现观察记录表

领域四：安全保护			幼儿										
子领域	观察项	评价	男					女					
			①	②	③	④	⑤	⑥	⑦	⑧	⑨	⑩
心理安全	1. 和同伴语言交流时友善、融洽，不吵闹。	1/0										
		*（简要说明）										
	2. 面对新的环境表现坦然，不排斥。	1/0										
		*（简要说明）										
	3. 在集体活动中能够表达自己的想法，不拒绝回应他人。	1/0										
		*（简要说明）										

续表

子领域	观察项	评价	幼儿									
			男					女			
			①	②	③	④	⑤	⑥	⑦	⑧	⑨	⑩
领域四:安全保护	4. 当和别人意见不同的时候,不直接否定自己,会思考后再做出回复。	1/0 * (简要说明)										
	5. 愿意说出自己在活动中的表现情况。	1/0 * (简要说明)										
	6. 面对有挑战性的任务表现出淡定自若,不立刻放弃或者退缩,能尝试并努力。	1/0 * (简要说明)										

续表

子领域	观察项	评价	幼儿									
			男					女				
			①	②	③	④	⑤	⑥	⑦	⑧	⑨	⑩
领域四：安全保护		1/0										
	7. 在集体中获得成绩时，表现出愉悦和兴奋的状态。	*（简要说明）										

注："1"表示幼儿表现出观察项的具体内容；"0"表示幼儿未表现出观察项的具体内容；"*"表示观察者不确定，在空格内简要说明内容。

研制者：周骏蔚　陈瑞廷　杜志珺　董莉莉　彭虹　吴莹　周晓虹　王璐菲　高静　徐函纂